康养休闲旅游服务系列教材

专家指导委员会主任｜韩玉灵

总主编｜赵晓鸿

U0872764

休闲旅游行程服务

马友惠◎主　编

陈　波　刘仲雨◎副主编

北京·旅游教育出版社

图书在版编目（CIP）数据

休闲旅游行程服务 / 马友惠主编. -- 北京 : 旅游教育出版社，2021.8

康养休闲旅游服务系列教材

ISBN 978-7-5637-4288-2

Ⅰ. ①休… Ⅱ. ①马… Ⅲ. ①旅游保健－旅游服务－教材 Ⅳ. ①F590.6

中国版本图书馆CIP数据核字(2021)第147766号

康养休闲旅游服务系列教材

休闲旅游行程服务

马友惠　主　编

陈　波　刘仲雨　副主编

总 策 划	丁海秀
执行策划	蒯　鑫
责任编辑	何　玲
出版单位	旅游教育出版社
地　　址	北京市朝阳区定福庄南里 1 号
邮　　编	100024
发行电话	（010）65778403　65728372　65767462（传真）
本社网址	www.tepcb.com
E - mail	tepfx@163.com
排版单位	北京旅教文化传播有限公司
印刷单位	北京柏力行彩印有限公司
经销单位	新华书店
开　　本	710毫米 × 1000毫米　1/16
印　　张	17.75
字　　数	269 千字
版　　次	2021 年 8 月第 1 版
印　　次	2021 年 8 月第 1 次印刷
定　　价	49.00 元

（图书如有装订差错请与发行部联系）

系列教材专家指导委员会、编委会

专家指导委员会

主　　任： 韩玉灵

委　　员： 周春林　赵晓鸿　丁海秀　文广轩　董家彪　臧其林　魏　凯

编委会

总 主 编： 赵晓鸿

委　　员： 祝红文　吴越强　韩海军　夏丽娜　梁悦秋　杨红波　沙　莎
石媚山　杨　英　马友惠　谭宏鹰　翦　鑫　孙　超

《休闲旅游行程服务》编委会

主　　编： 马友惠

副 主 编： 陈　波　刘仲雨

委　　员： 李　冉　冯雪梅　陈　晔　蒋　涛　肖　蕾　李　运

总 序

当今中国，旅游产业欣欣向荣，新兴旅游方式与新业态如雨后春笋般蓬勃发展。康养休闲旅游作为新兴旅游业态，其市场规模呈快速增长态势。康养旅游中的森林康养旅游、温泉康养旅游、中医药康养旅游、运动康养旅游、康养旅居等更加专业化，休闲旅游中的户外休闲旅游、文化休闲旅游、运动休闲旅游、康乐休闲旅游等层出不穷。

中国康养休闲旅游快速发展，产业规模逐年增长，且发展空间巨大，但人才培养严重滞后。为此，四川省旅游学校于2015年创设巴蜀武术养生学院，探索康养旅游专业方向的学历教育，开启了中国康养旅游职业教育的先河；2016年成功申报休闲体育服务与管理专业（康养旅游方向），并于2017年开始招生；2018年以巴蜀武术养生学院为基础，正式成立康养旅游系。2019年5月，由四川省旅游学校主持论证的康养休闲旅游服务专业正式纳入教育部新增专业目录。受教育部和全国旅游职业教育教学指导委员会委托，我们带领团队完成了康养休闲旅游服务专业教学标准和部分专业核心课程标准的研制工作；2020年又完成了全国旅游职业教育教学指导委员会立项的《康养休闲旅游实训基地的规划与建设》课题研究任务。

新专业需要新的教材体系做支撑，康养休闲旅游服务专业急需一套与之相适应的专业教材。根据前期积累的教育教学与专业建设经验，我们在旅游教育出版社的大力支持下，开始筹划全国首套康养休闲旅游服务系列教材的编写与出版工作。

2020年初，四川省旅游学校牵头组织了一个覆盖全国的多行业、多学科专家团队，开启了艰难的教材研究与编写工作。专家团队涵盖四川大学、四川农业大学等985、211重点高校，成都中医药大学、西南医科大学、成都体育学院等专业院校，云南旅游职业学院、青岛酒店管理职业技术学院、太原旅游职业学院、沈阳市旅游学校、武汉市旅游学校等众多旅游院校，共有40余所院校参与了教材研究与编写工作；此外，我们还邀请了10多家行业企业的专家参与此项工作，专家团队规模达 160 余人。在研究数据缺乏、案例稀少、没有更多可借鉴参考资料的情况下，历时一年多时间，相继完成了系列教材中首批教材的编写，于 2021 年 8 月后陆续出版。

本套教材既可作为中高职职业教育旅游类专业教学用书，也可作为职业本科旅游类专业教育的参考用书，同时可作为工具书供从事旅游服务与管理的企事业单位专业人员借鉴与参考。

作为全国第一套康养休闲旅游服务系列教材，肯定还存在很多缺陷与不足，恳请读者指正，我们将在再版过程中予以完善与修正。

总主编：

2021 年 8 月

目　录

前　言

随着旅游业的快速发展，休闲旅游作为新兴旅游方式和业态被纳入我国经济发展战略体系。2013 年国务院办公厅印发了《国民旅游休闲纲要》，提出“要推进具有中国特色的国民旅游休闲体系建设”；2017 年《“健康中国 2030”规划纲要》和 2018 年《乡村振兴战略规划（2018—2022 年）》等文件的出台都为休闲旅游的兴起与发展提供了政策支持。2020 年受新冠疫情的影响，我国旅游业遭受重创，在未来一段时间内，中国旅游业发展将继续与疫情防控并行，以本地、周边和短途为特点的城市休闲游、乡村度假游将成为旅游消费的主要内容。在此特殊背景下，休闲旅游产业将在中国旅游业恢复振兴的总体进程中扮演“定心丸”和“先行军”的重要角色。

人才是促进产业发展的重要支撑。随着旅游业的发展，旅游人才呈现多元化需求态势，尤以休闲旅游人才需求最为显著。2018 年《国务院办公厅关于促进全域旅游发展的指导意见》提出：要“实施人才强旅、科教兴旅战略，大力发展旅游职业教育，加快培养适应全域旅游发展要求的技术技能人才”。在此背景下，加快培养有情怀、有思想、有知识的高素质技能型休闲旅游服务人才已经迫在眉睫。本教材是在现阶段休闲旅游专业人才严重缺乏、相关著述较少的情况下编写的，以休闲旅游行程服务人员必须具备的理论知识和岗位技能为线索，用七个章节进行阐述。各章以本章重点、学习要求、正文、本章小结、思考与练习为基本结构，图片、案例、拓展阅读穿插其中。教材内容力求与休闲旅游行程服务岗位的实际需求相对接。本教材既可作为中高职职业教育旅游类专业教学用书，也可作为职业本科旅游类专业教育的参考用书，同时可作为工具书供从事旅游服务与管理的企事业单位专业人员借鉴与参考。

本教材由四川省旅游学校马友惠担任主编，武汉市旅游学校陈波、烟台文化旅游职业学院刘仲雨担任副主编。各章分工如下：烟台文化旅游职业学院刘仲雨编写第一章，四川省旅游学校马友惠编写第二章，武汉市旅游学校陈波编写第三章，四川省阆中江南高级职业中学冯雪梅、四川省南江县小河职业中学陈晔编写第四章，成都中港国际旅行社蒋涛、都江堰市职业中学曾杨编写第五章，烟台文化旅游职业学院李冉、四川省商贸学校李运编写第六章，武汉市旅游学校肖蕾编写第七章，全书由马友惠最终统稿。在编撰中，我们还得到了四川金牌导游赵阳的大力支持，在此深表谢意。

由于时间仓促，本教材编写过程中可能存在一些疏漏，敬请读者批评指正。

编者

2021 年 5 月 20 日

第一章 概述

本章重点

本章内容主要包含休闲旅游行程服务的概念、地位及作用、现状和发展前景，休闲旅游行程服务的特点和基本原则，休闲旅游行程服务人员的基本素质与能力。

学习要求

了解休闲旅游行程服务的概念，理解休闲旅游行程服务的地位及作用，掌握休闲旅游行程服务的特点、休闲旅游行程服务人员的基本素质与能力要求。

本章思维导图

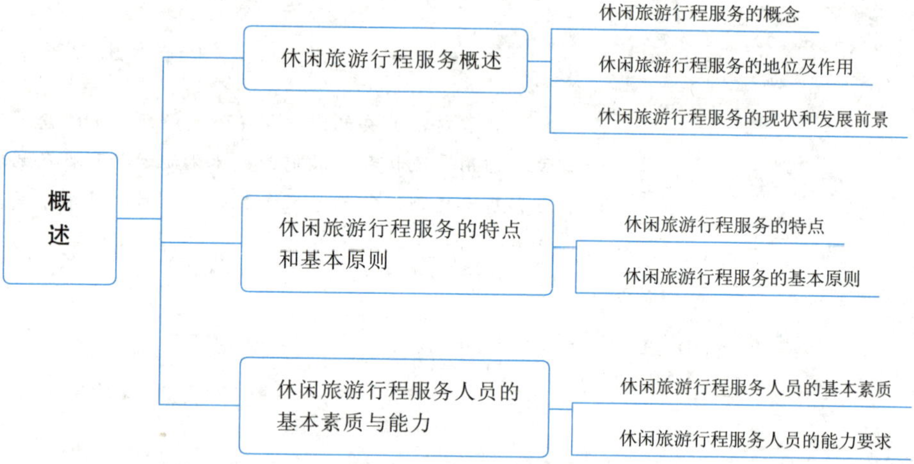

第一节 休闲旅游行程服务概述

20世纪七八十年代，发达国家进入“后工业社会”，休闲的社会功能发生了很大的变化，休闲成为人们生活的重要组成部分。进入21世纪，休闲成为世界范围内的热门话题。改革开放四十年，我国经济快速发展，人民生活水平不断提高，旅游休闲的需求持续扩大。2013年2月，国务院颁布《国民旅游休闲纲要》，国家启动国民旅游休闲，休闲旅游逐步成为我国大众旅游的主题之一。

一、休闲旅游行程服务的概念

（一）休闲旅游的概念

休闲旅游是指以休闲为目的的一切非事务性旅游活动的总和。它是以旅游资源为依托，以旅游设施为条件，以特定的自然和文化景观以及服务项目为内容，离开定居地到异地逗留一定时期的观光游览、娱乐休憩、教育、养生等旅游活动。

旅游活动按出游目的可以分为观光旅游、修学旅游、探亲访友旅游、购物旅游、商务考察旅游、宗教旅游等，休闲旅游与其他旅游的最大不同在于“闲”。汉语字典解释“闲”：与忙相对。但休闲不是简单的休息，是指在闲暇时间通过各种“玩”的方式获得精神愉悦、身心放松，是人们的一种生活方式。休闲旅游是休闲的一种方式，是经济发展、社会进步的产物，是现代旅游业的重要组成部分。

（二）休闲旅游行程服务的概念

“行程”一词有“路程”“旅程”的含义。休闲旅游行程服务是指旅游企业为了满足休闲旅游者在行前、行中、行后等休闲旅游活动过程中的各种需求，达到休闲目的所提供的服务，包括休闲旅游线路设计服务、行程咨询接待服务、行程安排服务、行程陪同服务等内容。

休闲旅游行程服务的内涵，具体来说包含以下几层含义：

首先，休闲旅游行程服务主要包含行前、行中、行后三大环节。

其次，休闲旅游行程服务的主要内容有休闲旅游线路设计服务、行程咨询接待服务、行程安排服务、行程陪同服务。

最后，休闲旅游行程服务是一项经济活动，旅游企业及相关服务人员通过提供相应的服务获得一定的经济收益，休闲旅游者则通过享受相应的服务获得愉悦的体验，达到休闲旅游的目的。

二、休闲旅游行程服务的地位及作用

休闲旅游行程服务为游客的休闲旅程提供服务，包含行前、行中、行后三大环节，贯穿于从产品设计到产品消费的整个过程和产品寿命周期的各个阶段。因此旅游行程服务是休闲旅游业的代表性业务，是“休闲旅游活动的导演”“休闲旅游业的灵魂”，在休闲旅游业中有着十分重要的地位和不可替代的作用。

（一）休闲旅游行程服务的地位

休闲旅游活动包括食、住、行、游、购、娱六要素。休闲旅游行程服务贯穿于休闲旅游活动整个过程，涉及六大要素，将休闲旅游服务中的餐饮、住宿、安全、娱乐、购物等各环节、各部门连接起来，是整个休闲旅游服务中最重要的一部分，处于主导地位。如果把休闲旅游服务业比作冰糖葫芦，那么休闲旅游行程服务就是穿冰糖葫芦的“扦”。缺了这支竹扦，就无法做成冰糖葫芦。对于行程服务的主导地位，我们可以从旅游企业和游客的角度来理解：

1. 从旅游企业的角度来讲，休闲旅游行程服务是旅游企业的核心竞争力

（1）休闲旅游行程服务是休闲旅游企业的核心业务。在游客看来，休闲旅游产品的提供者是休闲旅游行程服务人员。旅游企业对游客的各项休闲服务业务，从休闲旅游产品设计、线路组合、旅游产品的营销、行程咨询接待、行程安排到行程陪同等，都通过行程服务提供给游客。由此可见，行程服务贯穿休闲旅游服务始终，在休闲旅游企业业务中具有核心地位，各部门的工作都是围绕行程服务这条主线展开的。

由于游客对个性化消费的追求和互联网技术的快速发展，旅游产业呈现出游客越过批发商和中间商，直接对接旅游目的地旅游企业的新趋势。目的地旅游企业直接对接游客，行程服务的核心地位更加显著。个性化的定制游越来越受到游客的青睐，贯穿始终的行程服务则是定制游的核心竞争力。

（2）休闲旅游行程服务质量体现休闲旅游企业的服务水平和质量。休闲旅游行程服务直接面对游客服务，行程服务人员与游客接触最多。对游客而言，休闲旅游行程服务人员代表着旅游企业，其服务质量也就代表着旅游企业的服务质量。一般说来，休闲旅游行程服务质量高可以弥补其他方面的不

足，行程服务质量低劣，则最容易引起游客的不满。

（3）休闲旅游行程服务是改进休闲旅游产品的主要途径。休闲旅游行程服务人员在对客服务第一线，参与休闲旅游产品链中所有环节的服务，能敏锐感知市场的动态变化和游客的心理需求变化，分析、预测游客消费行为的变化，及时将相关信息反馈给旅游企业，促进企业推出更具竞争力的休闲旅游产品。

（4）休闲旅游行程服务是休闲旅游企业竞争的焦点。休闲旅游企业竞争的核心是休闲旅游产品质量。休闲旅游产品由有形物质产品和无形服务组成，有形产品如名山大川、文物古迹、交通工具等属于行业共有，因而各休闲旅游企业在旅游产品的设计、线路组合方面差异性很小，可复制性强，而休闲旅游行程服务最能体现休闲旅游企业的企业文化，无论是线上咨询定制产品还是线下陪同游客活动，游客感受最强烈的就是行程服务人员的无形服务。所以休闲旅游行程服务中的无形服务自然成为竞争的焦点，是产品质量中的关键因素。优质的行程服务能使休闲旅游活动更舒适快乐、充满魅力、富有情趣，使游客身心愉悦，达到休闲旅游的目的。一流的行程服务人员是休闲旅游企业扩大知名度、争取更多客源的制胜法宝，也是旅游企业的最大财富。

2. 从游客角度讲，休闲旅游行程服务是高质量完成休闲旅游活动的根本保证

（1）休闲旅游行程服务是旅游活动顺利开展的前提和保证。休闲旅游具有异地性，游客身处陌生的环境，人地生疏、语言不通，如果自行安排食、住、行、游、购、娱，势必会分散精力，消耗体力，影响休闲旅游体验效果。借助休闲旅游行程服务则可把行程中的一切琐事交给专业人员，游客专心休闲旅游，大大提高了休闲旅游的体验感和舒适度，使休闲旅游活动更加轻松、惬意。

（2）休闲旅游行程服务是游客了解旅游目的地文化的桥梁。“百里不同风，十里不同俗”。由于游客与目的地居民在文化、生产生活、语言等方面存在着很大差异，行程服务可以根据游客特点和需求安排富有地方特色的休闲旅游项目，循循善诱指导游客以最佳方式进行休闲旅游活动，实现与旅游目的地居民顺利沟通，融入当地生活，享受沉浸式体验，使游客获得事半功倍的休闲旅游效果。

（3）休闲旅游行程服务可以满足游客的心理需求。休闲旅游以休闲为目的，追求节奏舒缓，身心愉悦。但是游客在异地他乡旅游，会出现拘谨心理——茫然、紧张，缺乏安全感。优质的行程服务可以消除游客的这些消极

心理，使游客获得安全感精神放松，从而全身心地沉浸于休闲旅游体验中，尽享休闲旅游的快乐。

（二）休闲旅游行程服务的作用

在休闲旅游接待服务中，休闲旅游行程服务无论对游客还是旅游产业而言，都有着非常重要的作用，具体表现在以下几方面：

1. 纽带作用

旅游产品具有生产和消费的统一性，休闲旅游活动由住宿、餐饮、交通、康养、娱乐、户外休闲等服务环节构成。休闲旅游行程服务把这些环节连接起来，实现旅游产品的生产与消费。

（1）沟通上下。休闲旅游行程服务人员是旅游企业与游客连接的纽带，是休闲旅游线路的设计者、计划的执行者、活动的组织者，代表旅游企业与游客进行沟通，制订并执行休闲旅游计划；无论在行前、行中还是行后，休闲旅游行程服务人员及时将游客的各种需求、意见、投诉，以及其他服务单位出现的问题传递给相关部门，促进休闲旅游更加良性发展。

（2）连接内外。休闲旅游行程服务人员作为旅游企业直接对客服务人员，既代表旅游企业的利益，又必须维护游客合法权益；既有责任向游客介绍中国的悠久历史和灿烂文化，同时又要多与游客沟通交流，了解游客，做好市场调查研究，促进旅游活动顺利发展。

（3）协调左右。行程服务将旅游活动中食、住、行、游、购、娱各环节连接起来，休闲旅游行程服务人员是旅游业各环节、各部门的第一联络员，起着重要的协调作用。在行前，行程服务人员将游客的基本情况、需求等信息传递给相关企业，有利于企业做好个性化服务；在行中，将突发情况、计划变更等及时传递给相关企业，协调相关事宜，保障了旅游活动的顺利进行。可以说，没有休闲旅游行程服务人员的协调，就没有高质量的旅游服务。

2. 标志作用

休闲旅游行程服务质量对休闲旅游服务质量的高低起标志性作用。从休闲旅游咨询、行程安排到陪同服务，自始至终都是行程服务人员与游客相处，为游客直接服务，因此游客对行程服务人员的服务感触最直接、最深，反应最敏感。优质的行程服务在一定程度上可以弥补其他环节的服务缺陷，行程服务质量是游客休闲旅游活动成败的关键因素。从游客角度来看，休闲旅游行程服务人员代表着旅游企业，其服务体现了旅游企业的服务水平和质量，甚至代表着一个国家或地区旅游业的质量和发展水平。

3. 反馈作用

休闲旅游行程服务人员在接待游客的一线，为游客提供面对面的服务，可以及时了解游客消费心理、需求和意见，并反馈到有关部门，促使旅游产品改进和服务质量提高，促进休闲旅游持续发展。

4. 扩散作用

优质的休闲旅游行程服务是旅游目的地和旅行社的免费广告，起到宣传和扩散作用。行程服务包括线路设计、咨询接待服务、产品销售服务、旅游行程安排、行程陪同服务等环节，每一个小环节都是旅游经营者展示企业形象的窗口、拓展客源的机会。在休闲旅游过程中，行程服务人员热情周到的服务、高超的专业技能，使游客对休闲旅游活动非常满意，高度认可旅游企业，游客自然成为旅游企业的义务宣传员，向亲朋好友推荐旅游企业，推销旅游产品，扩大了旅游企业的客源。若休闲旅游行程服务人员在服务过程中存在各种问题，降低游客休闲旅游的舒适度和旅游效果，则会导致游客的抱怨和不满，产生负面效果，使旅游企业声誉和形象受损，影响客源和旅游产品消费。

无论休闲旅游行程服务质量高还是低，都会对旅游企业和休闲旅游产品起到扩散作用，质量高时起到积极作用，质量低时则起到消极作用。

需要说明的是，旅游服务是涉及各行业各部门的综合性服务，休闲旅游行程服务只是其中一个重要环节，如果没有其他环节的配合与支持，行程服务无法做好。

案例 1-1

茶叶蛋的感动

休闲旅游行程服务人员丁丽负责自烟台来杭州休闲度假的3个家庭的定制游。从机场到酒店的途中旅游车突然发生故障无法行驶了，小丁向司机询问情况之后，立即联系旅行社，旅行社通知会再派一辆车过来接他们。小丁向游客致歉，并告知游客们旅行社的安排，然后带领大家做了几个有趣的小游戏并穿插着介绍了杭州的历史风情，等待过程中游客虽有不满，但情绪还不错。四十分钟后旅行社派来的车到了，将大家送到了下榻的酒店。小丁立即奔向前台为大家办理入住手续，游客领取房卡后回房间休息。

四十分钟后，拎着一大兜茶叶蛋的小丁带领大家去餐厅用餐。大家落座，餐厅服务员上菜，小丁将袋子里的茶叶蛋用盘子装好端到了餐桌上。小朋友果果兴奋地喊了起来："阿姨，你太棒了，你怎么知道我和莉莉想吃茶叶蛋？"原来在等车时，小丁无意间听到两个孩子的谈话，知道他们想吃茶叶蛋。小丁利用客人们在房间休息的时间向餐厅了解到餐厅没有茶叶蛋，小丁便出去为孩子们买了。

度假结束后，在服务质量反馈表中，客人写到“旅游中虽发生了不愉快的小插曲，但是因小丁我们的旅途快乐、充实、圆满、难忘”。

【案例分析】

旅游车出故障，等待对游客来说是一种煎熬，小丁不动声色地用游戏来分散大家的注意力，调整了大家的情绪。“茶叶蛋”满足了小朋友的愿望，孩子高兴，家长满意，甚至感动。既是超常服务，又巧妙地向客人表达了“车”的歉意，挽回了游客的心。行程服务人员的服务至关重要，可以弥补相关部门的服务缺陷。

〔案例来源：作者根据导游朋友的亲身经历改编〕

三、休闲旅游行程服务的现状和发展前景

随着我国经济的发展，人均可自由支配收入的提高，人们消费观念和结构的变化，休闲旅游也在不断地发展变化。

（一）休闲旅游行程服务的现状

国民经济的快速发展，可自由支配收入的增加，带薪假日的实施，大众旅游的成熟，为国民休闲旅游创造了条件。2013 年《国民旅游休闲纲要》颁布，标志着我国开始跨入全民休闲时代；2018 年，三大休闲基础产业——旅游、文化、体育在国民经济的占比已超过 10%；2019 年，中国的人均 GDP 超过了 1 万美元。我国休闲旅游呈现出新特点：伴随物质文明的提高，人们的精神需求逐渐增加，休闲旅游的意愿越来越强烈，休闲旅游进入了普通家庭，不断扩大的客源市场逐步细分；人均收入的增加，中产阶层的扩大，使休闲旅游消费大大提升，休闲旅游需求多元化。

现阶段，我国人民的休闲旅游需求迅猛扩大，休闲旅游供给却相对落后。为促进休闲旅游业的发展，提升休闲服务水平，近年来，政府、协会出台了大量国际、国家、行业、地方休闲标准，基本覆盖了休闲产业发展的新兴业态和主要领域。在政府、协会的大力推广下，这些标准也逐步被广泛认可，将成为未来推动休闲产业高质量发展的重要抓手。作为休闲旅游服务重要环节的休闲旅游行程服务，也出现新的发展态势：

1. 休闲旅游行程质量不断提升

休闲旅游是社会进步的产物，游客对旅游品质的要求不断提高，高质量的休闲旅游行程服务是保证旅游品质的前提条件。各种休闲旅游标准的出台为行程服务质量的提升保驾护航。2019 年 1 月，文化和旅游部出台《关于实施旅游服务质量提升计划的指导意见》，指出提升旅游服务质量的关键因素是旅游从业者，对旅游从业者提出了增强服务意识、提高专业技能和职业素养等要求，以提高其服务能力，提升服务质量。

2. 休闲旅游行程服务文化内涵丰富

随着我国总体小康的实现，人们的精神文化需求日益增长，旅游不再是“到此一游”，是体验异域文化、增长见识、陶冶情操。文化是休闲旅游的灵魂，行程服务的文化内涵是游客忠诚度的有力保障。行程服务的文化内涵表现在产品组合、行程安排以及服务人员的讲解等方面，在产品组合、行程安排中要有体现地方文化特色的游客体验项目，服务人员在陪同体验中要对地方文化进行深入的讲解，这样的休闲旅游才是有灵魂的休闲，才会让游客流连忘返。如到成都休闲旅游，游客向往体验成都的茶馆文化、三国文化、饮食文化、戏曲文化、棋牌文化等。行程服务人员陪同游客走进茶馆，跑堂的拿来“三才碗”，用长嘴铜茶壶蜻蜓点水般沏好茶，却没有一滴茶水溅出。游客端起盖碗茶，品茗中感喟着成都的茶馆文化。

图 1-1 四川成都人民公园的茶馆一角 摄影：马友惠

3. 休闲旅游行程服务依赖于高质量的旅游环境

高质量的旅游环境是影响休闲旅游效果的主要因素之一。行程服务人员要满足游客的休闲旅游需求，在服务过程中就要注意旅游环境的选择。在设计线路、组合产品时，自然环境要优先选择空气清新、风景优美、环境幽静的，人文环境首选有地方特色、充满地方文化氛围的，只有在这样的自然和人文环境中游客才能停下来、走进去、静下心，满足“放逐心情，牧养心灵”的精神需求。

4. 休闲旅游行程服务产品结构呈现多元化

随着国民经济的持续发展，休闲旅游发展迅速，已成为大众旅游，产品越来越丰富，有娱乐休闲旅游、运动休闲旅游、文化休闲旅游、康养休闲旅游、农业旅游休闲等。针对当前低收入阶层、小康阶层、富裕阶层等不同消费者，客源市场呈现多元化的趋势，产品结构多元化，即同一类产品在服务内容、服务方式、费用标准等方面根据市场进行细分，以“中档为主，兼顾低高档”，既提供大众休闲旅游行程服务，又提供高端消费者个性化定制服务。

5. 休闲旅游行程服务管理人才匮乏

高素质的专业人才是休闲旅游可持续发展的必要条件。休闲旅游的游客消费能力强，对服务内涵要求高，我国休闲旅游行程服务管理人才数量少，质量有待提高，其服务意识、职业素养、专业技能等方面有待提高，服务过于程序化，还需将规范化、个性化和感情化服务有机结合。

（二）休闲旅游行程服务的前景

1. 世界休闲旅游发展前景

“二战”后，世界经济高速发展，人们带薪假日增多，可自由支配收入增加，于是休闲进入了人们的生活。在 20 世纪 70 年代末、80 年代初，旅游者开始从观光旅游转向地域特色、时代特色和个性特色鲜明的休闲旅游。90 年代随着经济发展、社会进步，带薪假日进一步增加，1995 年已有 145 个国家实行每周 5 天工作制。互联网技术的广泛应用进一步促进了从观光旅游向休闲旅游转变，2015 年左右，发达国家率先进入了休闲时代，休闲旅游成为人们生活的一部分。根据世界旅游城市联合会发布的报告，休闲度假占世界旅游的比重已超过 60%，休闲旅游已成为世界旅游发展的新潮流。美国权威机构预测，休闲旅游将成为下一个席卷全球的经济浪潮。

2. 中国休闲旅游行程服务发展前景

2016 年中国的人均 GDP 超过了 8000 美元，2019 年超过了 1 万美元，休闲旅游进入了快速发展通道。2019 年，向全社会公开征求意见的《文化产业促进法（草案征求意见稿）》进一步促进了文旅融合，对休闲旅游产业发展产生积极影响。2020 年 5 月 28 日，“社会生活的百科全书”——《中华人民共和国民法典》正式通过表决，民法典与民众息息相关，对国民休闲生活以及休闲旅游市场主体发展产生深远影响。休闲旅游即将迎来发展的重要契机，“十四五”规划和 2035 远景目标提出建设国家级休闲城市和休闲街区，政府、企业、教育等各个层面都会关注休闲旅游，意味着我们中国新的休闲时代的到来，休闲旅游行程服务也将搭上发展的高速列车。休闲旅游服务需求的不断增大和多元化，将使行程服务更加精细化，追求细节服务。科技进步将大大提高行程服务效率和游客体验度，未来技术对休闲旅游发展的影响将不断深化，这其中比较典型的技术应用包括：机器人技术、直播技术、智慧旅游技术、5G 技术和云休闲技术，线上线下的互动融通将成为常态方式。

图 1–2 四川成都三圣花乡农家乐升级换代为休闲农庄 摄影：马友惠

第二节 休闲旅游行程服务的特点和基本原则

休闲旅游是休闲与旅游在交叉渗透的过程中产生的一种新型旅游方式，具有旅游节奏舒缓、重游率高、关注健康、追求身体和精神层面的绝对放松等特点。休闲旅游行程服务在休闲旅游中处于主导地位，是休闲旅游服务中具有代表性的工作，有别于“走马观花”式的传统观光旅游服务，有着鲜明的个性特征。

一、休闲旅游行程服务的特点

休闲旅游行程服务贯穿于休闲旅游活动的全过程，与其他旅游接待服务相比，具有以下特点：

（一）服务内容文化性

在休闲旅游活动中，休闲旅游者更注重精神享受，渴望在身心放松的同时丰富知识、陶冶情操、增长阅历。因此，休闲旅游行程服务人员应知识渊博，有一定的审美素养，深入研究目的地的民俗风情、饮食文化、民间文艺、非物质文化遗产等地方文化。这样，在设计旅游线路、组合旅游产品时，行程服务人员才能够根据游客需求和年龄、职业、兴趣爱好等个性特点开发设计具有地方文化特色的旅游产品；陪同游客休闲旅游时，能够引导和激发游客的审美情趣，生动地向游客介绍当地文化特色，使游客在轻松愉悦中感受独具魅力的地方文化，获得独特的审美体验。所以说，休闲旅游行程服务是知识密集型的服务，通过服务传播目的地文化，使游客获得目的地的文化体验，促进各地区间的文化交流。

（二）服务方法多样化

休闲旅游不同于观光旅游的“走马观花”和“到此一游”，他们更注重体验性与互动性，不仅寄情于山水间，还要在目的地体验劳动、学习各种民间技艺或运动技能。这就要求行程服务人员要掌握各种活动的体验方法和技能，向游客传授当地生产生活技能，让旅游者能够与各旅游要素产生良性互动，主动融入目的地居民的生活之中，使休闲旅游者成为玩物适情、情与物游、品味全过程的体验者。例如，在山东烟台长岛，游客住渔民家，在行程服务人员陪同下与渔民一起驾船出海打鱼，一起赶海，一起加工捕获海鲜，体验海岛生活。在这里，行程服务人员不仅要向游客讲解，更要示范如何下网，如何拉网，如何赶海以及烹调海鲜。在浙江杭州龙井村，游客不仅在御茶园、九溪十八涧、老龙井等青山秀水中品味历史，更热衷于“龙井问茶”，走进茶田、茶庄、茶馆体验采茶、炒茶、制茶的奥妙，探寻茶历史、茶文化、茶经济。

（三）服务手段科技化

休闲旅游者要求服务便捷高效，旅游企业和服务人员应将更多先进的科技手段运用到旅游服务中，提高服务质量。在休闲旅游行前服务中，服务人员将目的地的旅游资源和地方特色文化通过智慧旅游、旅游网站、微信、QQ、抖音等网络平台展播，旅游者在线上了解、选择旅游产品，与服务人员线上沟通交流、定制旅游线路。旅游企业及行程服务人员则利用大数据精准分析定位旅游者的休闲需求，为旅游者提供个性化、富有地方特色的行程服务。出游中，行程服务人员运用智能化、信息化等先进服务手段，及时协调各环节各部门的服务，增强旅游产品的体验性。行后服务中，通过信息反馈平台，行程服务人员及旅游企业可以及时收集到旅游者的反馈信息，有利于改进服务产品，提高服务质量，促进休闲旅游的良性发展。

图 1–3　山东青岛八大关海滩游客赶海体验　摄影：马友惠

（四）服务个性化

休闲旅游行程服务的个性化表现在：一方面，休闲旅游行程服务人员根据游客的个性差异在行程安排、讲解、项目体验等环节提供针对性服务，以满足游客的不同需求。休闲旅游大多为散客游、家庭游，对旅游环境、服务设备设施、活动项目的舒适度要求较高，行程服务要将“以人为本”作为服务的出发点，“想游客之所想，急游客之所急”，将个性化服务落实到细节上，游客才能充分享受休闲旅游带来的轻松快乐体验。另一方面，旅游企业或服务人员利用自身优势，打造具有企业特色或个人风格的服务品牌，增强企业竞争力。

（五）复杂多变

休闲旅游行程服务涉及多个部门，服务内容庞杂，游客的个性和需求千差万别，服务中有更多的不确定性和未知性。其复杂性主要体现在以下方面：

1. 服务对象复杂

休闲旅游行程服务的对象是游客，游客来自不同的国家和地区，他们的生活习惯、思维方式、礼俗禁忌不同，同时游客性别、年龄、职业、受教育情况等各不相同，这大大增加了行程服务人员提供个性化服务的难度和复杂性。

2. 要求多变化大

休闲旅游以散客和家庭旅游为主，旅游经验丰富，消费水平高，不仅对服务的要求高，而且在旅游过程中除休闲旅游外，可能还会有商务、访友等其他要求。散客旅游随意性大，在旅游过程中，时常会要求变更原定旅游计划或服务项目，使行程服务复杂多变。

3. 人际关系复杂

在旅游活动中，休闲旅游行程服务人员要与相关部门的人员合作，协调方方面面的关系，这些关系虽有着共同的目标任务，但代表不同的利益。休闲旅游行程服务人员既代表着旅游企业的利益，又要维护游客的合法权益，因此以双重身份与其他接待方合作，情况复杂。同时，行程服务人员还要处理好旅游过程中游客的个别要求和突发问题，如游客要求品尝风味餐、观看演出、换房、游客患病等，在处理这些要求和问题要时时兼顾到方方面面的关系和利益。

（六）独立性强

无论行前、行中还是行后服务，行程服务人员往往独立为游客提供服务，独立按游客需求为游客设计旅游线路，独立安排游客行程，独立协调各方面的关系，独立处理突发情况，独立为游客提供讲解。讲解时，行程服务人员要因人而异、因地制宜、因时制宜地为游客进行个性化的讲解，以满足游客的精神需求。休闲旅游行程服务人员应努力提高综合素质，钻研专业技能，才能在工作中独当一面，为游客提供优质服务。

（七）脑体高度结合

休闲旅游行程服务人员陪同游客参观游览、进行沉浸式体验是体力劳动，合理安排行程、生动讲解、协调关系、灵活处理各种要求和突发问题是脑力劳动，所以行程服务是一项高智能高技能的服务，要求行程服务人员具备较强的事业心和良好的身体素质、心理素质。

二、休闲旅游行程服务的基本原则

休闲旅游行程服务人员要提供游客满意的、高质量的行程服务，需要处理好游客、旅游企业、相关接待单位和国家之间的关系，维护各方面的合法利益。

（一）满足游客合理需求的原则

游客是旅游产品的消费者，是旅游业的衣食父母。研究游客的消费需求，满足游客的合理需求是旅游业发展的基础，也是休闲旅游行程服务人员的基本服务准则。

1. 宾客至上

“顾客是上帝”是服务行业的座右铭。“宾客至上”首先要以游客的利益为出发点，从游客的角度思考问题，急游客之所急，忧游客之所忧。其次要尊重游客，尊重游客的生活习惯、宗教信仰、意见建议等。最后应一视同仁、平等相待，无论游客的身份、地位、国籍地区、宗教信仰如何，绝不能厚此薄彼。

2. 合理而可能的原则

“合理而可能”的原则是休闲旅游行程服务人员处理游客个别要求的基本原则。“合理”即合乎合同约定、合乎道德、合乎法律、合乎人情，“可能”是即使有困难，旅游企业和服务人员经过努力可以办到。“合理而可能”指对于游客提出的要求，只要是合理的，旅游企业和服务人员经过努力可以办到的，就应该予以满足游客的要求。

游客有时会提出一些虽然合理但我们无法办到，或由于各种原因提出了无法满足的要求。针对这些要求，行程服务人员要认真倾听，微笑对待，耐心解释。解释时要实事求是，动之以情，晓之以理，使旅游者心悦诚服，得到他们的谅解。不可以断然拒绝，或没有听完就打断游客的话，拒绝其要求。

3. 认真落实旅游合同

旅游合同是游客与旅游企业签订的契约，反映了游客的旅游需求。因此，休闲旅游行程服务人员应不折不扣地落实旅游合同规定的内容，这是休闲旅游行程服务人员最基本的工作能力，也是衡量休闲旅游行程服务人员是否履行职责的基本尺度。

4. 规范化服务与个性化服务相结合

规范化服务又称标准化服务，是由国家和（或）行业主管部门所制定并发布的某项服务（工作）应达到的统一标准。规范化服务是服务人员在服务中必须达到的基本要求，并不等于优质服务，规范化服务不会使游客对服务质量有所抱怨但也不会给游客留下深刻的印象。要争取更多的客源，旅游企业及服务人员应该提供更多的个性化服务。

个性化服务又称特殊服务，是在履行旅游合同和规范化服务之外，为满足部分游客或个别游客的合理需求而提供的服务。在旅游服务中，个性化服务更多地体现于细节服务，体现在一些小事上，如帮年纪大的游客背包、提醒游客天气变化等。个性化服务是超常服务，是对游客的特别关照，易使游客获得满足感。只有将规范化服务与个性化服务相结合，才是高质量的旅游服务，才是感动游客的服务。

案例 1-2

美丽丝巾

8 月 10 日，烟台文旅集团的休闲旅游行程服务人员小丁陪同一行 5 人漫步在烟台海滨步行街，张女士怀中 2 岁的宝宝睡着了，天气炎热，气温较高，熟睡中的宝宝额头上流下了汗珠，小丁看见了，忙掏出纸巾轻轻地帮孩子擦了擦。给宝宝擦汗时，小丁注意到因宝宝的头枕在张女士胳膊上，胳膊上有细细的汗珠。小丁皱了一下眉，然后解下了自己的小丝巾，轻轻地扶起宝宝的头，用纸巾擦了擦宝宝的头和张女士的胳膊，将小丝巾垫在了宝宝的头下。张女士连忙道谢，同行的其他人纷纷点赞。

【案例分析】

案例中的行程服务人员小丁观察到宝宝出汗了，主动为宝宝擦汗，继而发现宝宝的头、张女士胳膊有汗，这样宝宝和张女士都会极度不舒适，小丁灵活机动用自己的小丝巾垫上。小丁的个性化服务源于她的细心观察、独立思考、灵活应变，体现了主动服务的精神。

〔案例来源：作者根据蓬莱阁导游员的经历改编〕

（二）维护游客合法权益的原则

游客是旅游产品和服务的消费者，合法权益受国家法律的保护，游客的合法权益包括旅游自由权、旅游服务自主选择权、旅游公平交易权、旅游服务内容知悉权、依约享受旅游服务权、人身和财物安全权、医疗求助权、求偿权和寻求法律救援权。

休闲旅游行程服务人员在提供服务的过程中，必须切实维护游客利益。当游客利益受到损害时，行程服务人员要及时采取一切必要的措施，把损失控制在最小的范围之内。

（三）以人为本优质服务的原则

1. 公平对待的原则

公平对待原则是指服务人员平等对待所有游客，无论游客的国籍、民族、宗教信仰、肤色、社会地位、年龄、经济状况有何不同，都是服务的对象，应一视同仁，他们的合法权益受到保护，得到热情周到的优质服务。

2. 使用柔性语言

“一句话能把人说笑，也能把人说跳”。柔性语言是指语气亲切、语调柔和、用词委婉、说理自然的语言。行程服务人员在为游客服务时，应使用柔性语言与游客沟通交流，避免使用“命令式”的语气、“掷地有声”的刚性语言，这样游客容易接受，起到以柔克刚的效果。

案例 1-3

把人说跳了，把人说笑了

茶馆出来下起了小雨，游客们快速跑向停车场，纷纷往车上挤。站在车旁的行程服务人员却说：“着什么急，挤什么，真是的！”一位客人不高兴了，怼了过来“你怎么说话呢”……同时，不远处一个旅游团在等候旅游车，服务人员在整理着队伍，说“咱们的旅游车马上就到了，咱们照顾一下孩子、年长的人士和女士，请他们先上车，大家注意安全。”

【案例分析】

相同的情况，不同的结果，都是“话”结的果。前面的服务人员的话，游客听了心里透心凉，甚至会发生纠纷。后者的话游客们不但不会有意见，而且会感受到服务人员的职业素养、道德水平。

〔案例来源：蒋炳辉．导游带团艺术［M］．北京：中国旅游出版社，2001.9：89.〕

3. 微笑服务

微笑服务是服务业的基本服务原则。行程服务人员真诚的微笑使游客感受到热情、欢迎，拉近了彼此的心理距离，消除了陌生感，增加了游客的信任和安全感。真诚的微笑源于对工作的热情，对游客的真诚，发自内心，笑时眼里有光，脸上笑意满满，而不是单纯地露出“8 颗牙”“6 颗牙”的职业式微笑。缺少真诚的职业式微笑是公式化的，客人感受到的是敷衍。所以真诚的微笑服务才是提升服务质量的保证。

拓展阅读 1-1

4. 维护尊严的原则

《旅游法》对于旅游工作者的执业权力有着明确的保障，规定服务人员在对待游客的个别要求时，要坚决维护国家的尊严和自身的人格尊严，对游客有损国家利益和民族利益的要求，要断然拒绝并予以严厉驳斥。对游客提出的侮辱自身人格尊严，或违反旅游职业道德的不合理要求，也应予以拒绝。

（四）经济效益和社会效益相结合的原则

休闲旅游行程服务是一种可以获得收入的经济活动，是谋生的手段，同时也是一种传播文化的社会活动。行程服务的经济效益表现在：可以为旅行社增加收入，创造利润；可以促进国家和地区之间的经济交流；可以发挥扩散作用，为旅行社和目的地创造潜在客源，促进经济发展。行程服务的社会效益有：服务人员代表的不仅仅是个人和旅行社的形象，更是一个国家和地区的形象，优质的行程服务有助于树立和提高旅行社、旅游目的地及国家的形象；有助于推进不同地区和国家之间文化和科技的传播与交流，增进不同地区之间的了解和友谊，有利于社会和谐与世界的和平。休闲旅游行程服务人员在服务时，既要注重经济效益，又要讲好中国故事、讲好家乡的故事，传播我国优秀传统文化和社会主义价值观，注重社会效益。将休闲旅游的经济效益和社会效益相结合是休闲旅游行程服务人员的职责。

第三节　休闲旅游行程服务人员的基本素质与能力

在休闲旅游活动中，行程服务对休闲旅游的效果起关键作用，可以说没有优质的行程服务，就没有高质量的休闲旅游服务，也就没有完整意义的休闲旅游。

休闲旅游行程服务人员是游客休闲旅游活动的线路设计员、旅游协调员、讲解翻译员、生活服务员、安全保卫员，同时也是旅游目的地的产品推销员、情况调查员、对外宣传员。休闲旅游行程服务人员只有具备一定的综合素质与能力，才能尽到职业责任和义务。

一、休闲旅游行程服务人员的基本素质

休闲旅游行程服务人员的素质是休闲旅游行程服务质量的关键因素。行程服务质量影响着休闲旅游的发展，所以高素质的行程服务人才是提高旅游服务质量的关键。一名合格的休闲旅游行程服务人员应该具备以下素质要求。

（一）良好的思想道德品质

1. 热爱社会主义祖国

一名合格的休闲旅游行程服务人员的首要条件是热爱社会主义祖国。首先，休闲旅游是祖国整个事业的一部分，为服务人员创造了发挥个人才能和价值的条件。其次，我们服务人员的一言一行，与祖国息息相关，是一个国

家和地区的形象代表，游客通过服务人员的举止言行和道德思想来了解我们的国家和地区。最后，祖国美丽的山河和优秀的传统文化是发展旅游的客观基础。传播中华文明和优秀传统文化，宣传社会主义祖国，为祖国和家乡代言，是行程服务人员神圣的使命和义务。

2. 树立集体主义精神

社会主义道德的本质是集体主义，是全心全意为人民服务的精神。休闲旅游服务，是由休闲旅游交通、休闲餐饮、运动休闲、康乐休闲等接待单位共同完成的，它们组成了一个大的接待集体。休闲旅游行程服务人员是这个大集体中的一员，在工作中应该从大集体的利益出发，从休闲旅游业的发展出发，关心集体的生存和发展，这样才能把工作真正做好。

3. 践行旅游行业核心价值观

2012 年 11 月 8 日党的十八大报告，提出“富强、民主、文明、和谐，自由、平等、公正、法治，爱国、敬业、诚信、友善”社会主义核心价值观，这是对社会主义核心价值观基本内容的精辟概括，即概括了国家的价值目标、社会的价值取向和公民的价值准则。

旅游行业核心价值观是“游客为本，服务至诚”。它是社会主义核心价值观在旅游行业中的具体体现。“游客为本”与“服务至诚”二者相辅相成，共同构成旅游行业核心价值观的有机整体。“游客为本”为“服务至诚”指明方向，“服务至诚”为“游客为本”提供支撑。休闲旅游行程服务人员是休闲旅游业第一线工作人员，直接为游客提供各项服务，应以此来引领自己的工作，用实际行动践行旅游行业的核心价值观。

“游客为本”指一切旅游工作都要以游客需求作为服务的出发点和落脚点。“游客为本”是旅游行业赖以生存和发展的根本价值取向，解决的是“旅游发展为了谁”的理念问题。导游应在工作中牢固地树立这一理念，将自己的服务对象——游客放在第一位，全心全意地做好服务工作。

“服务至诚”是指以最大限度的诚恳、诚信和真诚做好旅游服务工作。它是旅游行业服务社会的精神内核，是旅游从业人员应当树立的基本工作态度和应当遵循的根本行为准则，解决的是“旅游发展怎么做”的理念问题。服务是行程服务人员的本质属性；至诚是服务人员道德修养应追求的最高境界。二者结合起来就是要求行程服务人员要将向游客提供优质服务作为自己的不懈追求。

案例 1-4

实事求是地回答

张先生同家人到杭州休闲，中午在餐厅用餐，服务员送上糖醋排骨时，7岁的儿子对行程陪同服务员小李说：“阿姨，糖醋排骨用红糖烧制，会不会味道更好呀？”满桌的游客都看着小李，等待着她的回答。小李十分坦率地说：“虽然我的厨艺不错，不过没有尝试过用红糖烧糖醋排骨，所以阿姨不知道是啥味道。”小李的这番话给在座的游客留下了美好的印象。

【案例分析】

游客没有因为小李不懂而责怪他，相反却因为小李的真诚待人更加相信小李。“知之为知之，不知为不知，是知也。”因此，行程服务人员实事求是的态度是至诚服务的灵魂。

〔案例来源：蒋炳辉．导游带团艺术［M］．北京：中国旅游出版社，2001.9：177.〕

4. 遵守社会公德和旅游职业道德

旅游工作者是文明的传播者，在工作中应自觉遵守社会公德，爱护文物，保护环境，文明用语，不讲庸俗低级的故事，不开黄色笑话，不参与“黄、赌、毒”活动，不带游客到“黄、赌、毒”场所。

职业道德是指从事某种职业的人员在工作或劳动过程中应遵守的与其职业活动紧密联系的道德规范和原则的总和，是社会道德在职业行为和职业关系中的具体体现，是整个社会道德生活的重要组成部分。旅游职业道德是指旅游从业人员在工作的过程中所应遵循的与其职业相适应的道德原则和道德规范的总和，也可以说是旅游从业人员在工作中所享有的基本权利和基本义务，它既赋予旅游服务人员可以做出一定行为或不做出一定行为的权利，又要求旅游从业人员必须依法承担相应的责任。

旅游行程服务人员要树立良好的职业道德，提高道德素质，成为有理想、有道德、有文化、有纪律的社会主义旅游工作者；提高服务意识，真诚接待游客，提高服务质量；要遵守行为规范、安心本职工作、勤奋钻研业务，提高自身的职业能力和素质。

5. 敬业爱岗

旅游业既是经济事业，又是文化事业，还是对外交往活动的重要组成部分。休闲旅游行程服务人员为五湖四海的游客服务时，不仅可以创造经济价值，还可以创造社会价值。休闲旅游行程服务人员首先要有职业自豪感，热爱自己的工作。其次，要有敬业精神，有远大理想，把个人的职业理想、抱负与祖国的事业紧密结合，立足本职工作，干一行爱一行，刻苦钻研，提高自身专业素养，为游客提供更优质的服务，为旅游事业的发展做出贡献。

6. 较高的自身修养

旅游业是一个国家和地区文明的窗口，休闲旅游行程人员是一线工作人员，是国家和地区形象的代表，而旅游接待工作综合性强，复杂多变，需要行程服务人员有较高的修养。休闲旅游行程服务人员需要多方面的修养，主要有情操修养、知识修养和气质修养。

（1）高尚的情操修养。高尚的情操是休闲旅游行程服务人员的必备修养之一。情操是情感和操守的结合，不易改变的心理状态、坚定的行为方式和品行。有心理学家将情操分为求知、道德、审美、信仰。休闲旅游行程服务人员的高尚情操对调整服务行为、指导行动有重要意义，服务人员要坚持学习，提高自身道德思想和审美能力，为旅游的发展做贡献。

（2）知识修养。休闲旅游行程服务人员的知识修养包括学风修养和文化修养。行程服务工作是知识密集型的工作，服务人员要有较高的文化内涵和审美能力，以满足休闲旅游者的文化需求。休闲旅游行程服务人员需要有良好的学风：要勤奋好学、善于学习、不耻下问。行程服务人员只有不断丰富和更新知识，提高艺术鉴赏能力，才能引导游客观赏美景、感受文化，满足游客放松身心、增长知识、娱悦精神的需要。

（3）气质修养。气质是一个人比较稳定的个性特征，主要表现在情绪体验的快慢、强弱、表现的隐显以及动作的灵敏或迟钝方面。休闲旅游行程服务的职业特点不允许服务人员有明显的个性表现，不能因个人情绪降低服务标准，影响服务质量。在服务过程中，服务人员始终要彬彬有礼、热情，服务主动灵活。服务人员应加强自身气质修养，使自己的气质符合旅游服务工作的要求。

7. 遵纪守法

遵守法律法规是每个公民应尽的义务，休闲旅游行程服务人员作为旅游企业的代表、游客利益的维护者，应树立法律意识和法纪观念，掌握相关的法律法规知识，在工作中自觉地遵纪守法，严格执行行业服务质量标准，维护国家、旅行社、游客的利益。在提供涉外服务时，要牢记“内外有别”的原则，遇到问题多请示汇报，切忌自作主张，更不能做违法乱纪的事。

（二）渊博的知识

随着物质文明和精神文明的发展，休闲旅游的文化性越来越突出，对行程服务人员的文化素养提出了更高的要求。为了满足游客的文化需求，休闲旅游行程服务人员不仅要有广博的知识面，而且还应在某一知识领域有较高的造诣。休闲旅游行程服务人员的知识体系包罗万象，主要包括以下几个方面。

1. 语言知识

语言是休闲旅游行程服务人员最重要的基本功，是同游客传递信息、交流文化、沟通情感、讲解介绍的工具，过硬的语言能力是做好服务工作的基础。涉外行程服务人员还应熟练掌握一门外语知识。

2. 史地文化知识

休闲旅游行程服务人员要善于学习和积累丰富的历史、地理、民风民俗、宗教、文学艺术、园林建筑、历史典故、民间传说、非物质文化遗产等方面的知识，以便在设计线路、介绍产品、安排行程、陪同活动时，能融会贯通，根据游客需求提供相应服务，使游客在休闲放松中学到新知识，体验当地文化，得到美的享受。

3. 政策法规知识

休闲旅游行程服务人员必须掌握旅游行业以及与旅游服务相关的法律法规，如《中华人民共和国旅游法》《旅游投诉处理办法》《中华人民共和国合同法》《中华人民共和国消费者权益保护法》《中华人民共和国出境入境管理法》等。法律法规是休闲旅游行程服务人员的工作指针，行程服务人员在服务过程中不仅自己的言行要符合法律法规的要求，在办理业务、解答游客问询、处理游客个别要求和突发问题时，更要依据相关的法律法规，否则会给游客、企业甚至国家造成损失。

4. 政治、经济和社会知识

游客的个性不同，他们感兴趣的内容就有所不同，在旅游过程中，有些游客会对旅游目的地的物价、房价、教育、人均收入、养老、医疗等产生兴趣，向服务人员询问，如果行程服务人员平时没有这些方面知识的储备，游客就难以得到满意的答复。因此，行程服务人员要全面掌握政治、经济及社会知识，了解国家相关的政策。

5. 心理学知识

游客的年龄、性别、民族、出游动机等不同，旅游心理需求就不同，游客在不同的旅游阶段会表现出不同的心理和行为特点。行程服务人员只有掌握游客的心理需求和行为特点，才能提供针对性的个性化服务，使游客获得心理上的满足。

6. 美学知识

旅游是一种综合性的审美活动，是领略美、感受美的过程。休闲旅游行程服务人员只有掌握一定的美学知识、审美标准，才会懂得欣赏美，才能在休闲旅游行程中引导游客发现美、体验美、享受美。

7. 旅行相关知识

休闲旅游行程服务人员负责休闲旅游的行前、行中、行后服务，从休闲旅游线路的设计、行程的安排到陪同服务，从安排好游客的交通、食宿、游览等旅行事宜到维护游客的安全。所以，行程服务人员应熟练地掌握交通知识、出入境手续、通信知识、货币保险以及必要的卫生防病知识、安全救护知识等，有助于减少工作失误、预防事故，保障旅游活动顺利进行。

8. 客源国知识

“一方水土养一方人”，游客的行为、心理特征、审美情趣等与其居住地的文化传统密不可分。休闲旅游行程服务人员需要掌握客源国（地区）的历史、地理、文化、风土人情、宗教信仰、民俗禁忌等知识，掌握彼此的文化差异，才能做到“知己知彼”，提供有的放矢的服务。

（三）熟练的服务技能

服务技能可分为操作技能和智力技能两大类。休闲旅游服务人员需要的主要是智力技能，如线路设计、合理地安排行程活动、讲解地方文化、处理应急问题等。在掌握丰富的知识的基础上，努力实践，不断总结、提炼，服务技能就会不断地提高。

（四）积极的进取精神

随着大众旅游的发展，游客越来越成熟，加之互联网的普及、智慧旅游的推广，游客们旅游的视野更开阔，获得“旅游攻略”更便捷，通过互联网查询到的海量旅游资讯会让游客对服务人员的服务质量期待值增高，增加休闲旅游行程服务的难度，行程服务人员要变压力为动力，努力学习，认真钻研，成为专家型服务人员。

（五）健康的身心

休闲旅游行程服务脑体高度结合，工作量大、涉及面广、服务对象复杂、诱惑性大，需要行程服务人员集智慧、能力、体力、定力于一身。因此休闲旅游行程服务人员必须是一个身心健康的人，身心健康包括以下四个方面：

1. 身体健康

休闲旅游行程服务的工作需要陪同游客户外活动，甚至跋山涉水连轴转，身体健康方能胜任。

2. 心态平和

休闲旅游行程服务人员的精神要始终愉快、热情、饱满，不受外界因素影响；面对游客，笑口常开，没有负面情绪。当遇到游客对我们的工作不理解时，服务人员要能受得起委屈，学会调整自己的心态。

3. 头脑冷静

在旅游过程中，遇到突发问题和意外事故，休闲旅游行程人员应始终保持清醒的头脑，沉着、冷静、有条不紊，要机智、灵活、合情、合理、合法地处理好突发情况。

4. 思想健康

旅游接待工作复杂多变，诱惑多，休闲旅游行程服务人员要有高尚的情操、超常的自控能力，抵制诱惑和思想污染。

二、休闲旅游行程服务人员的能力要求

休闲旅游行程服务工作综合性强、难度大、复杂艰巨，服务人员的工作能力直接影响到对客服务的效率、质量和服务效果，需要有多方面的能力：

（一）语言表达能力

语言，是人类沟通信息、交流思想感情、促进了解的重要手段，是交际活动的重要工具。语言是一门艺术，是旅游行程服务人员的基本功，行程服务效果的好坏在很大程度上取决于服务人员掌握和运用语言的能力。休闲旅游行程服务人员在工作中使用的语言以口头语言为主，简洁、准确的口头语言能有利于沟通交流，防止产生歧义，避免游客误会。休闲旅游的核心是体验文化，高超的语言表达技能还会使行程服务人员的讲解妙趣横生，加深游客对当地文化的理解和体验，给游客留下难忘的回忆。

案例 1-5

一个字引起的误解

烟台的休闲旅游行程服务人员小刘，在机场迎接来自上海的游客时，接到单位的电话，有两名在机场的游客需要乘他们的车到金海湾大酒店，因为接他们的车出了故障。小王接到上海游客，自我介绍，表达了欢迎之后便对游客说：“朋友们，相逢便是朋友。有句老话说得好，在家靠父母出门靠朋友。今天呢咱们有两位来自云南的朋友，接他们的车出了故障，需要我们伸

出朋友之手，顺路将他们捎到芝罘区……”小刘的话还没有说完，一位年纪稍长的客人说：“没问题呀，完全可以。但是姑娘，你怎么能这么说话呀。人家是人哪，你怎么能说捎呢？捎东西吗？”小刘愣了，旋即明白了。他说的“烟普”使客人产生了误解。小刘立即向客人道歉并解释，说：“对不起。不好意思，我说了句方言，烟台普通话。在我们烟台方言里，搭顺风车，就说顺路把我捎到那里的意思。咱们上海话怎么说呢？”

【案例分析】

行程服务人员接待来自天南海北的朋友。“十里不同风，百里不同俗”。方言有时不仅是意思差别很大，在褒贬上也会有区别。服务人员要用普通话跟游客沟通，同时也要了解各地语言习俗，避免因方言或用词不当引发游客误解甚至不满。

〔案例来源：作者根据自己服务经历改编〕

（二）公关交际能力

处理好错综复杂的人际关系需要智慧。休闲旅游行程服务人员工作中人际关系复杂，既要与层次不同、性格各异的游客交往，还要处理好与酒店、景区、司机等相关接待单位之间的关系。行程服务人员要掌握一定的公共关系学知识，掌握与人接触、交往的技巧，熟练处理工作中各部门的关系。

图 1-4 四川阿坝藏族羌族自治州达古冰川景区需要引导的游客不文明行为 摄影：马友惠

（三）组织协调能力

为保障各个环节的服务质量及旅游活动顺利进行，行程服务人员需要组织、安排游客活动，协调与相关接待部门的关系，必须具备较强的组织和协调能力，讲究方式方法，协调好各方面的关系，以争取相关接待单位的配合和支持。

（四）灵活应变能力

在旅游活动中，可能遇到突发事件或紧急情况，如在旅游途中遇到泥石流、发生交通事故、游客食物中毒、治安事故等，都需要行程服务人员灵活应变，冷静处理。灵活应变能力包括保持头脑清醒、处变不惊的能力，快速分析和理智判断的能力以及合情、合理、合法的处理能力。

（五）引导游客文明旅游能力

文明旅游，保护文物，是每个公民的义务。但极少数游客在旅游中表现出不文明行为，如乱刻乱画、乱扔垃圾、不遵守公共秩序等。提升国民素质是一项长期艰巨的任务，休闲旅游行程服务的工作人员应做好示范，及时提醒、有效引导，提高游客旅游活动中的文明意识，做到文明旅游。

（六）精确的预算力

休闲旅游行程服务人员进行线路设计、旅游产品预订采购时要考虑性价比，也就是说在保证团队运作效果的前提下，最大限度地降低成本。即安排行程时要编制一条运作效果最好、成本最低、最经济的线路。

案例 1-6

多订一间房？

某单位职工一行 38 人到成都休闲旅游，行程服务员小李负责接待，小李在安排行程，向康养中心预订房间时了解到 10~20 间（不含 20 间）房，每间 260 元，20 间以上（含 20 间）每间 240 元，小李果断预订了 20 间。请问小李为什么多订一间房？

【案例分析】

小李在订房时，遵守“效果最好，成本最低”的原则。38 人 19 间房 260×19=4940 元。小李订 20 间房需 240×20=4800 元，多订一间房，省了 4940–4800=140 元。

〔案例来源：作者根据自己的服务经历改编〕

（七）创新能力

旅游市场千变万化，竞争激烈，休闲旅游行程服务人员应不断学习，勤于钻研，勇于创新，根据旅游市场动态、游客消费心理和行为的变化，在旅游产品、服务方式、服务内容、营销方式、讲解技巧等方面大胆创新。

本章小结

本章主要介绍了休闲旅游、休闲旅游行程服务的概念，阐述了休闲旅游行程服务的主导地位及作用、我国休闲旅游及行程服务的发展现状及问题，展望了休闲旅游行程服务的发展前景。休闲旅游行程服务在服务内容、方法、手段等方面有着独特的行业个性，了解休闲旅游行程服务的特点，有助于理解行程服务的基本原则，为优质服务奠定理论基础。服务人员的基本素质和能力是优质服务的保障，本章重点阐述了休闲服务人员在思想品德、知识体系、服务技能、进取精神、身心健康方面的素质要求，以及在语言表达、人际交往、组织协调、应急问题处理、独立工作、预算力、创新能力方面的要求，明确了进一步学习专业知识的目标。

思考与练习

一、多项选择题

参考答案

1. 关于休闲旅游行程服务，下列说法正确的是（　　）。
A. 休闲旅游行程服务是旅游企业竞争的焦点
B. 休闲旅游行程服务是游客了解旅游目的地文化的桥梁
C. 在休闲旅游服务中处于主导地位
D. 休闲旅游行程服务质量体现休闲旅游企业的服务水平和质量

2. 休闲旅游行程服务的复杂多变表现在（　　）方面。
A. 服务项目复杂　　B. 服务对象复杂
C. 游客要求多变化大　　D. 人际关系复杂

3. 旅游行业核心价值观是（　　）。
A. 游客为本　　B. 宾客至上　　C. 优质服务　　D. 服务至诚

4. 社会主义道德的本质是（　　），是（　　）的精神。
A. 团结友爱　　B. 集体主义
C. 全心全意为人民服务　　D. 爱国主义

5. 休闲旅游行程服务人员的知识体系包罗万象，有（　　）。

A. 政策法规知识　　B. 旅行知识

C. 医学知识　　D. 心理学知识

二、填空题

1. 休闲旅游服务需求的多元化，将带来行程服务更加________。

2. 游客提出了无法满足的要求，行程服务人员正确的处理是认真倾听，________，________。

3. ________是休闲旅游行程服务人员最重要的基本功。

4. 休闲旅游行程服务人员需要多方面的修养，主要有________、________和________。

5. 休闲旅游行程人员的身心健康包括________、________、________、________。

二、判断题

1. 游客休闲旅游活动的成败更多地取决于行程服务质量。（　　）

2. 休闲旅游行程服务无法满足游客的心理需求。（　　）

3. 游客购买和接受服务时，休闲旅游行程服务人员有义务向游客做真实的介绍。（　　）

4. 休闲旅游行程服务人员与游客说话要掷地有声，以理服人。（　　）

5. 一名合格的休闲旅游行程服务人员的首要条件是知识渊博。（　　）

四、名词解释

1. 休闲旅游　2. 休闲旅游行程服务　3. 个性化服务　4. 规范化服务

5. 职业道德

五、简答题

1. 在休闲旅游中，休闲旅游行程服务有何作用？

2. 休闲旅游行程服务有哪些特点？

3. 休闲旅游行程服务的原则有哪些？

4. 要胜任休闲旅游行程服务工作，应具备哪些能力？

5. 一名合格的休闲旅游行程服务人员应具备哪些基本素质？

第二章

休闲旅游线路设计

本章重点

本章主要讲休闲旅游市场调研、休闲旅游设计要求、休闲旅游线路设计方法与流程，以及休闲旅游线路设计中案例分享、操作训练。

学习要求

休闲旅游行程服务人员需要掌握休闲旅游市场调研、休闲旅游线路设计的相关基础知识和操作技能。

本章思维导图

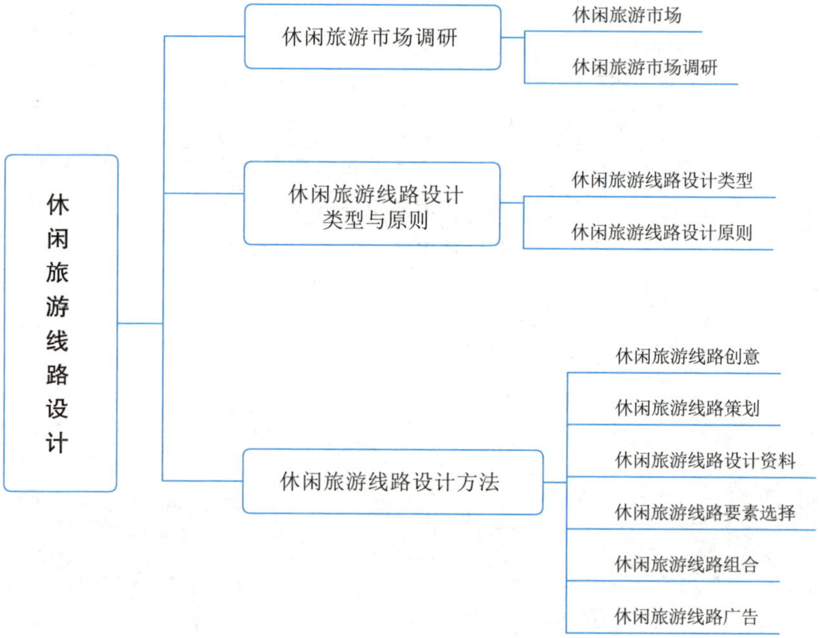

第一节　休闲旅游市场调研

旅游企业将休闲旅游线路提供给旅游产品消费者选择购买，休闲旅游线路能否得到消费者的认可取决于线路设计得是否合理科学。前期的市场调研工作做得扎实与否与后期的线路产品设计质量效果就息息相关了。

一、休闲旅游市场

（一）休闲旅游市场的含义

休闲旅游市场是指以休闲旅游为目的，在一定时间段内，具有购买愿望、购买能力和购买产品权利等条件的消费者群体。首先休闲旅游市场的人口数量决定旅游市场的容量大小，数量越多，市场潜力越大。其次消费者群体仅有旅游愿望不具有休闲旅游产品购买能力不会形成现实市场需求。最后即使消费者有足够的经济实力和闲暇时间，但没有旅游愿望也不能构成现实市场需求，购买欲望才是实现休闲旅游的内在动机。由此可见，休闲旅游市场是由消费者群体的购买欲望、购买能力、人口数量构成。

对休闲旅游市场线路产品消费时，消费者群体可以是旅游者个体也可以是旅游中间商。消费者可分为潜在消费者和现实消费者。潜在消费者是指有购买欲望，或许未来有购买能力的人。现实消费者则指有购买欲望且已经具有购买能力的消费者。

（二）休闲旅游市场的要素

休闲旅游市场一般认为是由人口、购买能力、消费欲望、购买权利四大要素组合而形成的。休闲旅游市场中的消费人口以及消费者的消费欲望、购买能力、购买权利相互紧密联系又缺一不可。它们的相互关系可以用下列公式来表达：

休闲旅游市场 = 人口 × 购买能力 × 消费欲望 × 购买权利

1. 人口

人口是构成休闲旅游市场的最基本要素。人口因素主要体现在人的年龄、性别、民族、宗教、受教育程度等构成情况以及总人口、地理分布等方面情况。一个国家或者地区总人口的多少一般决定这个国家或者地区市场规模的大小。总人口多对各种物质或精神文化需求消费就越多。人口构成特征对消费行为会产生明显影响。

不同国家、地区的人口，因为消费动机、消费习惯、购买行为存在巨大的差异形成不同的休闲旅游市场。旅游企业需要选择不同的客源市场提供适销对路的休闲旅游产品，针对不同的国家或地区实行不同的营销策略。

2. 购买能力

购买能力指消费者购买旅游产品时的实际支付能力。消费者的收入水平决定购买能力。消费者个人收入通常是指在以月为单位所得的包括工资和工资除外的其他收入的货币收入总额。从总收入中减去个人生活必需的支出，余下的个人可供支配收入就是购买能力。

一般来说，可自由支配的收入是决定旅游需求的重要因素。个人可自由支配收入越高，参与旅游活动的可能性就越大。随着人均国民收入水平的提高，用于旅游的开支在个人消费总额中所占比例会越来越大，人们的消费需求在满足基本生活需要的基础上会逐渐向精神享受方面转化。休闲旅游是满足消费者精神享受需要和发展需要的重要方面，已经由少数人的奢侈享受活动转变为大多数人可以有支付能力并能享受的活动，成为大众化的一种活动。

3. 消费欲望

消费欲望是指消费者购买商品的动机、欲望或需求。消费者的欲望表现在生理需求和心理需求两部分。旅游企业向旅游者提供满足食、住、行、游、购、娱等其生理需求的有形产品，更多的是满足心理需求的服务。由于消费者的个性、兴趣、爱好和所处的环境不同，在同样具有经济实力和闲暇时间的情况下对消费同样旅游产品的欲望是不同的。有人不喜欢外出旅游就喜欢宅家玩电脑打游戏、看电视。同样购买旅游产品的，由于消费者消费欲望不同，也会产生不同的购买动机和旅游行为，有的选择文化休闲，有的则选择运动休闲。有的偏爱乡村休闲，有的偏爱城市休闲。

4. 购买权利

购买权利是旅游者在旅游活动中可以购买产品的权利。消费者的购买权利受法律限制。如在旅游市场中，未成年人被禁止购买香烟、高度酒等商品。在国际旅游市场中，因为国家之间外交事务的关系，或者旅游目的地单方面的政策限制，也存在旅游者无法实现购买的现象。

案例 2-1

无权购买的新产品“可可西里神秘之旅”

2004年，电影《可可西里》热播，青海省可可西里无人区成为不少游客向往的旅游之地。广州大学生小王和他的舍友们看见广州某旅行社适时推出可可西里无人区的生态探险旅游产品“可可西里神秘之旅”。于是交了订金报名，积极准备国庆期间消费新线路产品。

过了几天，小王和同学突然接到广州旅行社电话，告知不能成行。原因是青海的旅游合作企业发来消息说，可可西里无人区在国家自然保护区范围内，任何组织或个人没有国家和当地环保部门批准，不得组织游客前往。青海企业不能承接“可可西里神秘之旅”新产品业务，建议广州旅行社也暂缓该项目。

【案例分析】

小王和同学对“可可西里神秘之旅”新产品具有强烈的消费欲望，也有购买能力，但是因为旅游目的地政府相关机构单方面的政策限制导致旅行社无权经营该产品，小王和同学也不具有购买和消费该产品的权利。

〔案例来源：作者根据网络新闻报道改编〕

（三）休闲旅游市场特点

休闲旅游市场与其他行业市场相比有异地性、不稳定性、国际性、竞争性等特点：

1. 异地性

休闲旅游者一般是非当地居民，休闲旅游者通常都与旅游目的地有一定的空间距离。

2. 不稳定性

整个世界的休闲旅游市场呈持续发展的趋势，但发展的趋势是不稳定地发展。原因是旅游市场非常脆弱，很容易受政治、经济、文化、社会、科学技术、自然灾害等环境因素的变化影响。如国际或地区政治局势变化、经济危机通货膨胀、突发天灾人祸事件、重大国际社会活动等都可能影响旅游市场稳定。例如2020年初席卷全球的新型冠状病毒的肆虐，大到国家、地区、城市，小到社区、家庭，封闭隔离成为重要的疫情防控手段，旅游活动在特殊阶段特别时期被政策管控禁止，各地“后疫情时代的旅游产业出路何在”直到现在还在寻找答案。

3. 国际性

休闲旅游市场的国际性表现在两个方面：一方面是旅游者的休闲活动范围遍布世界各地，世界各地都有可能成为国际休闲旅游市场客源地；另一方面是世界各个国家或地区都在积极发展休闲旅游成为旅游目的地，休闲旅游供给也遍布全世界。

4. 竞争性

现代旅游市场竞争激烈。休闲旅游资源的范围和分布虽然非常广泛，众多的旅游企业可以据此开发成许多相同或不同种类、特点的休闲旅游产品满足旅游者需要，但是面对休闲旅游者的消费欲望的变化，有限的供给总是满足不了无限需求，休闲旅游供给竞争必然非常激烈。

二、休闲旅游市场调研

市场调研是休闲旅游线路设计的前期工作。市场调研主要运用科学的方法，有针对性地、系统地搜集、记录、整理、分析和总结与休闲旅游市场有关的各种消费需求及营销活动中的有关信息及资料，并对特定的问题和突发情况进行集中性研究，为旅游经营决策提供依据。

（一）休闲旅游市场调研的内容

休闲旅游市场调研的内容因调查时间、调查目的、调查方法不同，内容也不尽相同。通常调研的基本内容包括环境因素调查、需求因素调查、供给因素调查、营销因素调查。

1. 休闲旅游市场环境因素调查

休闲旅游市场环境因素包括政治因素、经济因素、文化因素、社会因素、科技因素、法律因素、地理因素等。休闲旅游企业的生存与发展是以市场营销环境因素为条件的。休闲旅游市场环境是不可控因素，休闲旅游企业的生产与经营活动必须与市场环境相协调和适应。

2. 休闲旅游市场需求因素调查

针对旅游者休闲活动所进行的需求因素调查是调查内容中最基本的部分，休闲旅游需求因素决定休闲旅游市场购买能力和整个市场规模大小，包括旅游者规模、旅游者构成因素、消费动机因素、消费行为因素。

3. 休闲旅游市场供给因素调查

旅游供给是在一定时期内提供的休闲旅游产品的总和。旅游市场供给因素的调查，主要有旅游资源、旅游设施设备、吸引物可进入性、旅游产品与服务、旅游企业 CIS、目的地容量等要素调查。

4. 休闲旅游市场营销因素调查

传统的旅游市场营销因素主要由“4P”营销因素构成。“4P”具体指产品（product）、价格（price）、渠道（place）、促销（promotion）。休闲旅游市场营销因素调查内容具体包括产品因素调查、价格因素调查、销售渠道因素调查、促销因素调查等。

（二）休闲旅游市场调研程序

休闲旅游市场调研程序是指从确定调研目标到调研结束的整个流程。有效的旅游市场调研活动应包括五个步骤：明确要解决的问题并确定调研目的；制订休闲旅游市场调研方案即计划；按照调研计划内容收集信息，对收集到的信息进行分类；整理并对信息定量定性分析；撰写有理有据的完整详细的调研报告。

在市场调研过程中，有效的旅游市场调研应符合五个标准：明确的思路、深入的分析、准确的结果、相对短的用时、相对少的花费。

（三）休闲旅游市场调研方法

按照旅游市场信息资料来源，旅游市场调研方法可以归纳为文案调研法、实地调研法、网络调研法三大类。

文案调研法有的称为“桌面调研法”或“间接调研法”。它也是广大调研工作首选的方法，几乎所有的调研都从文案调研开始。它是通过收集旅游外部大环境（不可控因素）和内部小环境（可控因素）的所有信息数据与情报资料，筛选出需要的内容进行研究分析的调研方法。

图 2-1　休闲旅游服务专业方向以企业和学校为对象的网络调研问卷

实地调研法又称“直接调研法”，是参与调研工作人员向被调研对象直接收集调研数据和资料的方法。实地调研法可以是面对面询问法、田野观察法

拓展阅读 2-1

和实验法。调研工作人员可以根据调研项目类型不同、目的要求不同、需要的时间不同、掌握的资金及其他物质条件配套不同，灵活选择方法，也可交叉组合运用。

网络调研法是指以互联网为平台，在网上进行问卷调查，网络调研法的最大优点是随时随地可以实现调研，不受时间和空间的限制，在人力、物力和财力上大大节省支出，且统计分析在网络后台可即时生成，速度快。

第二节　休闲旅游线路设计类型与原则

休闲旅游线路设计指旅游企业为旅游者的休闲旅游活动在时间与空间上的安排。也就是将旅游者在休闲旅游过程中的食、住、行、游、购、娱，甚至商、养、学、闲、情、奇等要素有机地连接起来统筹安排，使旅游者在旅游过程中能够用时最省、费用较少但旅游行程体验效果最佳。

一、休闲旅游线路设计类型

在不同的情况下选用不同的划分标准，休闲旅游线路设计类型各异。空间尺度、运动轨迹、组织形式等要素通常被旅游企业作为划分线路类型的依据。

（一）按空间尺度划分的休闲旅游线路

根据旅游者在休闲旅游活动过程中所涉及的空间范围大小，将旅游线路划分为远程休闲旅游线路、中程休闲旅游线路和近程休闲旅游线路三种类型。

远程休闲旅游线路在空间尺度属于大范围的旅游线路，远程休闲旅游线路通常应同时满足以下条件：一是一次旅游所走过的路程比较远，线路涉及的空间范围广，总里程数至少超过 1000 公里；二是一次旅游时间在五天以上，如果旅游中使用的交通工具主要是航空的话则相应天数可少一些；三是线路应越过世界大洲的洲际线或国境线。若是在国内旅游的话，应跨越过若干个省区，我们在这里所说的远程休闲旅游线路要求应同时满足上述条件。进行远程旅游线路设计时，不仅要安排考虑食、住、行、游、购、娱、商、养、学、闲、情、奇等各种旅游要素的衔接，还要考虑旅游客源地与旅游目的地之间如经济政治、社会文化、民族宗教、自然条件尤其是气候条件等因素的差异。国际旅游要考虑到签证、货币、语言、安全等各种因素。远程休闲旅游线路设计投入需要较多的人力、财力、物力，休闲旅游企业推出远程休闲旅游线路的风险也较大。

中程休闲旅游线路在空间尺度上是居于远程休闲旅游线路和近程休闲旅游线路之间的线路。中程休闲旅游的旅游路线长度、旅游时间、空间范围、旅游费用都介于两者之间，惯例认为时间数在两天到五天之间、里程数在 200 公里到 1000 公里之间的旅游线路属于中程休闲旅游线路。中程休闲旅游线路可以是国内旅游线路，也可以是跨大洲洲际线或者国境线的旅游线路。中程休闲旅游线路投入一般少于远程休闲旅游线路但多于近程休闲旅游线路。旅游企业推出中程休闲旅游线路的风险也介于两者之间。

近程休闲旅游线路是指空间范围小、行程耗时最少的旅游线路。一般是指利用交通工具在当天能往返的旅游线路，有时也称为“一日游”旅游线路。因为近程休闲旅游线路的线路短、旅游区域范围小、耗时少。有时体现出旅游者的常年居住地与旅游目的地相距不远，且差异较小。近程休闲旅游线路的设计难度是最小的。

图 2–2　四川眉山洪雅柳江古镇是典型的“一日游”旅游目的地　摄影：马友惠

（二）按运动轨迹划分的休闲旅游线路

根据旅游者的休闲旅游运动轨迹，旅游线路通常可分为节点型休闲旅游线路、周游型休闲旅游线路、逗留型休闲旅游线路三种。

节点型休闲旅游线路是指旅游者以某地为中心出发点，运动轨迹呈节点状，以放射状的路线在该地点的周围进行休闲旅游活动。旅游者在中近程休闲旅游时，表现出空间轨迹有采用节点型休闲旅游线路的倾向。节点型休闲旅游线路的特点是：以常住地或暂住地为中心，到周围旅游目的地进行休闲旅游活动，每晚会回到常住地或暂住地住宿；因为要保证在当天能返回住地，一般旅游线路路途较短；此类线路类型满足了部分旅游者对常住地有特殊的归属感的心理需求。

周游型休闲旅游线路是指旅游者在休闲旅游过程中，运动轨迹在空间上是一条闭合环状的线路。周游型休闲旅游线路表现为旅游目的地多，涉及的旅游要素多，从而导致线路设计的工作内容较多，因此线路设计的制约因素增多，工作量和难度都增大。要设计优质的休闲旅游线路，则需要投入较多的人、财、物。根据周游型休闲旅游线路所包含地域范围的大小，可以分为远程周游型休闲旅游线路、中程周游型休闲旅游线路和近程周游型休闲旅游线路。远程周游型休闲旅游线路是把旅游者意愿与空间运动轨迹相结合的一种旅游线路，也是远程休闲旅游线路与周游型休闲旅游线路的结合。中程周游型休闲旅游线路是周游型休闲旅游线路和中程休闲旅游线路的结合，近程周游型休闲旅游线路是周游型休闲旅游线路和近程休闲旅游线路的结合。

逗留型休闲旅游线路是指旅游者在一次休闲旅游过程中的旅游目的地不多，但在某一旅游目的地的逗留时间相对较长的一种休闲旅游线路。此类路线一般以度假、探亲、休养等为主要目的的内容。逗留型休闲旅游线路一般涉及的旅游目的地与旅游吸引物相对较少，食、住、行、游、购、娱等活动安排也相对简单些。

（三）按组织形式划分的休闲旅游线路

根据旅游者出游的组织形式，旅游线路可分为自助式旅游线路、包价旅游线路、拼合式旅游线路、跳跃式旅游线路几种。

自助式休闲旅游线路是随着人们生活水平的提高，旅游不再是少数人的奢侈享受，已经成为大众旅游消费。近年来越来越多旅游者选择自助旅游，从线路的设计到旅游活动的实施都没有旅游企业的介入，都是旅游者自助设计线路，自助采购各要素产品，最后自助行程安排。互联网时代，随着自媒体发达，自助式休闲旅游已经成为主流。自助式旅游线路类型呈现多样，有节点自助式休闲旅游线路、周游自助式休闲旅游线路，从空间距离上还可以分为近程自助式休闲旅游线路、中程自助式休闲旅游线路、远程自助式休闲旅游线路等。

包价休闲旅游线路是指旅游者一次性购买包括食、住、行、游、购、娱、保险、服务费等旅游产品的旅游线路。包价休闲旅游线路是传统旅游企业销售旅游产品的主要形式，线路组合包括旅游资源、旅游设施、旅游服务、旅游价格、旅游时间等要素，且各要素之间还要合理衔接，一般要能满足绝大多数旅游者的需求，俗话说众口难调，这对旅游企业的线路设计提出了高要求。包价旅游线路最初是全包价的旅游线路，随着时代发展，出现了全包价休闲旅游线路和部分包价休闲旅游线路，可供游客选择。

拼合式休闲旅游线路是指旅游者可以在购买线路产品时自己拼合线路。旅游企业设计出几种分段组合线路供旅游者选择。拼合式旅游线路的设计原理和技术要求与包价旅游线路基本上一致，区别仅在于拼合式旅游线路有几段分段组合的线路供旅游者自行“拼盘”，而包价旅游线路则是一种完整的线路类型。

案例 2-2

贝加尔湖线路

近年来赴俄罗斯旅游在中国火热起来。2011 年李健的那首《贝加尔湖畔》在中国走红以后，贝加尔湖成为许多中国人梦想中的目的地。贝加尔湖线路越来越受欢迎，游客希望看到传说中的蓝冰。这类线路通常包括飞往伊尔库茨克的航班。

线路名称	俄罗斯贝加尔湖 8 日
产品简介	千人出游、海航直飞、贝加尔湖、贝加尔湖博物馆、利斯特维扬卡小镇、塔利茨博物馆、奥利洪岛、俄式特色餐
出发地	北京
OTA 平台	途牛网
供应商	枫华
满意度	92%
出行人数	1070 人
具体行程安排	第 1 天　北京（飞机）—伊尔库茨克 第 2 天　伊尔库茨克（大巴）—贝加尔湖（大巴）—伊尔库茨克 第 3 天　伊尔库茨克（大巴）—奥利洪岛 第 4 天　奥利洪岛 第 5 天　奥利洪岛（全天自由活动） 第 6 天　奥利洪岛（大巴）—伊尔库茨克 第 7 天　伊尔库茨克（大巴）—利斯特维扬卡（大巴）—伊尔库茨克 第 8 天　伊尔库茨克（飞机）—北京
价格	¥7287 起 / 人（2019 年 6 月 1 日团期）

【案例分析】

贝加尔湖线路从类型上属于远程、节点型、包价旅游线路。这条线路的主要内容为：北京直飞伊尔库茨克航班时间较短，那里和中国是同一个时区，对中国游客来说非常方便；用 8 天时间把贝加尔湖从 3 个不同的角度游玩了三次（环湖铁路、奥利洪岛、利斯特维扬卡镇），目的地涵盖比较全面深入；在奥利洪岛花了一天时间，名义上是自由活动，实际上应该全部都是自费项目，虽然产品说明书上写清自由参与，但如果不参与这些活动，其实在岛上没有其他事情可做，而游客如果因为语言问题不能自行与岛上经营者做交易的话，还是只能通过导游，接受旅游企业对这些活动的高昂报价；正餐为中式、俄式各占一半，从描述上看不出品质的好坏；酒店星级标准没有明确；购物店占用时间较多，且三个地方的主打商品非常相似，看不出差别。这条线路主要用网络平台在推广宣传。

〔案例来源：李雪晶．中国游客赴俄罗斯旅游线路与市场感知分析［D］．上海：华东师范大学，2019.〕

二、休闲旅游线路设计原则

不同的休闲旅游线路在线路构成、服务形态等方面存在着差异，但在其设计行程的过程中却遵循基本相同的原则。

（一）资源导向原则

休闲旅游线路的必不可少的因素首先是休闲旅游资源。休闲旅游线路中最吸引旅游者的要件也是旅游资源。休闲旅游线路设计必须要遵循旅游资源导向原则。即旅游企业需要充分发挥旅游资源的特点，把类型不同、级别不同、特色不同的休闲旅游资源，合理而且有效地整合在一条线路中。

1. 旅游资源分类

根据属性不同，旅游资源可分为自然旅游资源和人文旅游资源两类。自然旅游资源可分为地文类、水体类、大气与太空类、生物类四大类。人文旅游资源可分为文化古迹类、现代设施类、城乡风貌类、民族风情类、宗教文化类、文学艺术类、古典园林类、饮食类、购物类等。

根据管理级别的不同，旅游资源可分为国家级、省级、市级三类。根据对旅游资源的管理部门级别来分类是有我国特色的一种分类方法，按照旅游资源管理部门级别的高、低，旅游资源可以划分为国家级、省级、市（地区）、县级等。这种划分实际是体现了旅游资源价值的大小和品位的高低。

根据旅游资源容量来进行旅游资源的分类，目前还没有一个定量的标准，这里根据旅游资源的规模和本身容纳旅游者的能力，将旅游资源分为大型旅游资源、中型旅游资源和小型旅游资源三类。

根据旅游活动的性质，一般可以将旅游资源分为观赏型、休养型、娱乐型、运动型以及特殊型的旅游资源。特殊型如具有考古价值的旅游资源四川三星堆博物馆。

2. 旅游资源结构合理

旅游企业在设计休闲旅游线路时，对各类旅游资源合理取舍，根据消费者需求进行科学组合。在线路设计时要特别注意：

一是在设计旅游线路时，应尽可能使整条旅游线路呈环形，如果不是迫不得已，尽量不要在同一城市同一旅游点重复经停。

二是同一条旅游线路中，一般各旅游资源点间距离适中，例如城市之间交通线上的时间耗费必须限定在全部旅程时间的 1/3 之内。

三是一条线路中旅游者旅游活动时间一般在一周至两周之间。大多数旅游者喜欢短期廉价线路胜过远程高品质线路，所以在时间一定的情况下择点一定要适度适量。

四是在合理安排交通的前提下，同一旅游线路上旅游点的游览顺序应按照旅游资源吸引力由弱逐步过渡到强的顺序布点，这样可以让旅游者好的体验逐步递进，渐入佳境。

五是旅游线路中，要注意点面结合，突出旅游点的特色亮点，又要保证线路的整体效果。在设计旅游线路时，应尽量把相似的旅游点间隔错开，一条线路选择不同类型的旅游点使得整条线路错落有致，景点特色各异。如大部分游客对藏传佛教不同教派分不清楚，如果让他们在拉萨的旅游线路中，既有大昭寺、小昭寺，又有哲蚌寺、色拉寺，还有甘丹寺、噶丹寺、楚布寺，会让游客觉得藏传佛教寺庙既纷繁复杂又好像差不多，在高原疲于奔波却只是看庙，这样的线路设计就影响游览效果。

（二）以人为本原则

旅游线路的消费主体是旅游者，在进行旅游线路设计时，必须以旅游者的需求为核心，坚持顾客至上、以人为本原则。

1. 影响旅游者决策的因素

影响旅游者决策的主要因素有空间、时间、经济、文化、年龄、职业等。

旅游者的旅游活动首先是从惯常居住地到旅游目的地之间的空间移动。旅游者考虑的空间因素主要体现在居住地和目的地之间的环境差异、空间距离等。决定人们愿意克服空间距离障碍进行旅游活动的原因在于目的地的旅游景区或景点的吸引力级别。旅游目的地的旅游景区或景点的级别越高，知名度越大，对旅游者的吸引力就大，克服空间障碍的决心也越大。

时间也是影响旅游者决策的重要因素。人们总是倾向追求最小的旅游时间比。若存在所提供的游玩时间相近、旅游吸引物类型相同但到居民居住地距离不同的旅游地时，旅游者通常会选择最近旅游。

经济因素指人们的收入状况。可供自由支配的个人收入会直接影响旅游者的旅游决策，还会影响到旅游企业的旅游产品营销策略，从宏观上还会影响到旅游业的发展方向和速度。

文化程度不同的人们对旅游产品的偏好不同，在进行旅游决策时，受教育程度不同，对旅游需求都会不同。

旅游者的个体特征也会影响旅游决策。少年儿童一般对游乐设施感兴趣，青少年愿意选择冒险；老年人适合修身养性的项目。不同的职业会影响人们个性的形成和发展，导致人们爱好出现差异，表现在旅游需求上也会有不同。

2. 旅游者需求多样

旅游者需求是多种多样的，不同的性别、不同的年龄、不同的职业及社会地位，对旅游的需求是不一样的。

男女两性心理差异体现在旅游消费需求、消费行为方面存在明显的不同。在旅游活动中，通常男性旅游者更独立、豁达、务实和好表现，而女性旅游者则常常表现出谨慎、细致、主意变化快的心理特征。女性旅游者大多情感丰富，旅游产品的品位、特点、环境、气氛等很容易使女性旅游者产生消费的欲望。

人在不同年龄阶段对旅游线路的需求往往不同。一般来说，青年时热衷于消费新奇独特的旅游线路，中年时重视旅游企业的信誉和旅游线路的整体质量，老年时选择线路产品习惯性强、喜欢怀古忆旧、注重方便和实用。

除了性别、年龄、职业地位等因素外，旅游者的性格、爱好、家庭状况变化都会影响其旅游需求。休闲旅游企业在设计旅游线路时，应充分考虑旅游者的需求特点，才能设计出适销对路的休闲旅游线路产品。

（三）市场细分原则

休闲旅游企业所设计的旅游线路，首要满足旅游者一般性的旅游需求，再在此基础上力求体现不同时期的市场新业态新趋势变化。例如，近几年来，自助游、自驾车游等新兴的旅游方式越来越成为主流旅游方式，旅游企业就不能死守在传统的观光旅游线路上不放，而要大力开辟新兴的旅游线路，市场细分原则就是要旅游企业在开发休闲旅游产品前对休闲旅游市场进行充分的调研，分析旅游者的潜在需求和现实需求，能够预测市场需求和满足现实需求。旅游企业才能在竞争激烈的市场中立于不败之地。

1. 旅游市场细分

旅游市场一般可以按不同要素划分细分市场。

按空间位置划分的旅游市场主要有两种，一是划分为国内和国外旅游市场。国内旅游市场通常是指在国内进行旅游的市场；国际旅游市场是指出境旅游和国外居民入境旅游的旅游市场。二是按照区域位置划分的旅游市场，如按世界各区域位置、旅游发展状况，世界旅游组织将全球旅游市场细分为欧洲、美洲、东亚、太平洋地区、南亚、非洲和中东七大区域市场。三是由于旅游资源的季节变换，旅游市场可分为淡季和旺季市场。按照旅游者外出旅游活动的组织形式不同，细分为散客、团队和自助旅游市场。由于旅游需求动机不同，旅游市场还可以细分为观光、探亲访友、商务、度假、会议、考察或修学等旅游市场等。

2. 旅游目标市场

旅游目标市场是旅游企业确定一个或几个特定的细分市场作为主要经营内容。旅游目标市场有单一性目标市场、多样性目标市场和整体性目标市场三种。

单一性目标市场指旅游企业集中有限的旅游资源投入某一单一的细分市场，以期在单一目标市场中能获得绝对的优势。单一性目标市场比较适合中小型旅游企业，便于专业化经营，可以在较小的市场上占有较大的市场份额。

多样性目标市场指旅游企业在选择多个细分市场作为自己的目标市场。针对不同细分市场的特点，满足不同的细分市场需求，提供不同的旅游线路。采用多样性的目标市场来设计旅游线路设计，可以有针对性地满足不同旅游者的需求，降低企业的经营风险，提高旅游产品的竞争力，但是推出旅游线路时的成本提高，管理难度加大，会影响旅游企业的效益。

整体性目标市场指把整个旅游市场看作是一个目标市场，也就是说整个市场是一个无差别的市场。整体性目标市场只适于卖方市场状态的旅游市场。在这个市场里，所有旅游者的旅游需求都是一样的，无差别的。旅游企业设计推出的旅游线路可以满足所有旅游者的需求，这样可以降低旅游线路设计的成本，获得规模效益。旅游目标市场还可以根据地理位置、人文特征、社会经济特征等因素进行细分。

3. 旅游线路设计中市场原则体现

休闲旅游企业所设计的旅游线路，首要满足旅游者一般性的旅游需求，再在此基础上力求体现不同时期的市场新业态新趋势变化。例如，近几年来，自助游、自驾车游等新兴的旅游方式越来越成为主流旅游方式，旅游企业就不能死守在传统的观光旅游线路上不放，而要大力开辟新兴的旅游线路，市场细分原则就是要旅游企业在开发休闲旅游产品前对休闲旅游市场进行充分的调研，分析旅游者的潜在需求和现实需求，能够预测市场需求和满足现实需求，这样旅游企业才能在竞争激烈的市场中立于不败之地。

（四）供给全面原则

旅游供给是指旅游目的地对旅游客源市场提供的旅游产品或服务的总能力。旅游供给包括了旅游资源、基础设施、旅游专用设施、旅游产品服务等供给。

1. 旅游资源供给

旅游资源的供给需要掌握旅游资源的种类、品级、规模、价格以及季节变换对资源的影响。旅游资源种类决定休闲旅游活动的形式，品级决定旅游资源对旅游者的吸引力。占地面积、游程、游时和可容纳旅游者的数量都属于旅游资源的规模范畴。旅游资源的规模通常和旅游资源的品级有着紧密的联系。旅游资源的季节变换会带来旅游者休闲活动内容的季节变换。旅游资源的价格通过景区景点的门票价格体现出来。

2. 旅游基础设施供给

旅游基础设施是指旅游者在旅游过程中必须使用，但主要服务对象是旅游目的地居民的设施。旅游的基础设施供给主要有交通设施供给、公共事业设置供给、基本服务设施供给。

图 2-3　石家庄—成都旅游专线和谐号动车　摄影：马友惠

旅游交通设施供给指为旅游者提供的由客源地到目的地之间往返，以及在旅游目的地进行旅游活动的交通设施及服务。旅游交通有航空、铁路、公路、水运及其他旅游交通等类型。各种类型的交通方式构成了统一的交通网络。

公用事业设施主要包括电、水、气、热能供给，还有排污及污物处理供给等。旅游目的地的公用事业设施的规模、水平、完善程度及管理水平直接影响到对旅游者的吸引力以及旅游体验。

基本服务设施主要是满足旅游目的地生活所需如金融、医疗、治安、通信等服务的基本服务设施或条件。目的地基本服务设施的服务水平、完善程度也决定游客体验和评价。

3. 旅游专用设施供给

旅游专用设施包括旅游餐饮住宿接待设施、游览购物设施、娱乐及运输设施等。旅游专用设施供给包括旅游设施和旅游服务的供给。

图 2–4 海拔 4860 米的四川阿坝藏族羌族自治州达古冰川景区索道 摄影：马友惠

4. 旅游产品服务

旅游产品服务包括直接服务和间接服务。与旅游者面对面提供的服务，如交通、住宿餐饮接待、游览娱乐、旅游购物等都属于直接服务。间接服务一般不直接面对旅游者，提供的服务如水、电、气、热的供应、排污（废），还有文创旅游商品的制作都是间接服务。参与间接服务的机构还有旅游管理和培训、海关、金融、邮电等服务。旅游服务在很大程度上反映着旅游目的地当地政府以及原住民对外来游客的友善态度。

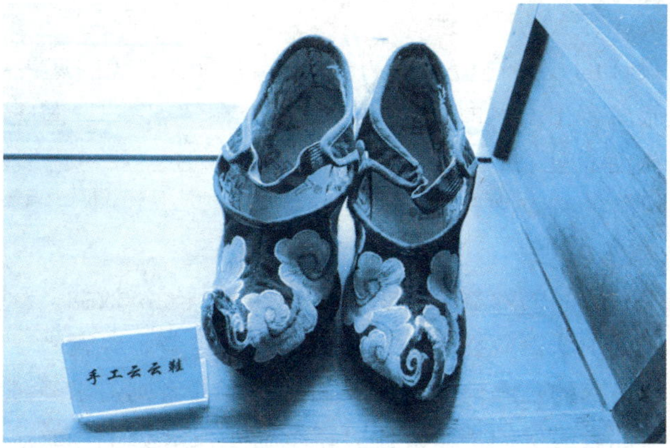

图 2–5 四川阿坝藏族羌族自治州汶川水磨古镇的文创旅游产品羌族云云鞋 摄影：马友惠

（五）时效优先原则

时效优先原则体现在根据季节变换推出应季的旅游线路以及紧扣市场热点、焦点推出对旅游者有吸引力的旅游线路。

图 2-6　四川阿坝藏族羌族自治州四姑娘山集高山草甸、森林、雪山为一体的自然风光
摄影：马友惠

当旅游者选择一条旅游线路进行旅游活动时，最渴望看到旅游目的地在最美季节展现出的最美景观。旅游企业要想满足旅游者的这种心愿，在设计旅游线路的时候，就要根据自然景观的季节性变换设计线路，如围绕民间节庆活动设计路线，或者根据旅游地的气候环境变化设计相应的旅游线路产品。四川小金的四姑娘山被誉为“东方的阿尔卑斯”，就算在盛夏，也一山有四季，从山脚出发，随着海拔的增加，河谷地带、浅丘森林、高山草甸、雪峰冰山都可以看到。线路设计时，根据旅游者的个人偏好，结合当季最有特点的景观，才能实现客人的满意度。

旅游企业设计的线路还应适应人们出游的季节。我国还没有普遍推行带薪休假制度，旅游者出游的时间主要还是集中在“五一”“国庆”黄金周以及春节小长假。旅游企业在设计休闲旅游线路时，还需要考虑线路产品的投放时段要与人们出游的特点契合。

（六）效益兼顾原则

休闲旅游线路产品的效益兼顾主要集中在兼顾经济效益、社会效益和生态效益。在旅游活动中获得效益是所有旅游活动参与者、经营者、决策者所追求的目标。旅游者追求的是旅游性价比，而旅游经营者则追求经济效益。旅游管理者、决策者及社会追求的是旅游业可持续稳定发展，生态效益在首位。

1. 旅游经济效益

旅游企业产品同其他产品一样，也有各种成本支出。一条休闲旅游线路的成本主要由线路构成项目的成本、旅游线路设计费用两部分组成。企业设计旅游线路的最终目的在于销售旅游线路获得经济利益。

2. 旅游社会效益

旅游企业作为社会经济生活中的一个组织，必须考虑自身的行为对社会造成的影响，须注重企业自身在公众中的品牌形象，事实上，只有那些既注重经济效益又讲社会效益的旅游线路，才是真正受旅游者欢迎的产品，才是能在市场上长盛不衰的产品。

3. 旅游生态效益

旅游生态效益越来越受到人们的重视，近几年，破坏旅游目的地自然文化生态环境的不文明游客被拉到相应管理部门的“黑名单”。对于旅游文化与自然资源生态比较脆弱的旅游目的地，保护旅游生态环境显得尤其重要，在旅游线路设计中，生态环保意识非常重要。

有些旅游企业工作人员在休闲设计旅游线路时，对线路可能带来的经济效益往往十分重视。为了保证经济效益，他们会仔细地测算成本，运用各种手段扩大利润，而对该线路的社会效益如何则关心甚少，甚至毫不关心。事实上，社会效益和经济效益是相互依存的。一条哗众取宠低级趣味的休闲旅游线路，可能会带来一时的轰动效应，给休闲旅游企业带来短期的经济回报，但长远看，企业的品牌形象、旅游地的人文环境等都会被损坏，最终使企业和旅游地旅游事业毁于一旦。

图 2–7　四川甘孜藏族自治州稻城亚丁村的环保设施吸烟舱　摄影：马友惠

（七）安全第一原则

在休闲旅游活动中，安全是旅游者最重要的心理需求，科学合理的休闲旅游线路一定是以旅游者人、财、物安全为前提设计的，让旅游者出入平安、游程放心是休闲旅游线路的基本条件。

1. 旅游交通安全

在旅游线路设计时，必须选择安全的交通路线、有质量保证的交通工具和运输公司。在旅游线路设计中要注意尽量不安排夜间交通。很多企业为了在有限的时间内安排更多的游览活动，提高经济效益，往往会采用夜间行车、白天游览的模式。表面上看，企业提高了旅游效率，但实际上却增加了交通安全的隐患。

2. 旅游活动安全

旅游活动安全包括游览活动安全、餐饮安全、自由活动安全。

企业在旅游线路中所安排的各项游览活动，应以确保旅游者人身、财产安全为前提。针对不同类型的客人所安排的游览项目应有所差别，例如对老年游客就不适合组织那些刺激性强、运动量大的活动。一般游客对用餐环境、食物卫生状况和食品口味都比较注重，企业在设计旅游线路时应格外重视餐饮安全问题。第一，应选择正规的旅游定点饭店；第二，菜品以大众菜为主，团餐一般不安排小众地方特色菜。

在旅游线路的规划设计中，一般都会有适当的自由活动时段。一般来说，旅游企业对旅游者在自由活动期间的人、财、物安全仅有提醒义务。但实际上在旅游过程中旅游者发生安全事故，旅游企业其实难辞其咎，因此，旅游企业在休闲旅游线路中是否安排自由活动，安排多长时间应以确保安全为出发点。

图 2-8　四川甘孜藏族自治州稻城亚丁风景区的安全警示标识　摄影：马友惠

3. 旅游保险

在设计旅游线路时，以安全第一为出发点。但在实际的旅游活动中，旅游者和旅游经营者都有可能出现各种风险。为了减少安全隐患、规避风险、降低损失，旅游企业一般都会办理专项旅游保险。

旅游保险的责任范围包括旅游者携带的行李物品丢失、损坏或被盗所需的赔偿，受伤和急性病治疗支出的医疗费，人身伤亡、急性病引起的赔偿，死亡处理或遗体遣返所需费用以及第三者责任引起的赔偿。

拓展阅读 2-2

旅游保险有利于保护企业和游客的合法权益，有利于企业减少因安全事故造成的损失，而且企业还可以通过代办旅游保险而获得一定数额的服务费。

第三节　休闲旅游线路设计方法

休闲旅游线路设计是专业性比较强的工作。掌握旅游线路设计的方法，可以起到事半功倍的效果。而好的创意会为好的线路设计锦上添花。

一、休闲旅游线路创意

对于线路设计，可能开始会有很多好的创意，旅游企业要根据掌握的旅游资源进行创意筛选，最后将可行性最高的创意付诸实践。

（一）休闲旅游线路创意形成

休闲旅游企业线路设计创意的来源主要有企业内部、旅游者、竞争对手、合作伙伴等。

旅游线路设计创意大部分来自企业内部。企业内部员工每天与旅游者直接接触，尤其是行程服务人员，与旅游者接触多，能从旅游者那里得到及时反馈，是很好的旅游线路设计创意来源。

通过旅游者调查了解需要也是创意来源。旅游企业的旅游线路设计人员可以通过座谈、走访、调研收集经常旅游的游客谈旅游线路设计的创意。

旅游线路创意也可以来自竞争对手。研究竞争对手已经上市的旅游线路产品，调研其线路产品的设计过程和销售情况，调查竞争对手的线路产品广告，再因地制宜设计自己的线路产品。

广泛地征集合作伙伴的意见也是旅游线路创意的来源渠道。广泛收集来自包括旅行杂志、旅游会展和各种论坛平台相关信息也是一种渠道来源，政府、咨询机构、广告代理、营销调研机构甚至旅游职业院校都可以是创意渠道来源。

（二）休闲旅游线路创意筛选

旅游线路创意内容应包括旅游线路产品、目标市场和竞争的状况分析和阐述、线路产品市场的规模、线路开发时长和成本、经营预算及回报率。收集大量的创意源头，还要对创意进行筛选。筛选的考量点主要有以下几点：

1. 休闲旅游线路应该具有市场机会

旅游线路创意筛选需要进行市场机会、环境因素、企业自身条件分析。企业通过市场调查、市场细分、目标市场选择一系列工作后，寻找那些未被满足的旅游者需求，然后找出能够满足这些需求的旅游产品、产品线和项目，这些就是市场机会。旅游企业寻找自己能够利用的外部环境和内部环境要素，分析企业内部资源，包括企业资金状况、人力资源水平、管理水平、公共关系资源等，可以进一步确定可以被利用的市场机会从而有能力实现旅游线路产品。

2. 休闲旅游线路产品线兼容

休闲旅游线路产品线是指满足同一类需求产品的一组休闲旅游线路产品。旅游线路产品线的兼容性，包括产品线的宽度、深度、关联度。休闲旅游线路产品线的宽度是指旅游企业拥有休闲旅游产品线的数量。一般来说数量越多，产品线宽度就越宽。休闲旅游线路产品线深度是指每条休闲旅游线路产品线中不同等级的产品数量的多少。如旅游企业经营的休闲旅游线路产品中有以自然遗产为主的旅游线路，有以文化遗产为主的旅游线路。自然遗产旅游线路中有去九寨沟、张家界、桂林山水等几条不同的旅游线路。文化遗产旅游线路产品，有去北京长城、西安古都、西藏布达拉宫、广东岭南文化等不同旅游线路。

旅游线路产品线之间相互关联的程度称为旅游线路产品线的关联度。如休闲度假旅游线路产品中一般包括提供康养和运动设施设备，休闲度假旅游线路产品便和康养运动旅游线路产品有一定的关联度。但是有一些旅游企业进行多元化经营，旅游地产、养老中心、旅游酒店、主题乐园、购物中心。其中某些产品线之间关联性不大，有的甚至毫无关系。

拓宽旅游线路产品线有利于挖掘旅游企业的资源潜力进行新的市场开拓；旅游线路产品线加深后可实现市场渗透，满足多层次的市场需求；加强旅游线路产品线之间的关联度有助于提高旅游资源利用率。

3. 确定选题

通过对旅游线路和旅游企业能力的分析，就可以找出最有市场潜力的旅游线路，且哪些是企业能够实现的旅游线路产品，从而完成旅游线路设计的选题。

案例 2-3

一日游农业主题旅游项目“永结同心游”

中国的乡村旅游、农村旅游的开发模式曾千篇一律：以观光精细农业、养殖业和体验林果采摘为主，加上吃农家饭、住农家房，干农家活，感受农村民俗。时间久了，城市旅游者渐渐失去了新鲜感。一般农业旅游都难以形成一炮打响、远近闻名的轰动效应。湖北有一个大型休闲农场，规划农业旅游线路时，考虑到该农场拥有规模巨大的黑天鹅湿地公园，又拥有成片的相思树林，特意策划了一日游主题农业旅游项目“永结同心游”。

“永结同心游”的目标市场定位于各年龄段的已婚、未婚情侣，游客已对黑天鹅湿地公园的观光和相思林中的漫游为主要内容。“永结同心游”的具体内容是游客进入湿地公园后，先登上观景台观赏黑天鹅湿地公园全景，再进入湿地近距离观赏黑天鹅，听饲养员介绍黑天鹅的生活习性与繁衍常识。游客对黑天鹅这种忠贞爱情鸟有初步的了解后，进入黑天鹅的别墅区，在饲养员的指导下，辨认出一对对情侣黑天鹅和宝宝，并且认养其中的一个黑天鹅家庭作为学习对象。

相思树是中南地区常用的绿化树种，这个农场里起伏的山丘上遍种相思树。因此，可以很方便地在黑天鹅湿地附近开辟一处相思树森林，在繁茂的相思树林中铺设步行道和爱情天梯登山道，游人可脱去鞋子，换上布袜或赤脚徜徉步道。相思林中还散布镌刻关于爱情的诗词歌赋。这里还向情侣游客提供相思树苗，供游人认养栽种永结同心树，每棵树下都有种树人的名字和种树日期的石刻，树主人还可在树根埋藏装有密封容器中的定情物相思红豆，认养栽种永结同心相思树的活动吸引了相当数量的回头客。

经历了一日游线路行程的客人，离开此地时购买到戒指、耳环、项链、胸饰、头饰等相思红豆饰物。

【案例分析】

湖北这条一日游产品“永结同心游”主题农业旅游项目，在寻常的动物黑天鹅、植物相思树这两个旅游资源中，找到共同的属性特征“爱情”，通过对爱情鸟黑天鹅和爱情树相思树的寓意挖掘，组合开发了“永结同心”一日游产品。这是农业旅游项目中独具特色的休闲旅游线路产品。

〔案例来源：孙娈 . 旅行社计调业务［M］. 上海：上海交通大学出版社，2014.〕

二、休闲旅游线路策划

旅游线路策划是旅游线路设计创意付诸实施的重要环节，关系到旅游线路设计的质量。旅游线路策划的第一步就是规定任务。

（一）规定企业任务

旅游线路策划的第一步就是规定旅游企业的任务。在制订旅游线路时，企业应着手以下几个方面来考虑。也就是说旅游企业有如下任务要解决：旅游线路是用来做什么的？旅游线路是为哪些旅游者设计的？旅游者对旅游线路会有哪些需求？旅游企业为了旅游者的线路需求应该做些什么工作？这些任务决定了旅游企业的发展方向。

（二）情况分析

旅游线路策划的第二步就是情况分析，包括背景情况、外部环境、常规预测、竞争对手、旅游企业的 SWOT 分析等内容。

背景情况用来分析旅游企业在进行旅游线路设计运营时所具备的实力，包括旅游企业的收入情况、产品的市场占有率、产品的成本与利润等。旅游企业外部环境如人口、经济、政治、文化、科技、生态等不可控的因素发生变化，可能给线路设计带来机会或威胁。常规预测是确定旅游企业选择哪条旅游线路策划的依据。

旅游企业在假定外部环境没有发生大变化的情况下，分析有哪些竞争对手，他们在哪些方面进行竞争，他们的长处与短处，对竞争对手的这些了解可以帮助旅游企业在进行旅游线路策划时更多地考虑其可能性。可就市场规模和构成、成本因素和总收入进行预测。

旅游企业的 SWOT 分析，就是指优势（S）和劣势（W），机会（O）和威胁（T）分析。旅游企业在对以上四要素分析的基础上，可确定本企业设计的线路的可行性。

（三）目标确定

旅游线路策划目标是在分析旅游市场现状并对未来的风险和机会预测的

基础上制定，一般确定财务目标和市场占有率两类目标。旅游企业既要确定一个稳定的长期投资收益率，也要确定企业在本年度内所获取的利润，目标都应有一定的财务目标。

旅游企业财务目标必须转化为市场营销目标，因为只有通过一定的营销目标才能最终实现企业的财务目标。旅游企业常见的市场营销目标主要通过销售量、销售收入、市场占有率、营销渠道覆盖范围、旅游者对旅游产品的了解程度等指标体现出来。

（四）线路详细行动方案

旅游线路策划的内容确定后，还必须规定旅游线路活动流程以及详细的旅游方案。行动方案的具体内容主要解决以下问题：要做什么，由谁负责，什么时候做，什么时候完成，成本费用是多少，结果检验标准是什么。

（五）线路预算

旅游线路策划预算是计划中的盈亏说明。在收入方面，它计划可实施的收入；在支出方面，它表明执行计划所需要的支出。预算一旦被批准，它就成了执行计划方案的指导原则。在旅游线路设计策划过程中，做好全方位的预算评估是重中之重。

三、休闲旅游线路设计资料

旅游线路设计需要包括文献、图片、影像等各种资料，还要对资料进行分析与筛选。

（一）设计资料种类

旅游线路设计资料根据载体和形式的不同可分为文献、图片和影像三种资料。

文献资料可包括旅游目的地的旅游资源情况、城市情况，以及旅游客源地到旅游目的地之间的土地、水利、森林、环保、绿化、交通、通信、文化、文物、园林、当地的风土人情资料等，还有旅游目的地的城市总体规划、关于发展经济特别是旅游的相关文件、地方志、年鉴等。

图像资料包括各种地图及照片、图片。地图所含的信息量大而且全面，在旅游线路设计时是非常重要的资料和工具。

影像资料主要是指设计旅游线路所需要的影音和视频资料。

（二）设计资料收集

收集旅游线路设计资料可通过查阅文献资料、访问座谈、问卷调查、实地考察等方式进行。

查阅文献是旅游线路设计的一项基础性的工作，如可以到图书馆查阅，也可以到档案馆查阅。现在查阅资料有一种非常有效的方式就是利用互联网，互联网上的资料，更新速度快、时效性强。

访问座谈可以掌握文字资料以外的很多信息。通过访问座谈获取第一手信息更真实，如旅游目的地原住民对游客的友善程度，旅游者对旅游资源的偏好，对旅游线路产品的体验的感受。访谈对象可以是旅游目的地当地居民和所有细分市场的旅游者，还可以是旅游一线从业人员和旅游管理人员。还可以是目的地土地、农业、经贸、工业、水利、财政、城建、交通、通信方面的管理人员，宣传、文化、体育、教育、地方志、卫生、环保等部门的管理人员，外事、侨务、对台办、外贸、外宣、海关、边关、边检等涉外部门的管理人员等。

问卷调查是快捷地、有效地收集资料的方法，且收集资料可信度较高。问卷的内容可以有调查目的地的旅游业概况、旅游资源分布以及其保护开发现状；旅游客源市场现状；当地旅游景区景点、旅行社、旅游车船公司现状；当地民俗风情以及民间节事与文化活动、地方土特产品、地方风味菜肴，甚至旅游管理机构、旅游从业人员和教育培训机构现状等。

实地考察是收集资料的重要环节，通过实地考察，可以对文字图片以及访问座谈所获得的资料进行对照和验证，掌握第一手资料。

（三）设计资料汇总与筛选

收集结束后，一定要进行汇总、筛选和分析，进行认真整理和加工，这些资料是旅游线路设计的基础。

1. 整理资料

文献资料的类型较多，各种文献资料根据需要分类摘抄。

地图是旅游线路设计重要的工具之一，合适的地图起到事半功倍的效果。地图种类繁多，功能多样，需要分类收集整理。旅游地图按照制图区域可以分为世界旅游地图、分洲旅游地图、国家旅游地图、大区域旅游地图、省区旅游地图、小区域旅游地图和城市导游图七类。按照服务对象可分为供旅游管理部门和旅游研究工作者使用的地图两类和供国内游客使用的地图、供国外旅游者使用的地图两类。按功能可以分为导游图类、旅行交通图类、旅游宣传图类和旅游管理图类四类。按表示方法还可划分为平面图、立体图和影像图三类。

考察日记是最重要的第一手资料。考察日记是过程性全记录资料，往往比较杂乱，数量比较大，但是内容新，信息准确，通常需要按时间顺序记录，可以根据需要分类进行整理。

互联网上有海量且更新速度快的信息，且便于快速查阅和下载。线路设计中需要的能动态地反映出旅游客源地、旅游目的地的各种信息也很多，可以分门别类整理。

访问座谈记录因为现场内容多，需要会后认真整理，并且尽快分析处理。

2. 整理资料的步骤

由于资料量大、内容繁杂，首先，要认真阅读全部资料，并在此基础上理出资料的提纲。其次，要对收集来的资料逐项登记，并根据需要进行分类，便于以后查找。再次，对所收集的资料要全面地审核，检查是否有遗漏、错误、矛盾之处，对有疑问的资料要进行核对检查以保证资料的权威性和准确性。

最后所收集的资料有些可制成统计表，如行程时间和费用、交通工具的种类和型号、餐饮住宿地的地理、级别、位置、费用。通过整理，简化复杂的数据方便使用。

四、休闲旅游线路要素选择

旅游线路设计时首先要确定旅游目标市场，在确定目标市场的前提下，定位旅游线路的性质和类型；其次要根据游客的类型和需求确定组成旅游线路的旅游吸引物；再次要对旅游线路中需要的基础设施和专用设施进行分析，设计出若干可供选择的旅游线路；最后在若干个设计好的旅游线路中筛选出最优秀的旅游线路投入市场。

（一）选择旅游目标市场

旅游细分市场类型较多，根据组织形式可以分为团队休闲旅游、散客休闲旅游。根据旅游者的年龄，可分为青少年休闲旅游、中年休闲旅游、老年休闲旅游；根据旅游者经济状况，可以分为经济型休闲旅游、标准型休闲旅游、豪华型休闲旅游。旅游企业选择其中的一个或几个作为目标市场后才有依据进行下一步的工作。

（二）选择旅游目的地

确定旅游目标市场后，旅游企业根据旅游者的需求选择旅游目的地。旅游目的地资源类型及组合情况优劣、旅游目的地所在地理位置、与客源地距离远近、可进入程度好坏、气候及气象条件好坏、经济发展水平高低都是选择的关注要素。还有旅游基本设施好坏、目的地消费水平高低、社会治安稳定与否、政府及居民对发展旅游业态度积极与否、旅游景区或景点的门票价格高低，目的地合作伙伴的资质条件、服务水平、诚实程度都是要考量的重要因素。

（三）选择旅游交通方式

旅游者对旅游交通的要求因人而异。有人把速度放在首位，有的把舒适程度放在第一，也有的把低价位放在前面。按照人们的习惯，通常策划旅游线路时都尽可能让旅途安全程度最高、服务最好、时间比最小从而达到性价比最好。

（四）选择旅游住宿场所

选择旅游住宿场所着重从住宿企业的位置、可进入性、环境、价格、服务等方面考量。信息高度发达的时代，在游客中的口碑通过网络平台评分很容易查到。

（五）选择旅游购物场所

旅游购物场所的规模、类型、位置、价格、诚信程度、服务折扣率等都是重要参考信息。

（六）选择旅游娱乐场所

旅游娱乐场所着重考量经营的娱乐项目类型、地段位置、规模大小、价格高低、服务优劣、门票折扣大小等。

图 2-9　大型歌舞《宋城千古情》是浙江杭州宋城景区的娱乐产品　摄影：马友惠

（七）选择合作伙伴

完整的旅游线路产品需要旅游企业与众多合作伙伴合作才能完成。合作伙伴是组成休闲旅游线路的环节，诚实可靠的合作伙伴是休闲旅游线路在设计和运营中的保证。

五、休闲旅游线路组合

休闲旅游线路组合是指在旅游线路设计时，将旅游线路中的各种要素进行科学合理的组合，为最后确定休闲旅游线路提供基础。

拓展阅读 2-3

（一）旅游线路组合意义

旅游线路的组合满足旅游者需求，是影响旅游企业市场营销的最主要的因素，可以确保市场营销的成功。

旅游企业总是通过不同的休闲旅游产品组合树立产品的整体形象。首先推出主导线路产品使旅游企业的形象更加鲜明，符合旅游企业的长远发展战略。其次，在主导线路产品的经营上配以一定档次，一定数量的副产品完善产品组合。如旅游企业经营国内休闲旅游或组织出国休闲旅游，也经营乡村休闲旅游、文化休闲旅游等。总之，旅游线路产品组合，使旅游企业的市场形象更具特色，彰显企业产品个性。

如果旅游线路产品组合科学合理，就能适应市场的发展，起到分散投资风险作用。线路产品适销对路，可能拥有较大的市场份额。如果线路产品组合适应不了市场需求的变化，即便是高质量的新产品，也不能在短期进入市场，投入再多人、财、物进行市场营销工作，结果往往事与愿违。

（二）旅游线路要素组合方法

旅游线路组合方法主要有以下三种：

1. 一般组合法

一般组合法是以市场引力和组织强度为基本尺度，组合旅游线路产品的方法。市场引力由市场规模、市场增长率、竞争强度三个因素形成。组织强度由产品质量、市场知识、市场有效性三个因素形成。市场引力和组织强度两个尺度又可分为三种情况，组织强度分为强、中、弱三种水平，市场引力分为高、中、低三种水平。根据产品在该矩阵中的位置，可组合为综合强引力型、综合中等引力型以及综合低引力型三大类。

2. 区域旅游组合模型

区域旅游组合模型由三个要素组成判断矩阵，来对区域旅游线路产品进行评价。评价旅游产品的质量、市场发育能力以及产品是否接近区域的目标，每一评价尺度可分为高、中、低三级水平。

3. 产品—吸引力分析矩阵模型

在分析矩阵中，客源地市场引力作为纵轴，目的地竞争地位作为横轴。每一轴又都可分为高、中、低三种等级，这样就构成矩阵中的九个板块，显示目的地与客源地构成的总体引力大小。这个新的分析方法，便于我们对特定的目的地不同客源市场进行比较，也用以评价游客目的地所处的竞争地位。这些因素还可以反映区域旅游预算支出中最有吸引力的客源市场在哪里。

（三）旅游线路组合策略

旅游线路组合策略是指旅游经营者根据其经营目标、资源条件及市场需求和竞争状况，对旅游线路组合的宽度、深度、关联度进行最佳决策，旅游线路组合策略一般有以下几种：

1. 全面性策略

全面性策略是指为经营多种旅游产品以满足多个市场需要，增加旅游线路产品线的宽度的策略。具体是旅游经营者尽可能向整个旅游市场提供多领域或行业的旅游线路产品或服务，如某旅游企业经营康养产品、度假产品、探险产品等多种产品，并以澳洲市场、东亚市场、非洲市场等多个旅游市场作为目标市场，这种旅游线路产品组合策略能满足不同市场的需要，有利于扩大市场份额，但经营成本较高，并易造成资源分散。

2. 专业性策略

专业性策略指旅游企业向某特定的旅游市场提供其所需的多种旅游线路产品。如某中国旅游企业专门为欧洲市场提供康养、商务、购物等旅游线路产品，或者单纯以老年市场为目标市场开发康养旅游、怀旧旅游、交友旅游等适合老年人需求的产品，这种组合策略有利于旅游企业集中力量了解某一目标市场的各种需要，开发满足老年人需要的多样化、多层次的旅游线路产品，最终实现市场渗透。但是由于其目标市场单一，市场规模有限，线路产品的销售量也会受到限制，减少在整个旅游市场中所占份额。同时，如果目标市场由于企业不可控因素的影响而发生，遭遇经济危机，政治局势动荡，或者不可抗力因素灾难等，旅游企业将面临巨大风险。

3. 系列线路产品专业型策略

系列线路产品系列专业型策略指旅游企业只经营某一类型的线路产品，以满足多个目标市场的同一类需求。如某非洲旅游企业只经营探险旅游线路产品，将其推向欧洲、美洲、大洋洲和东亚市场。因为旅游线路产品只是“探险”，品种单一，经营成本也少，便于集中资源进行旅游线路产品的深度开发，易于为非洲旅游目的地和该旅游企业树立鲜明的形象。缺点是旅游线路产品类型单一有可能加大旅游经营中的风险。

4. 特殊线路产品专业型策略

特殊线路产品专业型指提供不同的旅游线路产品以满足不同目标市场的需求。如对欧洲市场提供运动休闲旅游线路产品，对日本市场提供温泉休闲旅游线路产品，对东南亚市场提供康养休闲旅游线路产品。这种组合策略能有针对性地满足不同的目标市场，有利于旅游经营者占领市场、扩大销售、减少风险，但于开发和销售成本较高，投资较大，因此采取此种策略需要进行周密的市场调研以减少风险。

（四）旅游线路要素组合优化

旅游经营者必须根据市场环境的变化来调整旅游线路产品组合，经常分析自己旅游线路产品组合的状况和结构，在变动的形势中寻求旅游线路产品组合的最优化。

1. 旅游线路产品组合的评价

要达到优化旅游线路产品组合的目的，首先必须对各旅游线路产品项目在市场上的发展状况和趋势进行评价，评价标准主要看发展性、竞争性、营利性三个方面。根据产品生命周期理论，处于成长阶段或成熟阶段的旅游线路产品一般具有良好的发展前途，但评价旅游线路产品的发展性应根据整个市场上同类旅游线路产品的总体情况进行评价，超越某个具体目的地或企业的范围；旅游目的地或旅游企业在旅游市场上的竞争能力的主要评价指标是旅游线路产品的市场占有率；营利性主要检测利润额、成本利润率、资金利润率、资金周转率等指标，资金利润率是其中最具综合性的指标。

2. 旅游线路产品组合优化方法

旅游线路产品优化组合的主要方法是改进现有旅游产品、淘汰过时旅游线路产品、开发旅游线路新产品。

3. 改进现有旅游线路产品

改进现有旅游线路产品常用于成熟阶段的旅游线路产品，主要包括旅游线路产品质量的改进、功能的改进及形象的改进。旅游线路产品的核心是服务，通过改变一种旅游线路产品的一个或几个特点改进服务质量，如旅途中在大巴上向顾客提供个性化服务，促使旅游线路产品具有难以模仿的竞争优势。功能改进是指提高旅游线路产品的有效性、便利性和安全性，例如一家商务型饭店的餐厅可在墙壁上安装显示汇率、航班甚至当日股市变动情况的屏幕，使餐厅又兼有提供生活、商业信息的功能，以吸引更多的商务旅游者。形象改进是改进旅游线路产品的整体品牌形象，大到改善目的地的形象，小到旅游企业的形象或一条具体旅游线路产品的形象。如四川成都，以前一直打造“休闲之都”旅游形象，随着经济发展，打造中国第四城的形象，与时俱进将旅游形象改为“多彩之都、成功之都、休闲之都、美食之都”。

4. 淘汰过时旅游线路产品

过时旅游线路产品是指衰退期阶段的线路产品，表现为销售困难，处于亏损状态。这种旅游线路产品可能曾经创造了可观的利润，但随着市场的发展，旅游者兴趣爱好的变迁，最终沦为过时产品被淘汰。例如，深圳的“世界之窗”、成都的“世界乐园”等人造景观乐园在 20 世纪 90 年代风靡全国，许多旅游企业在旅游线路中把这些景区景点作为旅游目的地热门打卡点。时过境迁，人造主题乐园在旅游线路中几乎被淘汰，鲜有保留。旅游企业需要适时测评每一种旅游线路产品，以确定每个阶段其对产品组合总体效应的影响，便于及时发现旅游线路产品是否处于过时阶段，为恰当决策提供依据。

5. 开发旅游线路新产品

旅游线路新产品的开发是指当产品处于成熟期时，可以防患于未然，提前进行新产品的开发，或者对老产品进行升级换代，以此提高产品适应能力和竞争能力。开发旅游新产品不仅需要投入大量的资金，而且需要承担较大的风险，所以并非任何新的旅游线路产品都能取得成功。如果市场调研不够、分析不够充分，新的旅游线路产品一开始就缺乏足够的优势，若投入市场的时间选择不当、经营组合决策失误、管理层本身有问题，开发线路新产品很容易遭遇滑铁卢。

拓展阅读 2-4

六、休闲旅游线路广告

旅游市场竞争越来越激烈，竞争的焦点是争夺客户。为了争夺旅游者，扩大市场占有率，旅游企业在旅游市场上以各种手段进行激烈的竞争，休闲旅游线路广告是招徕顾客、扩大市场占有率最有效最直接的手段之一。

（一）休闲旅游线路广告媒体

全球化经济时代，广告媒体种类繁多。旅游企业要根据旅游者的需求，结合旅游线路产品类型特点选择宣传效果最佳的媒体工具。

1. 广告媒体的种类

信息爆炸时代，广告媒体种类繁多，既有如传单、广告牌、杂志、报纸、广播等传统媒体，也有像互联网、街头幕墙、巨型电视显示屏等现代广告媒体。

传统报纸做广告，具有本地市场覆盖量大、能被广泛接受且可信性强、成本低、传播灵活及时的优点。缺点是复制性低，传阅性且保存性差。

杂志的优点是有一定的权威性，可信度高，传阅者多，复制率高，保存期长。缺点是做广告要提前很久购买版面，不灵活，时效性差。

电视广告是集视觉、听觉为一体，画面的光影、音乐和动作、氛围都富有感染力，能引起观看者高度关注，覆盖面大。缺点是画面转瞬即逝，观众选择机会少，制作成本高。

广播作为大众化宣传媒介，成本低，对地理环境和受众的选择性较强，缺点是有声音没有画面，不如电视那样引人注目。广告信息转瞬即逝，不注意听很难记住广告宣传内容。

互联网做广告不受地区限制，成本低，更新快，但可信度有一定限制。

直邮广告的人情味儿较浓，灵活，在同一媒体内没有宣传竞争者。缺点是对受众有选择性，成本相对较高，容易给人造成垃圾邮件的印象。

户外广告牌宣传展示时间长、费用低、竞争少，但是对目标受众没有选择，不太方便在形式上创新。

口头广告主要靠已购买和消费旅游产品的旅游者的口碑。俗话说“金杯银杯不如口碑”，口头广告传播的范围虽然有限，主要在旅游者的亲朋好友之间，但宣传效果对受众的影响力不可低估。

2. 广告媒体选择

在选择广告媒体时有很多因素需要考虑。考虑因素有目标市场或目标消费者对媒体的习惯和态度，还要考虑广告媒体的成本、效益、时效。例如互联网与游戏是接近青年人的最好媒体。老年人更倾向电视和报纸，广播的受众中司机占比很高。旅游线路产品的性质特点也影响对媒体的选择，如果旅游线路中具有等级高的旅游景点或食宿、交通条件，用视频宣传片特别是短视频比在报纸和杂志中做广告效果好。

图 2-10　四川在国航飞机机身上的大熊猫形象广告　摄影：马友惠

（二）旅游线路广告内容

旅游者或者潜在的旅游者通过旅游线路广告最想知道的是关于线路产品

的最真实和详细的内容，如旅游企业的名称、旅游线路产品的类别、旅游目的地景区或景点的特点、旅游项目具体内容、旅游线路价格、旅游服务标准级别以及行程中的注意事项等。

旅游企业做广告的目的是吸引客源。所以在广告中要以景区或景点旅游项目独一无二的特点为中心，介绍各项服务内容，公布价格，构成完整的旅游线路信息。

（三）休闲旅游线路广告策略

旅游线路广告策略是从策略层面解决旅游线路产品如何做广告宣传的问题。

1. 受众策略

旅游线路广告宣传对象就是消费主体旅游者。确定目标受众是线路产品广告传播的基点，目标受众决定着广告传播说什么（what）、何时说（when）、何地说（where）、谁来说（who）、怎么说（how）。

随着时代的发展，旅游者的市场需求、价值观、人生观、生活方式日新月异，呈现个性化、多元化、复杂化趋势。以前可以满足所有消费者需求的整体目标市场已经分裂为若干需求各异的差异化市场。在实施受众策略时，必须对消费者进行细分。细分市场的依据主要有人口统计变量、心理变量、地理变量和行为变量。

（1）人口统计变量。人口统计变量主要包括旅游者的性别、年龄、受教育程度和收入等，如针对老年人的夕阳红旅游市场，针对青少年的研学旅行市场，就是在依据人口统计变量细分出来的市场。这种较为传统的划分方法的基本假设是，随着统计变量的改变，消费者的购买能力和需求水平也会随之改变。

（2）心理变量。随着时代的进步，心理变量如兴趣爱好、生活态度、个体的三观成为划分消费者的重要变量。休闲旅游活动注重修身养性，养性就是养心，是一种对寻常生活的逃逸。旅游者个人的爱好、志趣、三观在他们购买旅游线路产品决策中起决定作用，如探险自驾旅游、摄影公益万里行旅游等活动都是心理变量的体现。

（3）地理变量。地理变量即休闲旅游市场以不同地理单位如国家、地区、城市或地段来划分。不同区域的旅游者在考虑出游时，往往在时段与预算的选择上惊人地相似。如采用高铁出行到目的地比乘坐飞机仅高出 100 元到 200 元人民币，消费者都会选择飞机出行。而来自同一区域的旅游者在消费心理和需求上也会存在某些相似需求，如中国高纬度北方地区的旅游者对热带风光与风情文化兴趣浓烈，而低纬度的南方旅游者则对北国风光与冰天雪地心生向往。

（4）行为变量。行为变量是旅游广告受众细分的重要依据，最常见的行为变量体现在消费折扣和消费使用率。如酒店对VIP客户的折扣房价，就是把消费者按照使用频率和消费总额进行了划分，并提供相应的服务利益。广告的诉求要紧密贴切行为变量细分市场才有效益，如迪士尼、欢乐谷等的亲子游就以突出情感诉求为特征。

值得指出的是，这些变量的划分不是唯一的，更多情况下，旅游线路广告会根据实际情况交叉使用这些变量，如爱情旅游市场，首先是一个行为细分，然后还可按人口变量继续细分为老年人的夕阳红旅游和年轻白领的浪漫之旅等。

2. 诉求策略

诉求其实就是销售主张，是广告受众对广告目的传递的思想观念的正向反应。广告信息诉求分为理性诉求和情感诉求两类。

（1）理性诉求。理性诉求是从消费者的需求点出发，强调休闲旅游线路产品特性，告知拥有或使用该产品能够带给消费者的好处。旅游活动的跨文化性、异地性以及异地性所带来的不安全感和陌生感，会增强旅游者对目的地的信息需求的诉求。从这个角度来说站在消费者的立场，考虑旅游者的切实利益，理性诉求在出行决策的过程中起着不可替代的作用，尤其是在最后的决策购买时起着决定性作用。

（2）情感诉求。相对于理性诉求而言，情感诉求则是通过直接作用于目标受众的感官情绪，如喜、怒、哀、乐，形成或改变旅游者对休闲旅游线路产品的态度，在产品缺乏鲜明特点或消费者对产品优缺点不太熟悉的时候，情感诉求通过“游客沉浸式体验”等宣传活动，参与互动、共享、共情的手段有效吸引旅游者的注意力，使产品从同类产品中脱颖而出。有不少体验式旅游广告运用情感诉求取得了良好效果。如四川阆中古城的广告宣传片在中央电视台三台定期滚动播出，片中著名演员许晴和方中信扮演一对前世今生的恋人，在阆中古城的相遇、相知，演绎了缠绵悱恻的爱情故事，宣传片吸引了许多人到古城旅游。

3. 目标策略

广告的目标策略是向意愿强烈的消费者传递有效的信息，并刺激消费者对产品做出积极回应的策略。从心理学的角度分析，一般受众对广告的反应存在认知、情感和行为三阶段，广告的目标在不同阶段是不同的。认知阶段的目标主要是引起关注；情感阶段的目标是形成对旅游线路产品的青睐；行为阶段是最终的购买行动。

传统的旅游广告总是在临近旅游旺季才紧锣密鼓推出广告，希望跳过前两个阶段而直接产生行为结果。现代旅游广告三阶段流程能保证及时接受消费者反馈来的信息，明确受众所处的真正反应阶段，旅游企业可以有的放矢地确定广告目标，避免不必要的投入。

4. 媒体策略

由于不同的媒体传播方式各异，旅游企业选择合适的媒体对于充分表现宣传信息、有效传达完整信息十分重要。

（1）媒体特点与诉求特征相结合。不同媒体在表达诉求时优缺点各有千秋，媒体特点与诉求结合可以使广告宣传恰如其分。如旅游线路的电视广告适合情感诉求的旅游广告，充分利用影像和声音，将旅游目的地形象完美表达。而报纸和杂志广告更适合内容复杂的文字性广告，篇幅长、信息容量大，以理性诉求取胜。广播广告信息的表达诉求方式虽不及前面几种媒体，但传播广告速度快，灵活机动。而网络广告相比前面所有的媒体，速度快，对于及时传播最新的行情信息特别是纠偏错误传播信息方面，速度最快，效果最佳。

（2）充分考虑受众的解码过程。受众可按照自己的阅读习惯选择阅读报纸、杂志等印刷广告，并可收藏重复阅读，因此纸媒广告可以尽量详尽全面地传播广告信息。广播和电视等广告信息传递的速度受控于媒体无法储存信息的功能限制，在使用时应尽量简洁形象化，防止出现歧义，突出广告核心诉求。

（3）考虑媒体的竞争环境策略。在一个自媒体高度发达、传播过剩的时代，为避免信息在传播过程中被掩盖或者被竞争者分流甚至被扭曲，必须研究竞争对手的媒体工具。可以采取规避相同媒体撞车、与竞争对方的媒体传播错峰出击等方式。如果确认自己的传播策略强大有力也可与对手针锋相对。大数据技术的飞速发展，人人都是自媒体达人。普通人用短视频消磨时间或者拍短视频自娱自乐。专业公司用短视频孵化网红，网红吸引粉丝集聚流量，公司利用网红直播带货赚钱，网络短视频在广告宣传竞争中异军突起。微信、QQ、微博等即时联络，分享朋友圈等通信软件，抖音、快手等短视频平台，都使得受众可以及时、快捷、全面地接收、分享旅游产品资讯。

5. 形式策略

广告信息的表现形式与广告的诉求安排有关，侧重表达技巧。比如最关键的广告信息是放在广告的开头好还是中间好或者是结尾好；是采取情景演示还是讲道理更有吸引力；在文案排版、图案设计还有标题文字上有无特别要求。从有广告传播方式以来，广告的诉求要素基本是一致的，但表现形式随着媒体的发展在不断地丰富发展。

图 2-11　四川成都漫花庄园运用微信朋友圈宣传推广　摄影：马友惠

现代旅游广告宣传已经是融合利用广告学、美学、心理学、装潢设计的多学科传播方式，追求别出心裁，千方百计吸引受众的关注。在长期的实践过程中，人们积累了丰富而系统的知识与技巧，比如，根据“黄金分割点”比例构图从视角上让受众感觉舒服；“减法原则”要求删除任何与广告效果无关的成分；采用流动动感的视觉设计，可以将公众的注意力引向重点区域。由于旅游广告的对象主要是跨时空区域的旅游者，在形式设计上更是特别留意受众所处的文化语境，使受众心甘情愿地理解和接受广告想要传达的信息。

案例 2-4

丁真，甘孜旅游代言人

2020 年 11 月 11 日，当大家还沉浸于购物狂欢时，四川甘孜 00 后藏族青年丁真凭借一段不到 10 秒的微笑视频意外走红全网，其原生态的野性美和清澈纯真的眼神折服了一众网友。甘孜藏族自治州理塘县政府迅速出手，18 日丁真签约四川省甘孜理塘县文旅体投资发展有限公司，担任家乡的旅游大使。25 日晚丁真在微博发布了其参与拍摄的旅游宣传片视频《丁真的世界》，视频一经发布便引起广泛关注。截至 11 月 28 日 16 时，视频话题阅读次数高达 6.1 亿，讨论次数达 24.3 万。一些网友因为丁真是藏族，所以就自然而然地以为他在西藏，纷纷表示要去西藏旅游，并引发了一场全国多地文旅部门蹭丁真热度宣传旅游产品的大战。丁真的微博已有 48 万粉丝；抖音已是 280 余万粉丝大号。

随着丁真爆红全网，他的故乡——四川甘孜州也进入广大网友的视线。甘孜州文旅部门和四川文旅部门抓住机遇，让丁真为四川甘孜州的文化旅游代言，趁机推出一系列冬游甘孜的旅游线路产品，甘孜州的旅游预订瞬间火爆。大手笔加顶流网红加持，甘孜州的旅游业也井喷爆发。11 月 17 日，甘孜康定机场、亚丁机场的订单量较去年同期增长两成，甘孜酒店预订量增长 111%，这次成功的宣传，让当地旅游行业获益颇丰。携程数据显示，“理塘”热度从 11 月 20 日起大涨。到 11 月最后一周，“理塘”搜索量猛增 620%，比国庆翻 4 倍。甘孜州纳入监测统计的 13 家景区接待量同比增长 112.31%。特别是作为“三环一带两湿地”之一、距成都行程 300 余公里的环贡嘎旅游圈中的海螺沟、木格措、木雅圣地、墨石公园接待量同比分别增长 69.76%、391.62%、247.06%、204.54%，均创造了各景区开园以来同期游客量最高值。

【案例分析】

在丁真爆红的事件中，甘孜文旅与四川文旅行政管理部门抓热点、抢流量的速度实在惊人。信息化时代，速度永远是攫取流量的不二法门。从丁真走红到签约，趁热打铁，当流量红利来临时马上抓住，进行一波强势的宣传，只用了不到 7 天时间。紧接着，在宣传片推出的当天，甘孜理塘县就赶赴成都开展“藏文化旅游最佳目的地——2021 年理塘”旅游路演推介，最大限度地放大流量入口，吸引更多人关注甘孜旅游。

在整个推广过程中，甘孜文旅与四川文旅主要借助互联网这个新的传播媒介，运用短视频自媒体进行旅游产品和旅游目的地形象推广，站位已经是旅游目的地营销的高度，远远超过了才开始的冬游甘孜旅游线路广告的初衷。

〔案例来源：根据四川文旅、甘孜文旅的官方网站新闻改编〕

本章小结

休闲旅游线路是休闲旅游产品的重要构成部分，是联结休闲旅游者、休闲旅游企业、休闲旅游吸引物的重要纽带，对休闲旅游资源开发、休闲旅游者的体验、休闲旅游企业的生存与发展等都有重要意义。休闲旅游线路设计是休闲旅游行程服务的基础。没有休闲旅游线路产品就不可能有休闲旅游行程服务内容。旅游线路设计人员需要掌握休闲旅游市场、休闲线路设计的相关理论知识和操作技能。本章第一节主要讲休闲旅游市场调研，线路设计人员对休闲旅游市场的认识和对休闲旅游市场的调研是休闲旅游线路设计的基础和前提条件；第二节从休闲旅游线路设计类型、休闲旅游线路设计原则来体现休闲旅游线路设计要求；第三节讲休闲旅游线路设计流程，设计方法在流程中体现。

思考与练习

参考答案

一、选择题（不定项）

1. 休闲旅游市场与其他行业市场相比有（　　）等特点。

A. 全球性　　B. 异地性

C. 稳定性　　D. 竞争性

2. 休闲旅游企业常用的旅游线路有（　　）。

A 空间尺度　　B. 运动轨迹　　C. 组织形式　　D. 旅游专线

3. 旅游资源在线路设计中应该点间距离适中，同一条旅游线路中，一般来说，城市间交通线上的时间耗费不能超过全部旅程时间的（　　）。

A. 1/2　　B. 1/3　　C. 1/4　　D. 1/5

4. 旅游线路组合方法主要有（　　）。

A. 一般组合法　　B. 产品优化法

C. 产品吸引力分析举证　　D. 区域旅游组合模型

5. 旅游线路产品组合的评价标准主要有（　　）。

A. 全面性　　B. 发展性　　C. 竞争性　　D. 营利性

二、填空题

1. 休闲旅游市场是由人口、购买能力、消费欲望、________四要素构成的。

2. 根据载体和形式的不同，旅游线路设计资料分为文献资料、________和图片资料三种。

3. ________是指每种旅游线路产品线中不同等级、规格的产品数量的多少。

4. 远程休闲旅游线路通常应满足一次旅游所走过的路程比较远，涉及的空间范围要大，总里程数至少超过________公里。

5. 设计旅游线路时要兼顾旅游经济效益、旅游社会效益和________，尽可能做到效益最大化。

三、判断题

1. 休闲旅游市场环境是不可控因素，休闲旅游企业的生产与经营活动必须和市场环境相协调和适应。（ ）

2. 在设计旅游线路时，应尽可能使整条旅游线路呈环形，如果不是迫不得已，尽量不要在同一城市同一旅游点重复经停。（ ）

3. 旅游产品及服务包括直接服务和间接服务。水、气、电、热的供应、排污（废）、旅游工艺品（纪念品）的生产制作、旅游管理机构和教育、职业培训机构、海关、金融、邮电等服务是直接服务。（ ）

4. 产品—吸引力分析举证中，在该分析矩阵中，客源地市场引力为轴，目的地的竞争地位为横轴。每一轴都可分为高、中、低三种等级，这种矩阵中共有九个板块。（ ）

5. 在确定广告受众的时候，必须先对消费者进行细分，细分依据主要为人口统计变量、心理变量、地理变量和行为变量。（ ）

四、名词解释

1. 逗留型休闲旅游线路
2. 旅游线路组合策略
3. 旅游线路产品线
4. 拼合式休闲旅游线路
5. 休闲旅游线路设计

五、简答题

1. 休闲旅游市场调研的方法是什么？
2. 休闲旅游线路设计的基本原则有哪些？
3. 请列出休闲旅游线路策划步骤。
4. 旅游线路产品组合有哪些优化法？
5. 旅游线路广告策略有哪些？

六、案例分析情景模拟

根据表中的休闲旅游线路行程安排，回答表后问题。

北京八日“古代建筑寻踪”主题游线路

日期：行程要点	行程详细内容
第一天：成都—北京—故宫	上午 9：30 在成都双流机场集合，乘机前往首都北京。抵达后享北京羊蝎子午餐。13：00 前往北京故宫。故宫是中国明清两朝皇家宫殿，是世界上目前现存规模最大、保存最为完整的木质结构古建筑之一（游览时间 4 小时）。晚上酒店晚餐
第二天：中国古代建筑博物馆—天安门城楼	上午 8：30 后前往中国古代建筑博物馆。中国古代建筑博物馆是我国第一座集收藏、研究和展示中国古代建筑技术、艺术及其发展历史的专题性博物馆（游览时间 4 小时）。13：00 集合，前往天安门城楼（游览时间 4 小时）
第三天：紫竹院公园—北京大学	上午 9：00 乘车去紫竹院公园，主要看公园的西北方古老建筑（游览时间 4 小时）。中午北京涮羊肉特色午餐。14：00 前往北京大学，初名京师大学堂，保留了清末建筑风格（游览时间 3 小时）
第四天：八达岭长城—北京展览馆	上午 9：00 前往八达岭长城，中国最重要的古建筑群（游览时间 4 小时）。中午在长城外餐饮区享北京烤鸭。14：00 在北京展览馆集合，北京展览馆是第一座大型综合性古建筑展览馆（游览时间 3 小时）
第五天：清华大学—首都博物馆 三里屯	上午 8：30 后前往首都博物馆，原馆址是北京孔庙（集收藏、展览、研究、考古、公共教育、文化交流于一体的综合性博物馆，游览时间 4 小时）。中午享用鲁菜系午餐，14：00 前往清华大学，晚上三里屯，体验夜市生活的乐趣（游览时间 3 小时）
第六天：颐和园—香山公园	上午 8：30 后前往皇家古建筑园林颐和园。颐和园是中国清朝时期皇家园林，有着独特的古建筑群落，是迄今为止保存最完整的一座皇家行宫御苑，中午 12：30 享用老北京名小吃。下午去香山公园（游览时间 3 小时）
第七天：天坛—什刹海	上午 8：30 后前往天坛（游玩时间 3~4 小时）。中午在后海享用主题特色餐。下午前往什刹海（城内面积最大、风貌保存最完整的历史街区，游览时间 3 小时）
第八天：雍和宫—成都	上午 8：30 后前往雍和宫。雍和宫是北京的一座藏传佛教寺庙，在北京市区占有独特地位（游玩时间 2~3 小时）。中午老北京混搭特色餐，后返蓉
报价标准设计	1. 报价：4999 元 / 人 2. 报价包含部分 住宿：酒店双标间：北京 7 天连锁酒店，独立卫生间，设施设备齐全 用餐：8 早 8 正餐：餐标 20 元 1 人；8 顿特色用餐：40 元 / 人十人一桌 用车：正规新旅游空调车，每人正座，自弃行程费用不退 门票：行程所列景点 机票：包往返机票，机场税，燃油费 保险：北京当地旅行责任险，不含游客旅游意外险 3. 报价不包含部分：行程中无购物场所（不含景区、公路两边、服务区的商店）。需要自理的小交通费用，如因交通延阻、天气、大巴故障等不可抗力原因所引致的额外费用：酒店内收费洗衣、饮品、烟酒等个人消费；建议客人自愿购买旅游人身意外险

续表

日期：行程要点	行程详细内容
旅游线路推广策划	1. 北京线路文化包装：通过微信朋友圈、微博等形式，发表视频、图片、文字等方式 2. 线路活动宣传：举办特色活动吸引游客。 3. 体验线路宣传：通过撰写、拍摄写真、旅行游记、体验式营销软文、图片视频等，对具体旅游线路行程进行全方位网络推广 4. 城市形象宣传 5. 开展推荐会

回答问题：

（1）简要说明本案例旅游线路属于哪一类休闲旅游线路设计类型？

（2）简要分析案例中的休闲旅游线路设计运用了哪些设计原则？

（3）本案例线路设计运用了什么旅游线路要素组合策略？

（4）本案例线路选用了什么媒体，如何进行广告宣传的？

〔案例来源：陈加明. 北京“古建筑”文化八日游主题线路设计方案与研究［J］，规划设计，2019（21）.〕

七、实训任务

1. 绘制本省旅游交通图和旅游景点分布图

实训目的：了解本省交通及旅游景点分布情况

实训内容：要求每个学生绘制一份本省旅游交通图和旅游景点分布图

实训步骤：

第一步，教师用课件讲授本省旅游交通和旅游景点的分布情况

第二步，学生在网上收集相关地图

第三步，学生绘制示意图

实训成果：每位学生提交一份手绘的本省旅游交通图和旅游景点分布图

2. 采集本地旅游资源信息

实训目的：了解本地旅游资源六大要素的基本情况，掌握旅游六大要素的收集方法

实训内容：要求每位学生采集本地旅游资源的六大要素的基本信息

实训步骤：

第一步，分别收集自己所在地至少一家三星级酒店和四星级酒店的名称、地点、设施情况、经营概况、经营方向、基本价格、联系人、联系电话等

第二步，收集自己所在地两家旅游汽车租赁公司的信息，掌握汽车公司

的车辆数量、车型、车况、驾驶员技术水平、公司债务、管理状况、服务规范、营运资格、租车费用等

第三步，收集自己所在地至少两家餐饮单位的信息，掌握餐饮企业的地理位置、车位、洗手间、餐标、主要经营风味、菜单、特色餐、结算方式、销售、环境、停车场地、接待能力和服务情况等

第四步，收集自己所在地至少两家旅游景区的信息，掌握景区的名称、地理位置、游览线路、主要特色、淡季和旺季的门票价格等

第五步，收集自己所在地至少两家购物点的信息，掌握购物点的名称、地点、主要产品、经营特色

第六步，收集自己所在地至少两家文艺演出的信息，掌握文艺演出的名称、主要表演场所、大致内容、票价、演出时间

实训成果：每位学生提交一份旅游信息采集资料

3. 设计本地旅游线路产品

根据项目一、项目二的结果，设计至少两条旅游线路产品

第三章

休闲旅游行程咨询接待服务

本章重点

休闲旅游行程服务人员给休闲旅游者留下第一印象的环节通常是咨询接待服务环节。第一印象直接影响着休闲旅游者对休闲旅游服务者的选择，优质的咨询接待服务质量和咨询接待的能力，可以提高休闲旅游产品的销售量。

学习要求

在学习过程中，学生应该加强实践操作的学习，注重对咨询接待的技能、推销技巧的技能的训练，通过本章的学习，学生能掌握咨询接待的流程、了解咨询接待的类型、达到咨询接待的能力要求；能掌握休闲旅游产品的推销技巧，进行休闲旅游产品销售手续办理。

本章思维导图

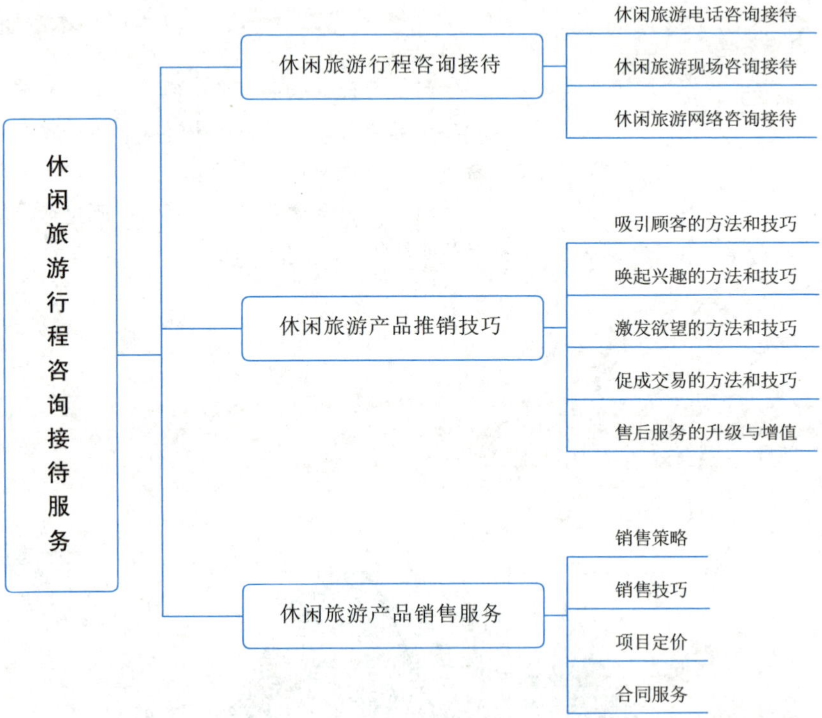

第一节 休闲旅游行程咨询接待

作为休闲旅游行程咨询服务人员，主要职责是负责留住客人，通过接触客人，了解客人需求，向客人推销合适的产品。休闲旅游者在准备出游时，一般都会通过电话咨询、互联网咨询或者亲自到旅游企业门店，向工作人员咨询休闲旅游的相关事宜。这时候就需要休闲旅游行程咨询接待人员主动热情，微笑服务，做好对客人的接待服务工作。对客人的咨询要及时正确地解答，积极推介和销售休闲旅游产品，为企业争取更多的客源。在电话咨询、人员咨询和网络咨询时，应该态度热情，业务精通，努力给客人留下良好的印象。

一、休闲旅游电话咨询接待

休闲旅游电话咨询服务是指各类旅游企业利用电话咨询服务系统等信息化手段，向社会公众提供信息咨询、产品推荐等服务并招徕休闲旅游者的行为。

电话咨询是休闲旅游者最常用、最简便的咨询方式。客人一般先通过电话咨询有关休闲旅游产品和服务方面的问题，并进行询价，再决定到哪家旅游企业现场咨询。所以电话咨询会给客人留下旅游企业的第一印象。

（一）工作流程

1. 接听电话

所有来电必须在铃响三声内接听，并主动打招呼："您好，×××公司！工号××为您服务。"或"您好，×××公司××店，有什么可以帮您？"如因忙于手头工作未能及时接听，应向客人致歉"对不起，让您久等了！"未能接听的电话，可根据来电显示，回复询问客人需要。如"您好！×××公司××店！因为刚才繁忙，未能接听您的电话，请问有什么可以帮助您？"

2. 电话沟通

通话过程中，应面带微笑，语音柔和。面对客人的提问，应以朋友及旅游专家的身份耐心、细心地为其解答。回答客人提问的过程中，如需查阅资料，应先对客人说："请稍等。"若客人提出的问题需向后台操作人员咨询后才能解答，可先记下客人的问题和电话，等获得准确信息后，再复电给客人。

3. 信息询问与记录

主动询问客人需求及意向，聆听客人意见，做好笔录工作，主要记录客人资料（电话、姓氏、人数、产品、出发及记录日期）。各门市应有专门的电话记录本，重要信息需与客人进行复述确认。在进一步获得客人清晰的消费倾向、心理需求后，重复客人问题，予以确认。重复客人的要求，以便确认客人的需要。

表 3–1　电话咨询记录表

客人姓名		联系方式		记录时间	
旅游意向		出游时间		出游人数	
旅游方式 散 / 团		价格		备注	

4. 结束通话

通话结束前，应自报姓名，说："如果您仍有任何疑问，请再联系我，我是 ××，感谢您的来电，再见！"把电话挂线优先权留给客人。

（二）用语规范

咨询服务中应当使用普通话，服务用语的基本要求：用语礼貌适度，表述通俗易懂，发音标准清晰，语气亲切温和，语调平稳流畅，语速不紧不慢，音量不高不低，语句简短精练。使用规范的首问语、过程语、结束语。规范如下：

1. 首问语

"您好，这里是 ××× 公司，×× 为您服务，请讲。"如逢节假日，可向来电者致以节日问候，如"您好，新年好（国庆快乐等），×× 为您服务，请讲。"

2. 过程语

（1）在仔细倾听来电者的表述后，应准确辨别来电对象。注意敬称来电者为先生、女士等。

（2）在交流过程中，应注意使用礼貌服务用语，如"请问、请讲、对不起、抱歉、让您久等了、请稍等"等。

（3）在交流过程中，如需询问来电者的姓名等资料时，应准确使用："请问您贵姓，方便的话能否留下您的全名和联系方式（如手机、电话等）。"

（4）在交流过程中，如需打断来电者话语时，应礼貌示意，如"对不起，×× 先生（女士、小姐），请您再说一遍好吗？""请您声音稍大些好吗？谢谢！"等。对主要问题进行复述（语速相对放慢），应使用："您说的是 ××

意思吗？”

（5）在交流过程中，当来电者给我们提出建议、意见后，应礼貌应答：“谢谢您提出的宝贵建议（意见）或感谢您对我们工作的关心和支持，我们将及时反馈给相关部门。”

3. 结束语

（1）当与来电者交流即将结束时，应使用：“请问您还想咨询其他问题吗？”或“如有问题请再来电话”。

（2）当来电者对您的服务表示感谢时，应回答：“不必客气，这是我们应该做的。”

（3）来电结束时，应使用：“感谢您的来电，再见。”

（三）服务禁忌

在交流过程中要尊重服务对象，严禁使用服务禁忌用语和发生服务禁忌行为，在任何情景对话过程中，永远杜绝使用“喂”“啊”“哼”等语气助词。

1. “五种话不讲”

有伤客人自尊心的话不讲；有损客人人格的话不讲；埋怨、责怪客人的话不讲；对客人评头品足的话不讲；粗话、脏话不讲。

2. “三个短语不说”

（1）“我不知道”：这是客人最反感的语言，客人会觉得服务员对他不热情、敷衍了事。

（2）“这办不到”：这是容易激怒客人的语言。不妨这样说：“这确实有点困难，不过让我试试看吧。”

（3）“你应该……”：这是教训客人的语言。你可以换一种讲法：“如果再碰到这种事，我们可以……”或者说：“如果方便的话，可不可以……”

（四）沟通技巧

电话交流过程中，伺机询问客人姓名，并在提供咨询解答服务过程中，尽可能重复客人姓名，让客人感受到尊重和亲切。面对不善言谈的客人，应该在电话中主动询问以下问题：谁准备出游？几人出游？出游几天？准备哪一天出游？出游交通方式选什么？消费倾向（有无前期咨询、产品比较、准备报名）是什么？在本公司咨询过吗？

在解答客人问题的过程中，针对客人的具体需求和自身条件，向其推荐适合的产品，在客人没有察觉的前提下，尝试激发客人的潜在消费需求，提升客人单笔消费额。

案例 3-1

休闲旅游线路咨询

在广州工作的刘小姐想去中山、珠海休闲旅游 5 天，在中山和珠海深度地感受一下。于是刘小姐打电话到公司门市咨询，她问了几家，得到的答案有：

门市 1：没有这条产品！

门市 2：刘小姐，我们只有中山、珠海的一日游或两日游。

门市 3：中山、珠海两三天已经足够了，您为什么要 5 日呢？

门市 4：我们这里有中山、珠海 3 日游产品，该产品很好，给您介绍一下，好吗？

门市 5：中山、珠海 5 日游，看来刘小姐很喜欢深度休闲旅游啊，请问您几个人去呢？

【案例分析】

从刘小姐电话咨询的案例可以看出，门市 1 的回答是直接的拒绝；门市 2 的回答表示客人打错电话了；门市 3 的回答好像在批评客人的想法不对，带有被动的心态；门市 4 在没有充分了解客人意愿的情况下直接推销产品，显得太突兀；门市 5 的回答更体现个性化、人性化服务。

〔案例来源：陈波 . 旅行社运营实务［M］.2 版 . 北京：高等教育出版社，2020.〕

二、休闲旅游现场咨询接待

休闲旅游现场咨询服务是客人与休闲旅游行程咨询服务人员面对面进行沟通交流，客人提出问题或疑难，休闲旅游行程咨询服务人员给出建议或解决方案，双方通过协议对彼此的责任和义务进行约定。

（一）工作流程

1. 迎接客人

客人进入门店后，休闲旅游行程咨询服务人员应抬头跟客人打招呼，或者弄清客人意向后奉上资料，请客人先浏览景点行程资料。忙时可以对客人说：“先生 / 小姐，麻烦您稍等一会，我帮这位客人办完后就马上帮您办理，这是您要的资料，您先参考一下。”如果客人表明已经看好了产品，现在是过来报名的，那就马上把需要填写的相关表格给客人让他先填写。这样既不会耽误前台的客人，又为后面客人在办理业务的时候缩短了时间，最主要的是让后面的客人不会因为等候时间过长而进行投诉。

2. 咨询服务

休闲旅游行程咨询服务人员向落座的客人询问："先生/小姐，有什么可以帮到您，想去哪里旅游呢？"询问客人的旅游需求，耐心解答客人的问题。接受咨询时态度热情、耐心，使用礼貌用语；与客人交谈时，上身挺直，略向前倾，表示认真聆听；不得敷衍怠慢客人。

3. 介绍说明休闲旅游产品

了解客人的需求和旅游意向如产品、时间、客人可接受的价格等；休闲旅游行程咨询服务人员要有针对性、直接地向客人介绍休闲旅游产品，例如"请允许我为您介绍一下该产品"。在介绍中突出本公司产品的特色、亮点和优势来引起咨询者的兴趣。如果本公司的产品不能满足客人的要求，则应主动向客人介绍其他类似的产品；如果客人出游方向不是很明确，则应主动推介本公司近期主推的产品，或者根据客人的具体情况如年轻人、中老年人、合家出游等介绍适合他们的产品；在介绍产品时，应与客人有眼神交流。在谈话过程中，要注意称呼客人的名字或姓氏；在递送资料、物件、名片时都要注意使用双手奉上，以示尊重客人。

4. 提供资料及告知客人报名程序

客人确定旅游意向后，将相关产品资料递给客人浏览。详细告知其报名所需手续和资料以及截止时间。休闲旅游行程咨询服务人员提供的信息一定要全面，不能因休闲旅游行程咨询服务人员的疏忽而导致客人多次往返，增加客人的麻烦。客人确定要报名，在签订合同及收钱前，休闲旅游行程咨询服务人员要自己与客人讲清楚所收费用包含的每一项内容与未含的项目。客人还未确定是否出行时，休闲旅游行程咨询服务人员也要主动地推介相关旅游产品的资料，让客人带回家阅读，让客人更多地认识公司的休闲旅游产品，这样可以为公司争取到潜在的客人。

5. 恭送客人

休闲旅游行程咨询服务人员要起身相送，亲切提醒客人带齐自己的物品；向客人道谢，祝客人旅途愉快/欢迎下次光临。

（二）用语规范

（1）问候语：您好！早上好！下午好！晚上好！大家好！各位好！今天天气真好！你的衣服（发型）真漂亮！你的气色真好！新年好，恭喜发财！

（2）称呼语：先生、小姐、女士、太太、同志、小朋友、阿姨、叔叔……

（3）接待语：您请坐！欢迎光临！请问贵姓？请问怎么称呼？很高兴为您服务！我能帮您做些什么吗？请问您找哪位？不用客气，这是我应该做的！请稍候，马上为您办理。请您按照要求填写表格。请问您对哪条线路感兴趣？请问您还有别的事吗？我们会尽力做好工作，使您满意。对不起，您的表格填错了，这里需要改一下。

（4）致谢、致歉语：多谢帮衬！请多关照！非常感谢！谢谢您的好意。谢谢您的提醒（谢谢您的指点）。很抱歉，这件事帮不上你的忙。对不起，请原谅！对不起，给您添麻烦了。过奖了，请不用客气。请不要介意。对不起，是我搞错了。

（5）收款语：费用总共 ×× 钱，多谢！您交的钱正好，多谢！请等等，有余钱找给您。找回您 ×× 钱，请点收。对不起，多（少）了 ×× 钱，请您重新点一次。

（6）告别语：再见！祝您旅途愉快！祝您一路顺风！望今后加强联系。请慢走（请走好），希望以后多多合作。所办手续都已办好，祝您玩得开心，再见！

（三）服务禁忌

（1）在现场咨询接待中，休闲旅游行程咨询服务人员不要出现有损形象的失礼举止，例如：当客人面抽烟、嚼口香糖、挖鼻孔、掏耳朵等；随地吐痰；随手扔垃圾；当众打哈欠等。

（2）面对面的服务中，禁止使用服务忌用语："我不知道""我也没办法""这事与我们无关""我们不会……""我们从来没有这样做过……""这不是我们的工作范围，你肯定搞错了……"

（四）沟通技巧

所谓现场沟通技巧，指的是对周围情况的观察力，以及能够说出最善解人意或最贴切的话。想达到良好的沟通效果，就必须对周围的人和事十分敏感，并掌握说话的技巧，随时都能果断地陈述自己的意见，而且不会引起他人的反感。

1. 三思而后言

为了避免说出不恰当的话，在说任何话之前，都该先想想自己想表达什么、应该说什么，说了后别人会有什么反应，站在对方的立场上思考一下。在很多的情况下，如果能花 10 秒钟设身处地为他人着想，就不容易说错话。

2. 发现说错了，立刻道歉

每个人偶尔都会说错话，可一旦察觉自己说了不该说的话，就要马上想办法进行弥补，尽可能地减少负面影响。不要为自己的错误找借口，不要不肯道歉。

3. 沟通中，永远不要去争谁对谁错

沟通是信息、想法与感觉彼此交换的过程，而不是辩论。当与别人沟通时，那种争对错、辩论式的沟通方式必须被舍弃，应该采用一种随和、不具侵略性的说话方式。这样在表达意见时，别人就比较容易听进去，而不会产生排斥感。

4. 控制自己的情绪

一个人情绪的表达，主要是通过语言表达。在表达过程中，传递情绪的不是文字内容，而是语音语调，也就是语气。跟一个说话语气好的人沟通起来就会非常舒服。所以，我们在跟别人沟通时，说话的语气非常重要。

案例 3-2

巧妙回复客人的指责

某天有一位客人下午 3 点到公司的前台咨询，刚好前台有很多客人，且部分休闲旅游行程咨询服务人员补休了，前台的座位都没有坐满。客人等了很久才轮到，于是很生气说“××× 公司那么大一家公司，才请几个人上班，要我等那么久，有没有搞错”。作为休闲旅游行程咨询服务人员的你该如何回答？

回答：不好意思，让你久等，请问有什么可以帮到您；或者不好意思，今天我们几个同事回公司总部参加培训 / 需要收几个团体包团，所以几个同事出去了，他们很快会回来。或者说，我们公司承办了一个 3 万人的大团，部分同事抽调去支援，这两天人手是比较缺，不好意思。

【案例分析】

当客人说我们的不足时，我们不是简单地道歉。简单道歉只是说明我们真的做得不足。虽然我们做得不足，但要让客人感觉到我们是由于有特别原因才这样。也是如上题，不断通过一些话，暗示我们公司的实力强。如说培训，显示公司重视员工教育，专业性高。如说出去收团体，显示公司受欢迎，不少单位都找我们公司。如 3 万人大团，同样显示我们公司的实力，能够组织 3 万人的大团。如果只是老老实实说我们有同事休息的，那么就等于默认客人所说的。

〔案例来源：陈波 . 旅行社运营实务［M］. 2 版 . 北京：高等教育出版社，2020.〕

三、休闲旅游网络咨询接待

网络咨询服务是指以网络为中介，通过建立良好的咨询关系，以专业知识为基础，运用心理学方法和技术，帮助客人解决问题，从而有效满足其休闲旅游需求的服务过程。网络咨询服务是借助计算机完成的，它主要有电子邮件、网络电话、Web 主页、QQ 即时通信等方式。

与传统咨询方式相比，网络咨询则主要通过计算机和互联网远程解答咨询者的问题，完成的速度更快，效率更高，服务更方便，不受时间和空间的限制。

（一）工作流程

（1）客人通过网页、QQ 或者微信公众号咨询。

（2）依据客人了解的网页内容判断客人的真实目的后，与客人交流。

（3）向客人问好、自我介绍及寒暄。

（4）使用标准问候语："× × × 公司，您好，我姓 × ×，很高兴为您服务。"

（5）通话过程中多使用敬辞"您、请、谢谢……"。

（6）态度亲切温和，注意应答口气亲切、信任感强。

（7）客人问题，适时回应"好""没问题"等正向引导回复。

（8）详细解答问题，并进行引导留下名字和电话，来公司现场咨询。

（9）由客人主动结束对话，使用结束敬语。

（10）资料存档，定期进行统计分析。

（二）用语规范

休闲旅游行程咨询服务人员在工作岗位上，应牢记和熟练自如地运用诸如"请""您好""谢谢""对不起""请原谅""没关系""请问""麻烦您""别客气""再见"。

（1）当客人与你交谈时，首先要对其表示欢迎："您好！欢迎您光临 × × 公司！我是 × × ×，很高兴为您服务！""您好，请问有什么可以帮到您？"

（2）在与客人应答时可以亲切地使用"您""× × 先生""× × 小姐"，拉近与客人之间的距离，切莫使用"你"。

（3）如果有别的客人同时咨询的，需要一方等待一定时间的，应该要和对方说明："对不起，麻烦稍等下！"返回咨询时，不要忘了说声："抱歉，让您久等了！"

（4）对于客人的意思不理解的，询问时要注意语气："很抱歉，我不是很明白，您的意思是？""您的意思是 × × 吗？"

（5）应答语："有什么可以帮您的吗？""有什么可以帮到您？""您现在方便吗？""这是我们应该做的！""您还有什么需要我帮助的吗？""明白了。""好的。""是的。""非常感谢！""不好意思，让您久等了！"

（6）咨询过程中，对于客人的提问、表情等都要进行回复，不能爱理不理，如果面对的客人数多，一定要让客人"稍等"。

（7）咨询进入尾声，不要主动结束咨询，让客人主动提出；别忘感谢客人："谢谢光临我司网站，有空常来啊！"

（三）服务禁忌

（1）让咨询的客人等待较长时间。

（2）与客人发生争吵与争辩。

（3）随便向客人做出承诺。

（4）直接拒绝客人的要求。

（5）咨询过程中，休闲旅游行程咨询服务人员切忌态度冷淡，机械式地回答客人的问题。

（6）对于客人的合理要求视而不见，不及时备注，导致客人投诉。

（7）对于客人的问题自己不能及时解决的，使用"不知道""这和我们没关系"等回复。

（8）对于已经回复过的问题，客人重复地问，使用"这种问题还要问吗？""我不是和你说过了，你怎么还不知道"这类型的回复。

（四）沟通技巧

因为网络休闲旅游行程咨询服务人员不能与客人当面沟通，看不到对方的面部表情，仅仅是通过文字表达，客人也不知道休闲旅游行程咨询服务人员的语气，只能通过文字来判断，很难揣摩对方的想法，可能产生误会。所以在与客人网上沟通的时候要注意：

（1）客人找休闲旅游行程咨询服务人员咨询，咨询服务人员尽可能在30秒内向客人问好，因为第一印象非常重要。

（2）在不忙的时候不要用自动回复以及设置好的回复用语，不要让客人觉得休闲旅游行程咨询服务人员的服务很机械。

（3）认真对待每一位客人的咨询过程，对于客人的特殊要求做好记录，及时备注。

（4）在回复客人的时候可以多用一些语气词如"……哦""……啊""……啦""好哒"，这样会让客人觉得休闲旅游行程咨询服务人员很亲切，也不会觉得语气很生硬，减少误会的产生。

（5）在咨询的时候可以适当使用咨询工具所自带的表情，不仅可以替代文字，而且可以让客人觉得咨询很愉快、轻松，服务很热情。

（6）针对客人的问题与回答，一定要有反应，不要凭自己的心情，觉得这个问题不值得回答就对客人不理睬。

（7）咨询最后要记得感谢客人，发一个表情或者一句感谢会让人觉得交易很愉快。在客人没有提出结束交谈时，先不要主动流露谈话结束的信号。

（五）网络社交、服务礼仪

在网络时代社交方式和服务方式有了更多的形式，与客人的交流更多会使用微信、QQ、邮箱等社交工具，这也要求休闲旅游行程咨询服务人员需要掌握和懂得最基本的网络沟通社交礼仪。一个人在社交工具上的言行体现着个人的情商。在使用微信等社交工具时，要知分寸、懂礼节、会顾人、也律己，需要注意以下礼仪和禁忌。

（1）主动添加客人好友，应简单备注个人介绍和添加理由。成功加为好友后，第一时间打个招呼或问候一下，不要等到有事再联系。

（2）与客人交流时，能发文字，尽量不要发语音，发语音或者开启语音通话前，最好询问对方是否方便。如果实在不方便发文字，那语音要尽量一次讲完，不要每条语音都很短。

（3）不要一直问别人“在吗”，要带上具体的事情，尽快进入主题，不要浪费双方的时间。同样需要避免的内容还有“忙吗”“在？”“有空没”。

（4）关于工作或线路产品的确认信息，一定要等到对方的回应确认，不要想当然觉得对方已经了解。如果对方没有爽快地及时答应，应有礼貌地给客人充分的时间考虑，约定时间再咨询，不要穷追不舍。

（5）为了避免被敏感的人误会，还是要尽量避免使用单个字，例如“哦”“嗯”“是”等。建议使用“嗯嗯”“好的”“是的呀”等。

（6）与客人交流尽量少用表情包，不同的人对表情包的理解不一样，要尽量避免有歧义的表情包。

（7）收到信息要及时回复，也不要聊着聊着就不回信息，如果暂时没空处理的话，建议可以先回复“已收到，现在手头有其他工作 / 在外出中或开会中，晚点再回复你”。

（8）内容发送之前要做一定的编辑，不要一行几个字，也不要几百字一大行，该分段的分段，该逗号的逗号，该句号的句号。如果是发电话号码、快递地址或其他需要编辑的文件信息给别人，最好以文字的方式发给对方，别发截图。

（9）不要不打招呼就把别人拉进群里，不要随便推客人名片给陌生人，如果想推荐，和双方都打好招呼，即便你是好心，别人也可能并不乐意。

（10）产品广告等商业信息只发给有咨询意愿的客人，不要连续给客人留言或在群内高频率地通知客人，真有急事请打电话，不是每个人都随时守在微信旁边。

第二节　休闲旅游产品推销技巧

推销是指商品推销，即推销人员运用一定的方法和技巧，帮助顾客购买某种商品或服务，以使双方的需要得到满足的行为过程。商品推销作为一种社会经济活动，是伴随着商品经济一起产生和发展的。可以说，推销是商品经济活动中一个必不可少的组成部分，对推动商品经济的发展起着积极作用。企业注重提高推销人员素质和企业推销队伍的整体水平，一方面可以增加商品的推销数量，增加利润；另一方面可以节约时间，提高效率，降低成本，从而直接提高企业经济效益。

一、吸引顾客的方法和技巧

（一）形象吸引法

形象吸引法就是推销人员通过精心设计自己的仪表、仪容、仪态，利用人的视觉功能来吸引准顾客注意的方法。

当一名推销人员首次出现在顾客面前时，顾客可能凭着瞬间的判断而在潜意识里持欣赏、信任或厌恶态度，这就是第一印象。一般来说第一印象来自推销人员的服饰、举止表情等所带给顾客的视觉上的刺激。因此，推销人员要从以下几点来进行修饰：

1. 要修饰好仪容

仪容，通常是指人的外貌。其中的重点，则是指人的容貌。在人际交往中，每个人的仪容都会引起交往对象的特别关注，并将影响到对方对自己的整体评价。

仪容在正式场合主要的修饰要点有：

（1）发型：发型的修饰最重要的是要整洁规范，长度适中，款式适合自己。

①头发要常洗、常理。条件允许的话，头发最好每天洗一次。

②头发长度有要求。在重要的工作场合，男士的头发要求是前发不附额，侧发不掩耳，后发不及领。女士不要让头发自然而然地披散过肩。长发要盘

起来，不要随意散开。

③工作场合发型应该适合自己。公司企业、国家公务员发型一般要求庄重保守，不能过分时尚。

（2）面部：面部修饰最重要的除了整洁之外，面部多余的毛发要注意。

①没有特殊的宗教信仰和民族习惯不要留胡子，养成每日剃须的习惯。胡子拉碴给人以蓬头垢面之感。

②鼻毛和耳毛要适时地加以修剪。

（3）口部：口腔无异味、无异物。

①要养成习惯，吃完饭后要及时刷牙，及时照照镜子，防止口腔有异物。

②在社交场合不要吃带有刺激性气味的食物，如葱、蒜、韭菜等。

（4）手部：手部干净整洁是最基本的要求。

①常洗手，保持手部干净无污渍。

②指甲要常修剪，不要留长指甲。

③女士涂指甲油每根手指甲颜色统一。

2. 穿着要得体

着装要注意四个配合：

（1）配合身份。着装既要配合自己的身份，也要配合对方的身份，与不同身份的人接触，也有不同的穿着技巧，这样会有助于彼此的沟通。与性格开朗的人接触，宜穿颜色较鲜明的衣服；与较保守严肃的人接触，应穿颜色较低调、款式较保守的服装；与公司职位较高的人会晤，宜穿较老成的服装，表示成熟个性。

（2）配合环境。配合环境就是懂得在什么场合穿什么服装。日常工作，衣服颜色以清淡为主，款式简单而整齐，给人亲切感。在喜庆场合，切忌用黑色为主色，白色亦不宜。在丧礼上，白和黑均宜，但须全套服装均一致的黑和白，可以点缀其他颜色的配饰，只要忌用红色即可。

（3）配合体形。衣不合身会给人留下可笑的印象，每个人均要明了自己体型的优点和缺点，不要强撑。人们的体形千差万别，服装的款式也多种多样，选择服装的关键应掌握一个原则——扬长避短，就是要利用服装的款式、色彩及饰品，改善自己体形的不足或缺陷，以达到一个最佳状态。

（4）配合年龄。着装切忌忽略年龄的配合。一般来说，年轻人应穿鲜艳、活泼、随意些，中老年人要庄重、雅致、整齐些。一套深色中山装，穿在中老年人身上，会显得成熟和稳重，穿在小伙子身上，就有些老气横秋。

图 3-1　四川阿坝藏族羌族自治州四姑娘山景区环卫工人工装马甲上的景区名
摄影：马友惠

3. 用谈吐和举止吸引顾客

（1）谈吐。通常谈吐是指人们日常生活中讲话的水平、特点、风格等，是人们思想文化水平、教养和情趣的反映。为了提高谈吐水平，具体的方法和技巧有以下几点：

①加强个人的思想修养和性格锻炼。语言美是心灵美的具体表现，一个心灵丑恶的人，语言绝不会美，有善心才有善言。

②在句式上，应少用“否定句”多用“肯定句”；在用词上，要注意感情色彩，多用褒义词、中性词，少用贬义词，以减少刺激性。

③多使用柔言表达方式。柔言表现为语气亲切，语调柔和，语言含蓄，措辞委婉，说理自然。柔言表达充满了尊重、宽容和理解，往往能收到以柔克刚的交际效果。

④说话时学会在不同场合控制自己的仪态，切忌有失仪行为。如大哭大笑、大吵大闹、窃窃私语、指手画脚、怒目圆睁，或者左顾右盼、哈欠连连、萎靡不振、拉拉扯扯等都是失态的行为。

⑤在交流过程中，专注他人，谈话时要留意对方的反应，如果发现对方心不在焉，就应中断自己的话。

⑥牢记交谈禁忌，切记以下话题是必须避免的：

a. 问他人年龄，尤其是女性的年龄。

b. 问他人的薪水或探询财产以及薪水的分配和财产的价值。

c. 好奇地问他人身体的残障或缺陷。

d. 冒失地问别人赠送礼品的价值多少。

e. 不要散布道听途说的闲话。

f. 有可以吹嘘的成绩，也不必见人就提。

g. 通过适当的方式去表达对别人的意见，而不要在公共场合说三道四。

（2）举止。举止是指人们在外观上可以明显地被觉察到的活动、动作，以及在活动、动作之中身体各部分所呈现出的姿态。举止也是一种不说话的语言，能在很大程度上反映一个人的素质、受教育的程度及能够被别人信任的程度。在行为举止上的细节应该要注意以下几个方面：

①站姿。古人云“立如松”，站的姿势应该是自然、轻松、优美的。标准的站立姿势要求挺胸收腹，两肩平齐，双臂自然下垂。双腿靠拢，脚尖张开约 60 度，或双脚与肩同宽。站累时，脚可后撤半步，但上体仍须保持垂直，身体重心在两腿正中。切忌做两腿分开距离过大、倚墙靠柱、手扶椅背等不雅与失礼姿态。不论站立时摆何种姿势，只有脚的姿势及角度在变，而身体一定要保持绝对挺直。

站着与人交谈时，双手下垂或叠放下腹部，右手放在左手上。不要双臂交义、两手叉腰、手插在裤袋里或下意识地做小动作，摆弄打火机、香烟盒，玩弄衣带、发辫，咬手指甲等。但可随谈话内容适当做些手势。

②坐姿。古人云“坐如钟”，坐姿总的要求是舒适自然、大方端庄。入座时，动作要轻盈和缓，自然从容；落座要轻，不能猛地坐下，发出响声；起座要端庄稳重。上身自然挺直，两臂屈曲放在双膝上，或两手半握放在膝上，手心都要向下，两腿既不能过于前伸，也不能过于后展，更不能腿脚摇晃。坐姿要依据不同场合，与环境相适应。谈话时可以侧坐，勿将上身往前倾或以手支撑着下巴。

以下不雅坐姿在公众场合一定不能出现：两脚尖朝内，脚跟朝外；两膝分开，两脚呈八字形；两腿交叠而坐时，悬空的脚尖上下抖动或摆动；在椅子上前俯后仰，或把腿架在椅子或沙发扶手上、架在茶几上；趴在桌子上、躺在沙发上、半坐在桌子或椅背上。

③走姿。一般情况下在公共场所，人们行走的时候总比站立的时候多。走姿是千姿百态的，没有固定模式，只要与交际场合协调并表现出自己的个性的步伐，就是正确的。行走时，步态应该自然，目视前方，身体挺直，双肩自然下垂，两臂摆动协调，膝关节与脚尖正对前进方向。行走的步子大小适中，自然稳健，节奏与着地的重力一致。

走路时应注意的事项：摆动双臂自然，幅度不可太大，切忌做左右的摆动。遇急事可加快步伐，不可慌张奔跑。膝盖和脚踝应轻松自如，以免浑身僵硬。应保持身体的挺直，切忌左右摇摆或摇头晃肩。多人一起行走时，不勾肩搭背，不排成横队。

④手机的使用。在现代社会，手机被戏称为“人体外挂式器官”，人们的衣、食、住、行、言谈举止无不与它相关。因此在人际交往中，必须遵循相应的手机使用礼仪。

a. 注意使用手机的场合。在会议中和别人洽谈的时候，最好是关机，至少要调到震动或者静音状态，这样既显示出对别人的尊重，又不会打断讲话者的思路。同样，在电影院、剧院欣赏节目时，也不要拨打手机，如果非得回话，应采用静音的方式发送手机信息。

b. 选择适合的手机铃声。成年人最好使用正常铃声，这样万一在不适当的时候响起来，也不会尴尬。虽然当今社会推崇个性，但过于个性的电话铃声只会损害个人形象。在工作场合中，如果响起“爸爸，接电话”“汪、汪、汪”这样的手机铃声不仅会显得很不严肃，而且与自身身份不符。

案例 3-3

令人尴尬的铃声

一位刚刚二十出头的小姑娘陪着经理去拜见重要顾客。双方正在交谈中，有人给小姑娘打电话，只听里面传出了无限娇滴滴的声音：“妈妈，来电话了！”这时小姑娘尴尬得满脸通红，顾客们想笑也不敢笑，经理则用眼光偷偷责备她。

【案例分析】

时下个性化手机铃声迅速走俏，越来越受到人们的欢迎，这些个性化的铃声为生活增添了欢乐和色彩。但过于个性化的手机铃声也应注意使用场合，就像穿衣打扮一样，也要注意场合，在办公室或严肃的场合，如果使用的是个性化铃声，就应当把手机调到振动或静音状态，避免对周围的人造成干扰。

c. 安全使用手机。驾驶机动车时，不要使用手机通话或查看手机信息，以免分散注意力，造成交通事故；不要在加油站、面粉厂、油库等处使用手机，免得手机所发出的电磁波引起火灾、爆炸；不要在病房内使用手机，以免手机信号干扰医疗仪器的正常运行，或者影响病人休息；不要边走路边打电话或发短信看手机资讯；不要在飞机起飞、降落时使用手机，以免给航班带来危险；严禁在有禁止无线电发射的标志的地方使用手机。

d. 尊重他人隐私。手机是个人隐私的重要组成部分，不要翻看他人手机中的任何信息；别人使用手机时，不要在旁边或背后偷瞄；未经许可，请勿擅自翻看别人的手机；当别人给你看手机里某一张照片时，请不要左右滑动；为对方（尤其不熟的情况下）拍照前，请先征得对方同意；如果要在社交平台发布对方的照片或合照，也应该征得同意后再上传。

⑤禁止出现的不良举止。

a. 随便吐痰。吐痰是传播细菌、病毒最直接的途径。因此，随地吐痰是全世界公认的最没有礼貌且绝对影响环境、身体健康的不良举止。如果要吐痰，把痰吐在纸巾里，丢进垃圾箱，或去洗手间吐痰。

b. 随手扔垃圾。在国内网络调查中“十大不文明行为”评选中，“乱扔垃圾”“随地吐痰”以高票居榜单前列，成为公众最反感的不文明行为。这些行为严重破坏着周围的环境，对河流、土壤等都造成严重污染；长期堆积的垃圾和存留的污水还会腐烂变臭，使其中的致病菌滋生。

c. 当众嚼口香糖。嚼口香糖有助于保持口腔卫生，但嚼口香糖时应闭上嘴，不能发出声音。嚼过的口香糖应用纸包起来后扔到垃圾箱。

d. 当众挖鼻孔或掏耳朵。有人习惯用小指、钥匙、牙签、发夹等当众挖鼻孔或者掏耳朵，这是一种很不雅的行为。尤其是在餐厅或咖啡厅，这种不雅的小动作往往令旁观者感到非常恶心。

e. 当众挠头皮。有些头皮屑多的人，往往在公众场合忍不住头皮发痒而挠起头皮来，顿时皮屑飞扬四散，令旁人大感不快。特别是在那种庄重的场合，这样做很难得到别人的谅解。

f. 在公共场合抖腿。有人坐着时会有意无意地让跷起的腿像钟摆似的来回摆动，或者双腿颤动不停，从心理学的角度来说，抖腿实际上是在缓解个人紧张情绪。但抖腿会让人感觉不雅和不尊重，在商务场合或待客时给人不稳重的感觉。

（二）语言吸引法

语言吸引法就是销售人员运用良好的语言表达能力，给予潜在顾客一个良好的听觉形象来吸引潜在顾客注意力的方法。加深与顾客之间感情的最好方法，就是能够找到顾客所感兴趣的话题，使双方处在良好的气氛之中，这样可消除顾客的防范心理。

语言的运用需要把握以下三个方面：

准确性：语言要符合法律、法规及相关方针、政策，符合工作实际，具有较强的操作性。把握语言的准确性，需要“因时制宜”、“因地制宜”和“因人制宜”，用得体的语言正确地表达自己的意思。

灵活性：在交往中，能够灵活、迅速、恰当地运用较好的口才处理突发情况，有助于缓解尴尬气氛。把握语言的灵活性，需要做到“两个结合”，即幽默性与随机性相结合、逻辑性与朴实性相结合。

节奏性：心理学上认为，同样的信息多次单调机械地刺激时，容易使人产生疲劳和困倦，导致听众厌烦，影响讲话效果。语调、语速等的变化可以使语言表达有抑扬顿挫之感，从而感染听者。

具体来说，语言吸引法可以分为以下几种：

1. 用利益提示来吸引顾客

这种方法是推销人员开门见山地将产品给顾客带来的利益告诉顾客，利用人们关注自身利益的心理来吸引顾客的注意。

在使用利益提示吸引法时要注意几个原则：一是实事求是。在介绍产品时，切记要以事实为依据。夸大其词、攻击其他品牌以突出自己的产品都是不可取的。因为顾客一旦察觉到推销人员说谎、故弄玄虚时，就会失去对推销人员的信任。二是清晰简洁。一种产品本身会包含许多元素，如特性、成分、用法等。在介绍时可能会涉及许多专业术语，并不是每个顾客都能理解这些术语。所以在介绍时应尽量使用简单易懂的词语。三是主次分明。不要把关于产品的所有信息都灌输给顾客，这样顾客无法了解到产品的好处和优点，所以在介绍产品时，应该有重点、有主次。

2. 用奇怪的问题来吸引顾客

这种方法是运用顾客的好奇心理，向顾客提出一个能令顾客感到奇怪的问题来吸引顾客注意的方法。采用这种方法应当选择适当的时机，切不可随时随地随处乱用，要适当地把握“度”的范围，遵循“过犹不及”的规律，只有这样才能成为推销高手。

3. 通过赞美顾客来吸引顾客

每个人都喜欢听好听的话，顾客也不例外。因此，赞美不失为接近顾客的好方法。通过赞美来吸引顾客，首先要找准赞美点，找出别人可能忽略的特点；再次赞美要真诚、坦率，让顾客感觉是真诚的，赞美的话若不真诚，就成为虚伪逢迎的拍马屁；最后赞美要适度，运用得好事半功倍，过了头会让人反感。

（三）其他吸引法

1. 用产品来吸引顾客

利用产品的新特性、新功能或者是产品的新颖、美观、艺术化的包装装潢来吸引顾客，往往会产生更好的效果。

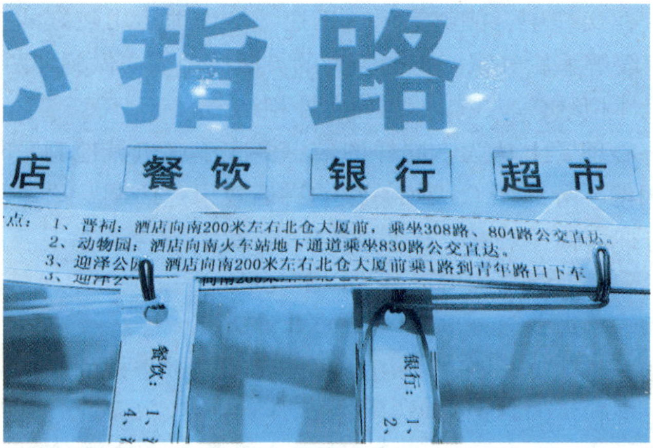

图 3–2　山西太原某酒店提供爱心指路纸条吸引顾客　摄影：马友惠

2. 用声音吸引顾客

这种方法一般用于某种特定环境下。例如，在商场或集市上有些商品很难用视觉吸引顾客，这时，可以放一些优美的音乐或甜美亲切的问候来吸引顾客。

3. 用气味吸引顾客

对于食品、鲜花、香水等产品，利用它们自身的特有气味来吸引顾客就是一种很好的推销方式。

二、唤起兴趣的方法和技巧

兴趣是个人力求接近、探索某种事物和从事某种活动的态度和倾向，亦称“爱好”，是个性倾向性的一种表现形式。兴趣在人的心理行为中具有重要作用。一个人对某事物感兴趣时，便对它产生特别的注意，对该事物观察敏锐、记忆牢固、思维活跃、情感深厚。

所谓唤起顾客兴趣，是指唤起顾客对推销活动及推销品的兴趣，或者说是诱导顾客对推销的积极态度。在消费实践中，顾客的兴趣对购买行为有着重要的影响，具体表现为以下几点。

（1）兴趣有助于顾客积极地认识商品，为未来的购买活动做准备，从而促发其购买的动机。如果顾客对某种商品感兴趣，就会在平常的生活中刻意搜集关于这种商品的信息，为以后的购买做好准备。

（2）兴趣能够使顾客较快地做出购买的决策并实施。一般来说，兴趣越高，则行动的积极性就越高。顾客在购买感兴趣的商品的过程中，由于心情处于愉快的状态，再加之购买前的信息准备，在兴趣倾向性的支配下，可以很快做出购买决定，完成购买行为。

（3）兴趣可以刺激顾客对某种商品的重复或长期地购买。顾客由于对某种商品发生持久性的兴趣，则可以使顾客形成消费偏好，从而形成重复性或长期性的购买。

兴趣对顾客购物行为的完成起着强烈的推动作用。只有引起顾客的好奇心、注意和兴趣，才能激发顾客购物的欲望，将商品销售出去。对销售人员而言，激发唤起顾客的兴趣，主要有以下几种方法。

（一）唤起兴趣的情感类法

在销售过程中，通过与顾客的交流，站在顾客的角度考虑，有效地引起顾客的情感共鸣，快速唤起顾客的购物兴趣，从而完成销售，这种方法就是唤起顾客购物兴趣的情感类方法。常见的方法有以下几种：

1. 为顾客着想法

为顾客着想的本质是“视客为友”，只有把顾客真正当作朋友，才会真心实意地为顾客着想。具体来说是做好以下三点：

第一点，塑造“对他人好一点，不要求回报，对顾客好一点，不一定是为了生意”的价值观。

第二点，要站在顾客的立场看问题，把思考问题的角度从卖什么转变到帮顾客买什么。把自己从销售人员的角色转换成顾客购物参谋的角色，才能真正站在顾客的立场看问题。

第三点，充分把握顾客的真实需求。我们只有真正了解了顾客的需求，才能给顾客推荐合适的商品，顾客才能满意。

案例 3-4

一双晚到两天的鞋子

一天上午，男鞋柜组来了一位带着男孩子的男顾客，营业员小李连忙上前打招呼，顾客也不作答，所以小李就随着顾客走动为其做简单介绍。通过探询需求得知，这位顾客想给儿子买一双穿着舒服的鞋，尤其是要鞋底防滑透气性好。小李结合男孩的穿衣风格，为男孩推荐了一款今年流行的帆布鞋，拿了他需要的号试穿。男孩试穿后，还在地板上来回搓搓，试试鞋子，确实防滑，顾客挺满意，但小李看了一下说：“这个鞋子号有点儿小，穿着下午会挤脚的。”顾客很诧异地说：“现在感觉不出来啊。”小李为顾客解释：“上午的脚和下午的脚不一样，下午脚走路多，容易胀，男孩在学校活动量较大，鞋子正常穿的时候，在鞋后跟处能塞进一个手指穿着才舒服，所以要大一号更合适。”当小李给顾客换了大一号的鞋时，发现鞋子边缘处有一点残次，便对顾客说：“真不好意思，这款鞋子因为我没有检查到位，有点儿脱线，我们不能卖给您，要不您稍等几天，留下您的手机号，货到后我给您打电话，您再过来取？”顾客看了看鞋子说：“就是有点小问题，没事！不影响穿。”小李解释说：“我们商场有规定，不能把有残次的商品卖给顾客，因为我们对销售的每一双鞋子都要负责。”顾客听后，非常认同，微笑着说：“那我就再等两天吧。”鞋子到货后，她第一时间通知顾客来拿鞋，顾客非常感动。

【案例分析】

真正为顾客着想，是要站在顾客的角度思考问题，案例中鞋子顾客感觉满意，但并不意味着是最合适顾客需求的，小李针对顾客的情况，提出最适合顾客需求的鞋子，这才是真正地为顾客着想。

2. 投其所好法

投其所好法是指销售人员在销售过程中，善于捕捉顾客所好，并推介顾客所好的“东西”，以满足顾客的“特殊需要”。这种方法关注的不仅仅是产品的质量，更是特殊顾客的特殊需要。对具有“某种特殊需要”的顾客来说，他们首先注目的不是产品的质量，而是各自的需要。

欲投其好，须知所好。顾客之好，是一种虽容易体会却难把握的客观存在。把握他人之好，需要做好三个方面：一是寻好。各地顾客之好，就是最富于想象的人也难以想象。二是入微。要观察入微，把握特点，适得其好。三是采风。风是指风俗，民风习俗因地而异、各具特色。

图 3-3　浙江杭州宋城景区卫生间男女标识得到游客赞誉　摄影：马友惠

（二）唤起兴趣的示范类法

示范类法指通过对产品特征、功能、性质等展示以及使用效果等的演示和表演，使顾客看到商品带来的利益和好处的方法。示范类的方法主要可以分为实体展示法和三维全景虚拟现实展示法两大类。这两大类的方法目的都是通过展示、对比来唤起顾客的兴趣。

1. 产品实体展示

产品实体展示是指在展厅或展位中将产品所有的信息进行详细展示，直观地把产品摆在顾客面前，让顾客在看到产品的同时对产品的每一个信息都有一定的了解，以便顾客对商品进行鉴别、挑选，并以此引起顾客的购买兴趣。销售人员要注意以下几个方面：

（1）熟悉商品的质量和价格。顾客最关心的就是商品的质量和价格。他们总是努力寻找着质量与价格的最佳契合点，追求物美价廉的商品。所以作为销售人员一定要了解商品的质量和价格。顾客购买商品的动机是不同的，因而他们会购买不同型号、不同价格的商品。销售人员对商品要有充分的了解，针对不同的顾客，销售不同价位的商品。

（2）熟悉商品的用途及其局限性。销售人员要了解自己销售的商品的优缺点。既能向顾客介绍商品的优点，又能指出商品缺陷的原因。要针对商品的性能和服务对象，有针对性地强调，重点加以介绍，这样会收到更好的效果。

（3）了解商品与顾客需求之间的关系。顾客购买商品是为了满足自己的需要。销售人员应该首先弄清楚商品与顾客之间需求的关系。销售人员应该在一定程度对顾客的需求、愿望和动机有所了解。这样有利于提高销售人员的销售效率。

（4）展示应由浅入深。展示应先向顾客展示商品特定部位或特点，后向顾客介绍性能与作用。展示的顺序是先易后难，由浅入深。销售人员在向顾客介绍商品时切忌夸夸其谈，不理会顾客的反应，甚至做出不实宣传，这会引起顾客的反感，影响商品销售。

2. 三维全景虚拟现实展示法

三维全景虚拟现实（也称实景虚拟）是基于全景图像的真实场景虚拟现实技术。全景是把相机环 360 度拍摄的一组或多组照片拼接成一个全景图像，通过计算机技术实现全方位互动式观看真实场景的展示方式。

传统旅游类产品多采用二维图片方式进行展示，虽然图片精美，文案吸引力强，但跟三维虚拟展示相比较，差距很大。三维展示不仅使展示物体更加生动形象，还具有交互性，顾客可以直接从视觉获取所需要的各种信息。

随着三维技术的发展，三维虚拟展示将取代二维展示成为主流，它有以下几个明显的优势：

（1）界面美观：三维全景展示界面美观，视觉形象包装优秀，尤其是利用在旅游行业上面，更能体现出旅游景点的档次。

（2）画质清晰：采用最新设备和技术，让专业摄影师拍摄，做到高清晰度和高质量的画面的效果品质。高清晰度的全景漫游将使浏览者产生很强烈的临场感觉。

（3）带给人沉浸感：三维全景展示能够给人一种置身现场的感觉。临场感直接影响到浏览者接收信息的效果，从而激起顾客的兴趣和较好的信息传播效果。

（4）协助导航：结合地图导航，可以生成全景地图，让浏览者虚拟自助游，浏览更透彻。全景地图可以让浏览者交互操作浏览观看，没有视角限制。

（5）声音解说：利用三维全景展示技术制作的全景漫游或者全景地图，可以插入声音解说导游功能，每走到一个地点，根据需要，可以设定特定地点的介绍，采用标准播音员解说，方便浏览者了解相关信息。

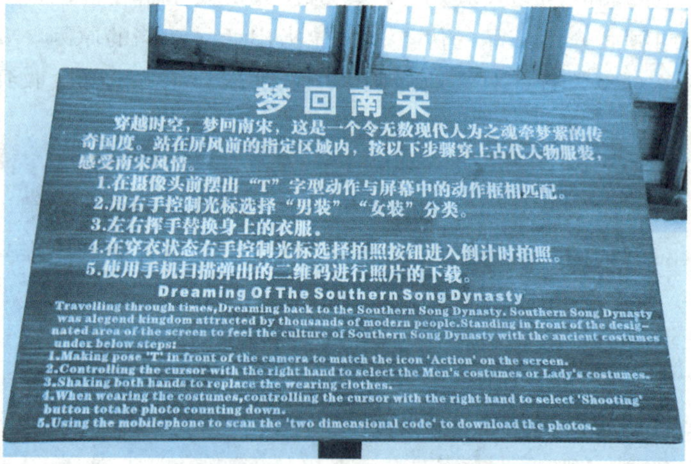

图 3–4　浙江宁波南宋石刻公园的三维虚拟换衣技术　摄影：马友惠

三、激发欲望的方法和技巧

激发购买欲望是指销售人员通过推销活动的进行，在激起顾客对产品的兴趣之后，使顾客产生对产品强烈拥有的愿望，从而导致顾客产生购买的欲望。

销售人员只有具备丰富的产品知识和了解顾客的需求，才能在推销中成功地激发顾客的“购买欲望”。如果销售人员能先激发顾客的购买欲望，顾客会开启自我说服模式，之后再介绍产品，顾客会认为销售人员是在帮助他，在帮他提供做出抉择的证据。

常见的激发购买欲望的方法有以下几种：

（一）多方证实法

多方证实法是指推销人员向顾客提供充分的证据和相关的资料，以及使用者的信息反馈，来证实其产品的可靠性，以达到吸引顾客、激发其购买欲望的目的。

运用多方证实法的技巧主要有：

1. 利用权威证书证实

在顾客的心目中对有关职能部门颁发的证书、奖状等都有较高的信任度。当顾客产生兴趣后，推销人员应及时地拿出一些权威部门的认证证书、检验证书、奖状证明或其他用户的使用情况等，有利于打消顾客的疑虑。

2. 利用有关技术资料证实

产品技术资料是指产品目录、产品样本和产品说明书一类的厂商产品宣传和使用资料。产品技术资料通常对定型产品的性能、构造、用途、用法和操作规程等做具体说明，内容成熟，数据可靠。技术资料能在一定程度上证实产品的真实性。

图 3–5　河北石家庄正定塔元庄农旅产品因新闻宣传扬名　摄影：马友惠

3. 利用传播媒介的宣传、报道与评论来证实

相对于销售人员自己提供的权威证书、技术资料这些证明材料，顾客更

容易相信大众传播媒介所进行的宣传、报道与评论。因此，销售人员平时注意收集传播媒介给产品的报道，在适当的时机将这类资料展示给顾客，促进顾客购买欲望的产生。

4. 利用用户情况证实

一部分顾客除对证书、技术性能关心外，还关心其他用户的使用情况。推销人员应充分利用顾客的这种心理，将其他用户的使用情况介绍给顾客，甚至可以将用户的联系方法告诉他们，让顾客听一下用户自己的意见，这样更容易消除顾客的疑虑。

（二）减少风险法

研究发现，顾客在做出购买决定之前，往往会考虑有没有功能 / 健康风险、财务风险、时间风险、社交风险和心理风险这五种风险，如果感知到有可能有其中的一种或者几种，那无论顾客对产品有多感兴趣，他们都可能不会购买。也就是说，如果一个品牌感知风险太高，无论打多少广告，都可能根本无法进入顾客的备选。

具体来说，降低风险的方法有以下几种：

（1）信任背书：通过专家证言、名人代言等信任背书，巧妙地把别人的信誉借过来。

（2）品牌忠诚度：塑造一直被使用的感觉，让人觉得你有很多忠实用户或者粉丝。

（3）塑造大品牌形象：人们通常相信大品牌是不会骗人的。

（4）独立检测：使用第三方组织的测试来降低风险。

（5）提价：顾客往往通过价格来猜测产品质量，往往认为价格越高的产品质量越可靠。

（6）提供试用机会：给顾客提前试用产品，降低选择失败的时间风险。

（7）口碑推荐：关注顾客二次传播，想办法激发顾客口碑推荐。

（三）利益诱导法

“诱导”从字面上理解是劝诱、引导的意思。利益诱导法是指销售人员利用产品能给顾客带来的现实利益或长远利益，诱导顾客购买欲望产生的一种方法。这种方法在推销谈判中最能引起顾客的兴趣，有利于营造一种融洽的气氛，有利于最终说服顾客。

一般的诱导不是违法行为也不是犯罪行为，因为营销的目的是希望没有消费想法的顾客进行消费，或者使消费愿望不是很强的顾客进行消费，特殊情形下对于老年人或者小孩等弱势群体的诱导可能构成不道德的销售行为。

销售人员在使用诱导法时，不能误导顾客，如果使顾客陷入错误认识并且处分了自己的财产则可能会构成诈骗。因此诱导消费，不能有欺诈行为。根据《中华人民共和国消费者权益保护法》第五十五条规定：经营者提供商品或者服务有欺诈行为的，应当按照消费者的要求增加赔偿其受到的损失，增加赔偿的金额为消费者购买商品的价款或者接受服务的费用的三倍；增加赔偿的金额不足五百元的，为五百元。

四、促成交易的方法和技巧

在销售活动中，顾客的购买行为是推销成败的关键，也是全部销售过程和销售努力的目的，因此，销售人员应该及时促成顾客的购买行为。促成交易是指推销人员要强化顾客的购买意识，培养顾客的购买意志倾向，促使顾客产生实际购买行动。

（一）促成交易时间的方法

促成交易的时机稍纵即逝，销售人员必须善于观察，通过顾客的表情、眼神、手势等，可以去发现顾客的内心真实想法，及时把握时机，快速促成交易。

生活中的一些习惯动作和微表情，准确地反映了人们的心理活动。同样，顾客在消费的过程中，也会通过微表情和肢体语言将自己的内心真实想法流露出来。销售人员如果能积极捕捉顾客这些习惯性的动作和微表情，就能准确地把握顾客的心理，更好地促使顾客达成合作。

具体可以从四个方面来把握时机。

1. 从顾客的表情来把握

人是感情动物，情感流露是人的本性，常见的“笑逐颜开”“怒发冲冠”都是感情流露在面部上的表现。丰富的表情是顾客心理活动的一面镜子，只要善于察言观色，捕捉对方面部表情所流露的情感信息。就可以从这面镜子中看到交易成功的希望。

（1）眼神变化。眼神是内心活动的一面镜子，不同的眼神代表着不同的含义。眼睛信息是最有价值、最为准确的。把握常见眼神的含义，会给销售工作带来很大的帮助。在销售过程中，顾客常见的眼神可以分为沉静型、怀疑型、柔和型和好奇型四种类型。沉静型的顾客很有主见，不会被销售人员华丽的说辞所迷惑；怀疑型的顾客对销售人员充满了怀疑，看向销售人员的眼神也充满着不信任；柔和型的顾客真诚，对人很少有戒心；好奇型的顾客对不熟悉、不了解的产品充满好奇心。

（2）面部肌肉。面部肌肉的变化主要是通过眉毛和嘴巴相互之间的配合体现出来的。心理学上称之为“眉语”，是指在特定的语言环境中，人们有眉毛舒展或收敛等动作代替语言，以此表情达意。“眉目传情”“眉来眼去”就是眉语的交流和运用。常见的眉语有以下几种：扬眉，表示在销售过程中，商品正合顾客的口味，顾客有一种“踏破铁鞋无觅处”的欣喜；皱眉，表示顾客对销售人员介绍的商品或所说的话，不喜欢而且有较强的抗拒心理；耸眉，表示顾客不愿意接受商品；闪眉：表示成交的可能性就很大。

2. 从顾客的动作来把握

在很多情况下，人们嘴巴说的和肢体语言所传达的意思是不相符的。人的嘴巴可能会说谎，但身体很难说谎。销售人员要善于从顾客的肢体语言中抓住真实的信息，来达成销售的目标。

（1）头部。头部是人体的“司令部”，人的眼睛、耳朵、舌头和鼻子会把外界的信息输送到大脑。大脑会根据所搜集到的信息，有针对性地做出反应，并以同步动作的形式呈现。因此，头部应该是销售人员观察顾客肢体语言的重点部位。头部是人体活动最频繁的部位。点头、摇头、抬头、歪头、低头等传递着动作实施者内心的真实情感和态度。

（2）手。现代科学研究证明，手可以感受到来自内心的振动，所以人的心理变化会迅速地通过手部动作反映出来。所以可以将顾客的手部动作视为其内心活动的“心电图”。常见的手部动作有搓手掌和用手遮住嘴巴。搓手掌最常见的意思是对某些事物抱有期待，是饱含自信的期待。用遮住嘴巴往往意味着顾客在说谎。

（3）脚。英国心理学家莫里斯经过研究发现了一个有趣的现象：“人体中越是远离大脑的部位，其可信度越大。”因此，脚才是人体中最诚实的部位。脚远离大脑，绝大多数人都很少留意这个部位，它比脸和手的诚实度更高，于是构成了人们独特的心理泄露——脚语。常见的脚部动作有张开双腿、脚踝相扣和脚尖踮起。分别表示顾客很自信；顾客内心犹豫；顾客愿意合作。

3. 从顾客的语言来把握

在销售过程中，销售人员还要善于从顾客的语言细节来抓住时机，达成销售目的，当顾客对产品有了一定的兴趣和关注，有了购买的欲望，才会开始提出异议、讨价还价。当顾客开始对产品的一些小问题，如包装、颜色、规格等提出具体意见和要求，表明顾客已经基本决定购买产品了，销售人员应该及时解决顾客的疑虑，促成销售目标达成。

（二）促成交易的技巧

1. 直接请求成交法

这种方法也叫直接发问法。用简单明了的语言，直截了当地向顾客提出成交要求的一种方法。采用这种方法，推销人员看准时机，主动“出击”。在合适的条件下使用请求成交法，才能达到预期效果。

2. 解除疑问法

解除疑问法是指在成交阶段，顾客异议已经发生，在这种情况下，针对顾客异议设法转化解决，促使推销成功的一种方法。一般情况下，解决成交阶段的异议不能再用推销异议的处理办法和推销提示语言。需要通过异议探测，有针对性地解除顾客的疑问。

3. 假设成交法

这种方法是建立在“顾客会买”的肯定假设上，推销人员以此为出发点，逐步展开各种推销方法，一旦取得进展就可向顾客提出成交请求。使用这种方法，推销人员人为地提出了推销人员与顾客谈判的起点，让顾客觉得成交是不可避免的。

4. 诱导选择成交法

诱导选译成交法是指由推销人员为顾客确定一个有效的选择范围，并要求顾客立即做出抉择的成交方法。这是一种极好的方法，向顾客提供两种不同的选择，使其在两者之中选其一，而不让其有可能做出第三种选择。

5. 从众成交法

从众成交法是指推销人员利用顾客的从众心理，引诱或促使顾客立即购买推销的服装产品的一种成交方法。推销人员在运用从众成交法时所使用的各种方式必须以事实为依据，以信用为准绳，不可以捏造事实欺骗顾客，否则，顾客的从众效应，反而会影响服装店的信誉，破坏推销工作。

图 3–6 浙江杭州西溪湿地一家酒吧利用逆反心理促销 摄影：马友惠

6. 激将成交法

激将成交法是指推销人员利用反暗示原理促使顾客迅速成交的一种方法。推销人员通过一定的语言技巧刺激顾客的自尊心，促使顾客在逆反心理作用下完成交易行为。激将成交法适用于特殊的顾客，尤其对那些高傲孤僻、严肃拘谨、不擅人际交往、不重感情、轻视别人、主观固执、自以为是、自尊心强、心胸狭隘的顾客效果更佳。使用激将成交法要把握分寸，善意刺激，促使顾客反其道而行之。

7. 提示成交法

提示成交法是指推销人员通过对推销品的优点及购买以后的利益进行概括汇总提示，促使顾客做出购买决定的方法。只要推销人员明确列举商品的特征、优点与效益，并保证满足顾客的需求，让顾客自已来衡量其中的得失。

五、售后服务的升级与增值

售后服务，就是企业在商品出售以后给顾客所提供的各种服务活动。从推销工作来看，售后服务本身同时也是一种促销手段。在追踪跟进阶段，推销人员要采取各种形式的配合步骤，通过售后服务来提高企业的信誉，扩大产品的市场占有率，提高推销工作的效率及收益。

在市场激烈竞争的商品社会，随着顾客维权意识的提高和消费观念的变化，顾客不再只关注产品本身，产品的保修、售后服务等有关规定可使顾客摆脱疑虑，增加购买的欲望，下定决心购买产品。在同类产品的质量与性能都相似的情况下，更愿意选择这些拥有优质售后服务的公司。

（一）售后服务的内容

售后服务是企业在商品出售以后为顾客所提供的各种服务活动。按销售过程中产品流通渠道，可以将售后服务分为：对中间商的售后服务和对最终顾客的售后服务两大类，两种售后服务内容差别并不大，只是在工作重点上略有差异。具体来说是以下几个方面的内容：

1. 对中间商的售后服务

（1）要认真履行合同，根据合同约定，及时、准确地将产品交到中间商手中。

（2）及时传递与产品相关的宣传资料和广告。

（3）做好产品的安装与调试工作。

（4）做好专业技术知识的培训。

（5）定期或不定期进行意见调查。

（6）建立顾客资料卡。

（7）加深交往，巩固关系。

2. 对最终顾客的售后服务

（1）建立和完善售后服务的维修站。

（2）及时向最终顾客提供咨询。

（3）为最终顾客提供送货、安装和调试等服务。

（4）为最终顾客提供技术培训、产品维护知识的讲座。

（5）及时了解顾客对产品的意见，正确地处理投诉。

（二）售后服务的策略

1. 全面售后服务策略

全面售后服务策略指企业为消费者提供所需要的产品售后全过程的所有服务，这种策略几乎适用于所有经济价值高、寿命周期长、结构复杂和技术性强的产品，同时，能够最大范围地获得消费者的满意，增强企业的竞争能力，扩大市场占有率，给企业带来良好的经济效益和社会效益。

案例 3-5

日本汽车进入欧洲市场

20 世纪 70 年代初，日本的汽车厂商急于打开广大的欧洲市场，为了提高日本汽车的知名度，赢得欧洲顾客的青睐，采取了积极的广告宣传攻势，优质价廉的营销组合策略等一系列营销手段，却忽视了售后服务，因此始终达不到理想的效果，市场占有率仅为 12%。过了一段时间，聪明的日本商家调整了产品策略，在欧洲各地建立了数万个汽车服务和维修网点，采取全面售后服务策略，消除顾客的不满情绪，提高日本汽车的知名度和美誉度，使市场占有率一下达到 43%，收到了预想的效果。

【案例分析】

日本汽车成功进入欧洲市场的原因，除了保持质优价廉的传统后，更重要的是采取了全面的售后服务，消除了顾客的不满情绪。

2. 特殊售后服务策略

特殊售后服务策略指企业向消费者提供大多数其他企业所没有的售后服务。最大限度地满足消费者的需要，这种策略适用于经济价值比较高，寿命周期不太长的产品，特别是季节性和专利性产品。这种策略往往具有这样几个特点：

（1）反映企业优良的产品特色和独特的服务项目，在满足顾客物质需要的同时，在心理上也获得充分的享受。

（2）满足特殊消费的特殊需要。由于生理、心理和文化背景的不同，一部分消费者具有特殊服务的要求，企业应通过特殊服务来予以满足。产品售后服务的竞争是经营者智慧和创新的竞争。精于思考，别出心裁，必然使产品销路不断拓宽，赢得消费者的欢迎。

3. 适当售后服务策略

适当售后服务策略指企业根据经营目标、市场环境，产品特点和消费者需求，仅仅对购买者的某些服务项目提供特定的服务，这种策略普遍适合中小型企业采用。

适当售后服务策略的优点是可以有效地减少和控制生产和服务成本，将企业有限的人力、物力、财力投入到开发和生产领域，从而扩大生产规模，开拓市场。缺点是有可能引起消费者的不满，削弱竞争力。

（三）顾客投诉的处理

1. 顾客投诉的概念

顾客投诉是指顾客对企业产品质量或服务上的不满意，而提出的书面或口头上的异议、抗议、索赔和要求解决问题等行为。

顾客投诉是顾客对商家的产品质量问题、服务态度等各方面的原因，向商家主管部门反映情况，检举问题，并要求得到相应的补偿的一种手段。

2. 处理顾客投诉的流程

一般情况下，顾客投诉处理流程包括以下几个步骤：

（1）记录投诉内容。根据顾客投诉登记表详细记录顾客投诉的全部内容，如投诉人、投诉时间、投诉对象、投诉要求等。

（2）判断投诉是否成立。在了解顾客投诉的内容后，要确定顾客投诉的理由是否充分，投诉要求是否合理。如果投诉并不成立，就可以委婉的方式答复顾客，以取得顾客的谅解，消除误会。

（3）确定投诉处理责任部门。依据顾客投诉的内容，确定相关的具体受理单位和受理负责人。

（4）责任部门分析投诉原因。要查明顾客投诉的具体原因及造成顾客投诉的具体责任人。

（5）公平提出处理方案。依据实际情况，参照顾客的投诉要求，提出解决投诉的具体方案，如退货、换货、维修、折价、赔偿等。

（6）提交主管领导批示。针对顾客投诉问题，主管领导应对投诉的处理方案一一过目，并及时做出批示。根据实际情况，采取一切可能的措施，尽力挽回已经出现的损失。

（7）实施处理方案。处罚直接责任者，通知顾客，并尽快收集顾客的反馈意见。对直接责任者和部门主管要根据有关规定做出处罚，依照投诉所造成的损失大小，扣罚责任人一定比例的绩效工资。对不及时处理问题而造成延误的责任人也要追究相关责任。

（8）总结评价。对投诉处理过程进行总结与综合评价，吸取经验教训，并提出改善对策，从而不断完善企业的经营管理和业务运作，提高顾客服务质量和服务水平，降低投诉率。

3. 处理顾客投诉的技巧

顾客投诉是因为顾客认为自己的利益受到了侵犯，所以在投诉时往往带着大量的负面情绪，售后服务人员在处理顾客投诉时一定要注意技巧，归纳起来，可以分为以下几种：

（1）态度好一点。顾客有抱怨或投诉就是表现出顾客对企业的产品及服务不满意，如果在处理过程中态度不友好，会让顾客心理感受及情绪很差，会恶化与顾客之间关系。态度谦和友好，会促使顾客平解心绪，理智地与服务人员协商解决问题。

（2）耐心多一点。在处理过程中，应耐心地倾听顾客的倾诉，不要轻易打断顾客的叙述，鼓励顾客倾诉下去，让顾客尽情发泄心中的不满。当顾客得到了发泄的满足之后，自然就能听得进服务人员的解释和道歉了。

（3）动作快一点。一般接到顾客投诉或抱怨的信息，即向顾客电话或传真等方式了解具体内容，然后在企业内部协商好处理方案，最好当天给顾客答复。处理投诉的动作快，一来可让顾客感觉到尊重，二来表示企业解决问题的诚意，三来可以及时防止顾客的负面传播对企业造成更大的伤害，四来可以让损失最小。

（4）语言得体一点。顾客对企业不满，在发泄不满的言语陈述中有可能会言语过激，服务人员在解释问题的过程中，措辞应该十分注意，尽量用婉转的语言与顾客沟通，即使是顾客存在不合理的地方，也不要过于冲动，避免恶化彼此关系。

（5）补偿多一点。顾客投诉很大程度是因为顾客采用企业的产品后利益受损，顾客投诉之后，往往会希望得到补偿。在合理而可能的情况下，企业给顾客的补偿尽量多一点，让顾客感受到企业的诚意。

（6）办法多一点。很多企业处理顾客投诉和抱怨的结果，就是给顾客慰问、道歉或物质补偿、赠小礼品等。其实解决问题的办法有许多种，除上所述手段外，可邀请顾客参观企业，或邀请顾客参加企业内部讨论会，或者给顾客奖励等。

（7）层次高一点。顾客提出投诉后都希望自己的问题受到重视。高层次的领导亲自处理，会化解许多顾客的怨气和不满，会让顾客处理问题的配合度得到较大提升。因此处理投诉和抱怨时，如果条件许可，应尽可能提高处理问题的服务人员的级别。

第三节　休闲旅游产品销售服务

销售通俗地讲就是卖东西，把产品卖出去。具体来说是指企业以出售、租赁或其他任何方式向第三方提供产品或服务的行为，包括为促进该行为进行的有关辅助活动，例如广告、促销、展览、服务等活动。或者说，销售是指实现企业生产成果的活动，是服务于客人的一场活动。

休闲旅游产品销售就是休闲旅游产品企业向休闲旅游者提供本企业的休闲旅游产品或者服务，让休闲旅游者获得身心满足的过程。

休闲旅游者有了旅游需求和旅游动机后会进行多家公司产品的比较。销售人员应掌握相应的销售技巧和方法，积极向休闲旅游者推荐本公司的产品，引导休闲旅游者购买本公司的产品。促使休闲旅游者达成交易的关键是满足他们的欲望，公司的具体产品是什么并不重要，重要的是通过休闲旅游产品这个媒介，旅游者可以得到某种欲望或者情感上的满足。

一、销售策略

不管客人有无确定的旅游意向，销售员在销售产品时一般有三个步骤：首先列出旅游产品的一些卖点或者亮点等特色；然后说明产品特征和功能能够满足客人的需求；最后让客人认识购买该旅游产品能获得的利益。

通过接待客人时候的察言观色和简单咨询后，销售员了解到该客人有旅游动机和旅游需求。这时候销售员要主动商谈，进一步了解客人的旅游意向，包括旅游产品、出游时间、客人可接受的价格等；有针对性地向客人提出建议购买的产品。这时候的销售有两个原则：一是满足客人的需要，按客人的需要销售产品；二是要引导客人消费，努力收窄客人的思维而不是跟着客人的思维。一般销售产品时采用的方法主要有：

（1）直接建议法：直接建议客人购买某产品，直接推荐公司热销的产品。

（2）比较产品法：推荐销售促使客人做出购买决定具体一种旅游产品，一般让客人比较两种产品，二选一，选择多了会难以决定。例如让客人选择是去日本还是韩国，去云南还是四川。

（3）把握机会法：销售员让客人觉得机会难得，错过了就很难再买到，会很可惜，例如特价、打折、促销、VIP 优惠、赠送等。让客人一定要把握机会，如果现在不买以后肯定买不到了。

（4）突出优势法：销售员在销售时要善于突出产品的优势，让客人不要为产品的缺憾而犹豫。销售员要将产品的优势、好处全部罗列出来，让客人对产品有信心。

（5）他人案例法：销售员在客人对产品还有疑虑时，可以适当地介绍他人购买该产品后成功或者愉快的旅游经历的案例，来促使客人做出购买决定。

以上 5 种方法是常见的销售方法，在实践中还可以总结出一些适合自己的产品销售方法。需要谨记的是销售不是催促客人购买而是真诚地以旅游专家的身份建议客人购买。

二、销售技巧

（一）叙述性语言的表示技巧

所谓“叙述性”，多指文学作品中以恰当的形式对受众讲述或表达特定的内容。而产品语言的叙述性正是参考了上述文学的提法，指由符号性的产品语言形成的造型，能像文章一样讲述故事；在满足使用功能以外追求某些表达功能，传达某些深刻意义，同时也为受众所接受理解。叙述性语言的表达技巧常见的有以下三种方法：

（1）对比介绍法：对比两个产品，在对比中让客人自行选择，尊重客人。

（2）描述说明法：描述产品的亮点和特色，激发客人兴趣，进而决定购买。

（3）特征、优点、利益展示法：向客人展示产品的特征、优点和利益，迎合客人心理。

（二）劝说式语言的表示技巧

劝说是一种常见的口语交际形式，即用充分的理由和委婉的方式动员他人去做某件事、进行某种活动，或阻止他人不做某件事、不进行某种活动。在推销中，常用的劝说式语言的表示技巧有下面 3 种：

（1）运用以客人为中心的句式、词汇。

（2）用假设句式会产生较强的说服效果。

（3）强调客人可以获得的利益比强调价格更重要。

（三）发问式语言的表示技巧

提出问题发现客人需要，是诱导客人购买的重要手段。有人说，销售是一门正确提问的艺术。销售员发问法的技巧有：

（1）根据谈话目的选择提问形式。

（2）巧用选择性问句，可增加销售量。

（3）用肯定性诱导发问法，会使对方易于接受。

（4）运用假设问句，会使推销效果倍增。

三、项目定价

（一）项目定价的含义

定价，是市场营销学里面最重要的组成部分之一，主要研究商品和服务的价格制定和变更的策略，以求得营销效果和收益的最佳。定价方法，是企业为了在目标市场上实现定价目标，而给产品制定的一个基本价格或浮动范围的方法。

（二）项目定价的影响因素

影响定价决策的因素包括企业的营销目标、顾客、竞争对手、成本和其他外部因素。

1. 营销目标

要了解价格和制定价格，首先要明确的是公司的目标是什么。如果营销部门已经对于公司目标有一个清晰的把握，那么确定价格在内的营销组合，便是一件相对容易的事情。定价成功与否很大程度上取决于定价决策和公司目标的契合度。

2. 顾客

在明确了解营销目标以后，我们有必要了解客户的要求，因为是他们决定了产品定价正确与否。客户的要求并不是一成不变，必须要了解他们现在需要的是什么，公司产品必须随着客户的需求进行匹配，进行调整。

3. 竞争对手

在制定价格之前，应该对市场上竞争对手的产品价格、质量和各方面的性能有一个全面的了解，并以此为基础对自身的产品进行定位，才能使产品价格更有针对性和竞争力。

4. 成本

成本是企业能够为产品设定的底价。企业在制定产品的价格时，如果不能覆盖生产、分销和管理等方面的成本，就有可能是亏本的，不能给投资人带来相应的回报。

5. 其他因素

在企业定价的过程中，除了顾客和竞争对手，还必须考虑其他外部因素。一个国家或地区的经济条件，如经济周期、通货膨胀和利率等对企业的定价策略有重大的影响。

（三）项目定价的策略

1. 渗透定价法

渗透定价法是指以低价进入市场，把价量之秤的砝码尽量加到量的极致，获得极高的销售和占有率，又导致成本降低，价格接着降的定价方法。用户群体是对价格敏感的人群。

渗透定价有明显的优点，第一，低价可以使产品尽快为市场所接受，并借助大批量销售来降低成本，获得长期稳定的市场地位；第二，微利阻止了竞争者的进入，增强了自身的市场竞争力。渗透价格的缺点是企业只能获取极低的毛利。

2. 撇脂定价法

撇脂定价法是指当生产厂家把新产品推向市场时，利用一部分消费者的求新心理，定一个高价，像撇取牛奶中的脂肪层那样先从他们那里取得一部分高额利润，然后再把价格降下来，以适应大众的需求水平。用户群体是对价格不敏感的人群。

撇脂定价法的前提是，产品必须因为品牌、科技、创新、创意而拥有定价权。撇脂定价法的优点是可以获得超额利润，缺点是有众多的竞争对手入场竞争，再者撇脂定价法会牺牲一定的销量。

3. 组合定价法

组合定价法，就是通过把不同商品组合在一起，集合定价，获取最大销售利益的定价方法。

组合定价法，是对价格锚点等消费心理学、二段收费等基础商业逻辑的集大成应用。常用的组合方式有产品线定价、备选品定价、互补品定价、副产品定价、捆绑式定价、分部式定价等组合方式。

4. 价格歧视定价法

价格歧视定价法，就是研究如何尽量吃掉消费者剩余，同一件商品，如何让 A 付出 30 元，让 B 付出 20 元。核心在于区隔消费者，把有支付能力的人找出来。

常见的价格歧视有三种类型：第一，个体歧视，让每个人付出他能付出的最高价格；第二，销量歧视，买得越多越便宜；第三，区隔歧视，如区域歧视（不同地域不同价格）、人群歧视（老人票、儿童票）、时间成本歧视（电影院的上午场、夜场就便宜，下午场和晚场贵）。

5. 消费者定价法

消费者定价法，就是拍卖。拍卖，是一种特殊的定价策略。这种策略中，蕴含着信息经济学、激励理论、博弈论等重要学问。

消费者定价通常实现的方式是“拍卖”和“逆向拍卖”。拍卖，就是在供小于求、一物难求、卖方主动的情况下，通过消费者竞标的方式，获得最高成交价的一种消费者定价策略。逆向拍卖，就是在供大于求、库存压力大、买方主动的情况下，通过商家竞标的方式，尽量用低价满足价格敏感者，实现消化库存的目的。

四、合同服务

当客人完成了咨询有明确出游意向后，旅游交易开始达成。销售人员要根据各公司的操作要求，按规定签订合同，收取资料和费用。

（一）休闲旅游服务合同

我国没有专门的法律法规对旅游合同做出规定，我国《合同法》中也没有专门的旅游合同条款。但作为合同的一种，旅游合同同样要遵守我国《民法通则》和《合同法》的相关规定。出现合同纠纷时，也主要应依据这两部法律来解决。

通常认为旅游合同是旅游者与旅游企业以及旅游企业之间设立、变更、终止民事权利义务关系的协议。

旅游合同具备一般合同的特点，但旅游合同还具备自身的特点，主要是：

1. 旅游合同当事人一方具有恒定性

任何人都可能成为旅游者而成为旅游合同的主体，与旅游相关的企业也可能成为旅游合同的一方，而合同的另一方只能是旅游企业。

2. 旅游合同标的具有特殊性

旅游合同的标的就是旅游产品，即旅游企业凭借旅游吸引物和旅游设施，向旅游者提供用以满足其旅游活动需求的全部服务。因此，旅游产品与以物质形态表现的具体劳动产品相比是一种极特殊的产品。这种产品的特殊性表现在：

（1）旅游产品的无形性和不可储藏性。

（2）旅游产品的不可移动性。

（3）旅游产品的综合性。

（4）旅游产品生产与消费的同时性。

（5）旅游产品信息的非对称性。

对休闲旅游企业而言，休闲旅游合同指的是休闲旅游企业与休闲旅游者之间或休闲旅游企业与其他休闲旅游企业之间签订的明确双方在旅游过程中权利义务关系的协议，其中最典型的就是休闲旅游企业与休闲旅游者之间签订的协议。

（二）合同服务流程

不同的公司根据各自的操作系统或工作方式，可能会有不同形式的合同签订形式，但主要的操作方式大致相同，主要有以下几个步骤：

1. 确认产品内容。
2. 指导客人填写（或帮客人填写）真实资料。
3. 收取证件资料并核对资料。
4. 向客人解释合同的要点和特别约定的内容。
5. 签订相应的合同。
6. 准确录入客人资料，让客人核对签名。
7. 收取费用和打印发票。
8. 向客人赠送礼品并送客人离店。
9. 整理客人资料，与客人保持联系。

（三）休闲旅游合同的种类与签订

在2013年《中华人民共和国旅游法》颁布前，旅游合同可分为包价旅游合同、自由行旅游合同和代办旅游合同。《旅游法》颁布后，自由行旅游合同已归入包价旅游合同中，目前，旅游合同分为包价旅游合同和代办旅游合同。

1. 包价旅游合同

包价旅游合同，是指旅游企业预先安排行程，提供或者通过履行辅助人提供交通、住宿、餐饮、游览、导游或者领队等两项以上旅游服务，旅游者以总价支付旅游费用的合同。

案例 3-6

自由行合同的签订

吴小姐2人想到三亚度假，但他们不想跟随行程紧密的旅游团行程，因此她预订了8月12日至8月14日的三亚自由行产品，请你为其办理自由行的合同签订工作。

【案例分析】

三亚机票 + 酒店的自由行模式比较成熟，酒店服务也比较完善，因此需要向客人说明自由行中所包含的服务、酒店里可以享受的服务、推荐自行游玩的项目等，避免客人因没有享受到某些服务而产生投诉。自由行预订合同签订的办理步骤：

（1）找出国内自由行委托合同展示给客人填写。

（2）咨询客人，帮客人填写基本资料。

（3）核对客人资料，录入系统，生成订单附件：国内自由行委托确认单。

（4）请客人核对订单附件资料是否真实无误，解释预订包含的项目和内容，提醒客人预订单中的注意事项。

（5）客人确认一切无误后签名，销售人员在合同盖上业务章。

国内自由行委托确认单

<table>
<tr><td colspan="6">委托项目：三亚自由行 20210112</td></tr>
<tr><td rowspan="4">委托人名单</td><td colspan="2">姓名</td><td>证件号码</td><td>联系电话</td><td>费用</td></tr>
<tr><td colspan="2">吴晓玲</td><td>440104 ×××××××× 5046</td><td>1371909 ××××</td><td>2599 元</td></tr>
<tr><td colspan="2">余悠游</td><td>440103 ×××××××× 3310</td><td>1802287 ××××</td><td>2599 元</td></tr>
<tr><td colspan="5"></td></tr>
<tr><td rowspan="2">酒店</td><td colspan="3">名称：海棠湾——开维·凯宾斯基</td><td colspan="2">房间类型 海景大床房 1 间</td></tr>
<tr><td colspan="5">住宿天数 2021 年 1 月 12 日至 2021 年 1 月 14 日 3 天 2 晚</td></tr>
<tr><td rowspan="2">机票
火车</td><td>去程</td><td colspan="4">航班 / 车次：广州—三亚 CZ6732 时间：1 月 12 日 10：25</td></tr>
<tr><td>返程</td><td colspan="4">航班 / 车次：三亚—广州 CZ6729 时间：1 月 14 日 19：10</td></tr>
<tr><td colspan="2">其他交通工具</td><td colspan="4">无</td></tr>
<tr><td colspan="2">费用合计</td><td colspan="4">2599 × 2=5198 元</td></tr>
<tr><td colspan="2">订单包含 / 不包含内容</td><td colspan="4">包含内容：
1. 免费三亚机场至酒店接送服务；2. 两晚指定房型住宿；3. 赠送丰盛西式自助早餐两份；4. 大堂吧免费品尝欢迎清凉特饮；5. 免费乘坐贡多拉船游酒店内河 1 次；6. 免费享用酒店精致高尔夫果岭推杆体验 1 次；7. 免费参观艺术馆 1 次；8. 免费使用酒店健身中心、特色休闲泳池及私家沙滩等。
不包含内容：
1. 酒店基金 11/ 人 / 日，当地个人消费。</td></tr>
<tr><td colspan="2">备注</td><td colspan="4">自由行套餐一经预订不得更改与取消。</td></tr>
</table>

续表

旅客须知： 1. 游客自行前往广州白云机场； 2. 请仔细核对姓名、航班时间、行程、价格等旅游相关信息，是否符合您的要求； 3. 温馨提示：自由人属于单项委托服务，退团需要由您支付产品的损失费用，以您通知取消时实际操作损失为准。特别提醒：特价自由行产品，机票出票后不得签转、更改、退票；酒店及其他附加产品产生取消按 100% 损失费用收取； 4. 海南三亚机场免费接送服务（节假日除外）要求：…… 5. 三亚旅游温馨提示：……
客人确认签名：吴晓玲　　　　　　　　日期：2021 年 1 月 8 日

［案例来源：陈波．旅行社运营实务［M］．2 版．北京：高等教育出版社，2020.］

2. 代办旅游合同的签订

为了避免自助旅游的不足同时又希望能保留相当的自由支配空间，旅游者多会选择就某些旅游给付委托旅游企业办理，借助旅游企业的专业知识、职业经验和业务渠道，获得完满的旅行。在这种情况下，有关的合同在给付提供人和旅游者之间成立，旅游企业并不介入他们的合同，旅游企业与旅游者之间成立的是旅游代办合同。

旅游代办合同是根据《中华人民共和国合同法》《中华人民共和国旅游法》《旅游企业条例》等法律法规的规定，双方本着平等、自愿、公平和诚实信用的原则，就委托代办事项达成一致而签订代办委托合同。

案例 3-7

代办委托合同的签订

有一客人刘燕华到门市预订香港 4 月 1 日晚入住酒店，预订香港广州宾馆，要求非吸烟楼层，希望是高层房间。经公司电脑系统查询得知 4 月 1 日晚有房，房价是 400 元 / 晚，但不一定是非吸烟楼层和高层房间，客人表示接受。请你为客人办理预订业务。

【案例分析】

根据客人的需求，营业员需要通过电脑或电话向公司订房部门查询房源是否充足，是否能满足客人需求。若无房或无法满足客人需求，需要耐心向游客解释，并说明无法满足需求的原因，并建议游客选择其他同类型的酒店或其他房间。另外有关酒店入住、退房、取消预订房等事项要向客人做出提示和解释。营业员为刘燕华客人办理订房合同签订的步骤。

（1）找出预订房酒店入住单展示给客人填写。咨询客人，帮客人填写基本资料。

（2）核对客人资料，录入系统，生成预订确认单。

部分旅游企业为三联合同填写客人信息和印刷好订房须知等条款。需要营业员协助游客填写核对资料，确认无误后盖章，待公司电脑系统确认或电话确认后与客人口头或书面确认预订成功，订房才算得到最终的确认。

部分旅游企业电脑系统在录入资料后生成订房业务的酒店确认单，正式确认订房成功。请打印让客人核对资料和认真阅读订房须知，并向客人做出温馨提示，然后签名确认，营业员也签名或盖上公司公章，订房的合同签订完成。

（3）让客人看清楚酒店确认单的订房须知并签名，营业员在合同上盖业务章。

酒店确认单

订单号：　　　　　　　　　　　　填写日期：2021年3月20日

<table>
<tr><td>客人姓名
刘燕华</td><td>旅客电话：
1371909××××</td><td colspan="2">酒店名称
香港广州宾馆</td><td colspan="2">酒店地址</td></tr>
<tr><td>入住日期
2021-04-01</td><td>离开日期
2021-04-02</td><td>晚数
1</td><td>房型
双床房</td><td>房数
1</td><td>包含内容 / 备注：</td></tr>
<tr><td colspan="5">温馨提示：
1. 凭“刘燕华”名字入住，房间保证入住，全程不可取消、不可更改，房费不退。
2. 您的特殊要求“非吸烟楼层、高层房间”要到达酒店方能确认是否能满足您的要求。</td><td rowspan="2">1. 不含早。
2. 客人要求入住非吸烟楼层，高层房间。</td></tr>
<tr><td colspan="5">价格：400</td></tr>
<tr><td colspan="6">订房须知（请认真阅读）
1. 请凭有效证件到所预订的酒店前台办理入住手续。
2. 客人向旅游企业缴付房费后，要求取消或更改订房，务必在入住三日前向我社书面提出申请。
3. 正常情况下，酒店的入住时间为15点，退房时间为正午12点。
4.……</td></tr>
<tr><td colspan="6">本人已明确订房须知内容，并确认以上入住单内容无误。
客人签名：刘燕华　　门店经办人员签名：李××</td></tr>
</table>

生成预订确认单后，需要提醒客人看清楚订房须知，提醒入住时间、退

房时间、取消与预订房的各种费用情况等，最后签名确认。

〔案例来源：陈波．旅行社运营实务［M］．2版．北京：高等教育出版社，2020.〕

3. 线上签订电子合同业务

部分大型传统旅游企业和线上旅游企业已经开发出微信确认的电子合同和线上支付系统用于门店销售中，便于客人快捷在线确认和签订合同，提高门店销售人员的工作效率。电子合同的签订与常规门店签订合同的流程差异主要在于合同签订的形式和付费形式上，主要有以下步骤：

销售人员与客人网络上确认线路行程后通过公司网站、微信公众号等填写报名表，完成线上下单，生成付款码或支付链接；

销售人员通过公司内部系统根据各产品类型创建合同，帮客人完成报名表资料录入，填写合同约定内容等资料；

按照系统要求完成必要的资料填写和核对，申报（生成）合同，生成合同签名二维码或合同文档链接；

销售人员需识别二维码或打开链接再次核对，无误后可以发链接给客人签名；

发送文字指引指导客人核对信息和签名确认；

客人通过付款码或付款链接完成费用支付，如需开发票则在支付后点击发票按钮或链接，填写相应的发票信息开具发票。

（四）旅游保险的办理

1.《旅游法》中关于旅游保险的规定

（1）《旅游法》第五十六条　国家根据旅游活动的风险程度，对旅游企业、住宿、旅游交通以及本法第四十七条规定的高风险旅游项目等经营者实施责任保险制度。

旅游活动具有群体性、异地性的特点，旅游经营场所属于公众聚集场所，较易发生安全事故。因此，基于以下几点考虑，本条进一步确认了现行的旅游企业和旅游交通的责任保险制度，并对住宿和高风险旅游项目等经营者实施责任保险制度：一是有的经营场所属于人员密集场所，有的经营活动风险程度较高，一旦发生群体性伤亡事故，需要大量赔付资金。实行责任保险制度，有利于旅游企业转移风险，提高赔付能力，保障旅游者的利益。二是法定强制责任险有利于降低单个经营者投保责任险的保费。三是我国旅游者投保商业险的意识相对较低，规定强制责任保险制度，有利于提高经营者的风险防范和保险意识。

（2）《旅游法》第六十一条　旅游企业应当提示参加团队旅游的旅游者按照规定投保人身意外伤害保险。

由于旅游服务跨地域、易受外界条件影响等特性，发生意外事件的情形时有发生，并导致旅游者人身受到损害。特别是由于不可抗力等客观原因引起的，则往往无法通过损害赔偿责任获得救济。因此，在客观上有必要通过保险的方式分散风险。

鉴于我国旅游者投保人身意外保险的意识有待提高的现实，本法规定由旅游企业提示旅游者投保人身意外保险，逐渐树立旅游者自我保护意识。

2. 旅游保险的类型

目前，我国的旅游保险主要有两大类，旅游企业责任保险和旅游意外保险，这两类保险对于旅游企业和旅游者具有不同的意义，从不同侧面保障旅游者的权益。旅游企业责任保险是强制保险，由旅游企业购买，而旅游意外保险是任意险，由旅游者自己购买。当然，除此之外，旅游者还可以根据自己的需求，选择其他种类的旅游人身财产伤害保险。

（1）旅游责任保险。根据保险法第六十五条的规定，责任保险是指以被保险人对第三者依法应负的赔偿责任为保险标的的保险。即保险人与投保人签订保险合同，约定由投保人缴纳保险费，由保险人承担投保人（被保险人）在生产、业务活动或日常生活中，由于疏忽、过失等行为造成他人财产或人身伤亡时所应承担的赔偿责任。

根据《旅游企业责任保险管理办法》第二条规定，在中华人民共和国境内依法设立的旅游企业，应当依照《旅游企业条例》和本办法的规定，投保旅游企业责任保险。本办法所称旅游企业责任保险，是指以旅游企业因其组织的旅游活动对旅游者和受其委派并为旅游者提供服务的导游或者领队人员依法应当承担的赔偿责任为保险标的的保险。

参照以上规定，休闲旅游服务商也应该购买责任保险，并在保险范围内进行损害赔偿。

（2）旅游意外保险。人身意外伤害保险，是指保险人于被保险人遭受意外伤害时，负有给付保险金责任的保险。从旅游者与保险公司的人身意外伤害保险合同的角度来看，保险公司为人身意外伤害保险合同的保险人，旅游者为人身意外伤害保险合同的被保险人，投保人既可以是旅游者，也可以是在保险合同订立时，对被保险人具有保险利益的其他人，包括配偶、子女、父母以及与旅游者有抚养、赡养或者扶养关系的家庭其他成员、近亲属，还可以是与投保人有劳动关系的法人、其他组织。保险人在旅游者发生人身意外伤害保险合同约定的保险事故时，依照相关规定向旅游者或者投保人指定的受益人支付赔偿金。

旅游意外保险主要包括以下四种：

一是旅客意外伤害保险。这类保险主要为游客在乘坐交通工具出行时提供风险防范服务，游客所购买的车票和船票金额中的5%是用于保险的，每份保险的保险金额为2万元，其中意外医疗事故金1万元。保险期限从检票进站或中途上车上船开始，一直到游客检票出站或中途下车下船止。

二是住宿游客人身保险。这类保险每份1元，从住宿之日零时起算，保险期限15天，期满后可以续保，每位游客可以购买多份。这类保险提供的保障主要有住宿旅客保险金5000元，为旅客随身物品遭意外损坏或被盗抢丢失的补偿金200元。

三是旅游人身意外伤害保险。对于参加探险游和惊险游的游客，最好应购买旅游人身意外伤害保险，这类保险每份保险费为1元，保险金额最高可达1万元，每位游客最多可买10份保险。

四是旅游救助保险。对于出境游的旅客来说应购买旅游救助保险，这类保险是国内各保险公司普遍开办的险种，是保险公司与国际救援中心联合推出的，游客无论在国内外任何地方遭遇险情，都可拨打电话获得无偿的救助。

本章小结

咨询服务可以分为电话咨询、人员咨询和网络咨询三种。电话咨询是最常用的咨询方式。推销是指商品推销，即推销人员运用一定的访求方法和技巧，帮助顾客购买某种商品或服务，以使双方的需要得到满足的行为过程。休闲旅游产品销售就是休闲旅游产品企业向休闲旅游者提供本企业的休闲旅游产品或者服务，让休闲旅游者获得身心满足的过程。旅游合同是旅游者与旅游企业以及旅游企业之间设立、变更、终止民事权利义务关系的协议。我国旅游保险目前有旅游企业责任保险和旅游意外保险两大类。

思考与练习

一、选择题

参考答案

1. 咨询服务主要包括以下几种：(　　)。

A. 电话咨询　　B. 人员咨询

C. 网络咨询　　D. 云咨询

2. 休闲旅游电话咨询服务的工作流程包括(　　)。

A. 接听电话　　B. 电话沟通　　C. 信息询问与记录　　D. 结束通话

3. 现场沟通技巧主要有(　　)。

A. 三思而后言　　B. 发现说错了，立刻道歉

C. 沟通中，永远不要去争谁对谁错　　D. 控制自己的情绪

4. 着装要注意哪四个配合？(　　)

A. 配合身份　　B. 配合环境　　C. 配合体形　　D. 配合年龄

5. 语言吸引法在语言的运用中需要把握哪三个方面？(　　)

A. 准确性　　B. 柔和性　　C. 灵活性　　D. 节奏性

二、填空题

1. 电话咨询是休闲旅游者________、________的咨询方式。

2. 网络咨询服务是借助________完成的，它主要有________、________、________、________等方式。

3. 形象吸引法就是推销人员通过精心设计自己的________、________、________，利用人的视觉功能来吸引准顾客注意的方法。

4. 语言的运用需要把握________、________、________三个方面。

5. 影响定价决策的因素包括企业的________、________、________、________和其他外部因素。

三、判断题

1. 电话咨询会给客人留下旅游企业的第一印象。(　　)

2. "这办不到"是容易激怒客人的语言。可以换成这样说："这确实有点困难，不过让我试试看吧。"(　　)

3. 网络咨询不受时间和空间的限制，完成的速度更快，效率更高，服务更方便。(　　)

4. 从心理学的角度来说，抖腿实际上是在缓解个人紧张情绪，因此抖腿在社交场所是一种常见的正常行为。(　　)

5. 现阶段我国旅游合同可分为包价旅游合同、自由行旅游合同和代办旅游合同。（　）

四、名词解释

1. 休闲旅游电话咨询服务
2. 休闲旅游现场咨询服务
3. 语言吸引法
4. 售后服务
5. 旅游合同

五、简答题

1. 休闲旅游现场咨询接待的工作流程包括哪几个步骤？
2. 顾客的兴趣对购买行为的影响表现为哪几点？
3. 处理顾客投诉的流程包括哪几个步骤？
4. 一般销售产品时采用的方法有哪几种？
5. 合同服务流程主要有哪几个步骤？

第四章

休闲旅游行程安排

本章重点

休闲旅游行程安排贯穿于休闲旅游活动的全过程，是休闲旅游行程服务中至关重要的一个环节。本章主要包括休闲旅游行程表的编制和休闲旅游产品的采购两个方面的内容。第一节主要介绍休闲旅游行程表编制的原则及相关要求，第二节主要介绍休闲旅游产品采购的相关内容，包括采购的定义、特点、原则、策略、内容、程序以及管理等。

学习要求

通过本章内容的学习，学习者能够了解休闲旅游产品采购的定义和特点；熟悉休闲旅游行程表编制的基本原则与内容；熟悉休闲旅游产品采购的原则和策略；掌握休闲旅游产品采购的内容和程序，从而具备进行休闲旅游行程安排的知识体系和基本能力。

本章思维导图

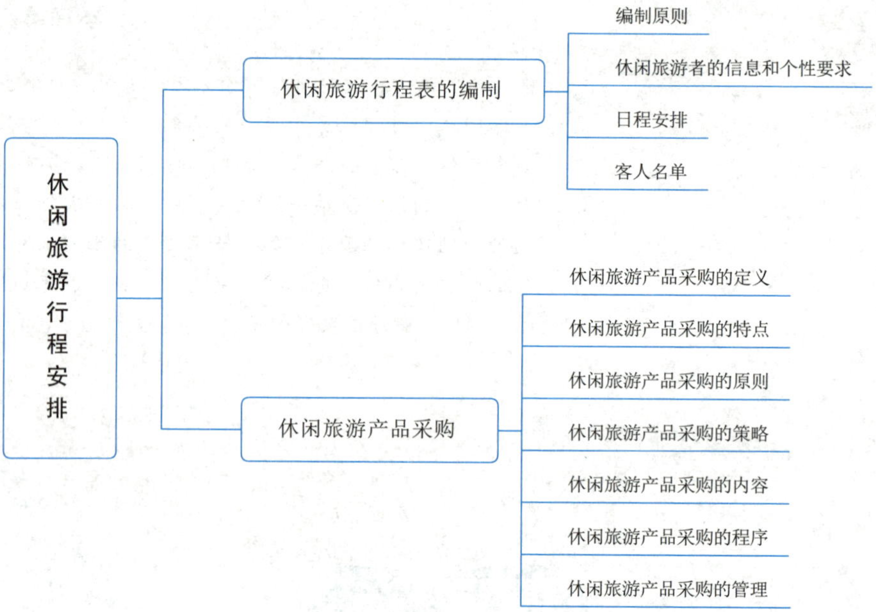

第一节　休闲旅游行程表的编制

休闲旅游行程表是休闲旅游企业具体落实各项旅游活动和旅游服务的关键，也是休闲旅游企业的活动依据和结算依据。在编制休闲旅游行程表时，需要详细掌握旅行团的相关信息，信息确认无误后再进行编制。

一、编制原则

休闲旅游行程表是整个休闲旅游活动的基础，在编制过程中，要考虑诸多因素，同时还应遵循相应的编制原则。

（一）统筹团体，兼顾个体

针对以休闲旅游为中心的休闲旅游者团体来说，在行程安排时应遵循统筹兼顾的原则。对于整个团体，应该提前做好相关调研和统计，根据休闲旅游者团体的整体情况进行行程安排，对于多数团体成员的共性需求要进行统筹安排，同时在具体行程上应兼顾到团体中的个别成员的特殊需求。总而言之，对于休闲旅游者的行程安排，要遵循总览全局、科学规划、兼顾各方需求的原则。

（二）开源节流，保障利益

在休闲旅游者的行程安排中，争取利益最大化是作为休闲旅游企业必须考虑的。在安排休闲旅游行程时，要通过灵活的规划，做到有的放矢。在充分尊重休闲旅游者意愿的前提下，针对性地融入一些有偿项目或有偿服务以达到增加收入的目的；在不损害休闲旅游者利益和不侵犯休闲旅游者权益的前提下，采取合理控制各项支出、节约资源来达到控制成本的目的。另外在行程安排时应该长远规划，在休闲旅游者一个行程完成后才能够推进下一个行程实施，每个行程看似独立，但在行程编制时，要做到前后衔接，使休闲旅游者不去下一个地方就会产生一种遗憾的心理，一旦所有行程能够前后衔接在一起，所带动的利益增长同样是不可忽视的。

（三）以客为本，精细服务

行程规划时要坚持以休闲旅游者为中心，从细节入手，制定针对性、高效性的服务措施和方案，精益求精，充分提升服务质量并做好休闲旅游接待工作。除此之外还应提高休闲旅游服务者的思想认识，重视休闲旅游接待工作，用热情周到的服务态度迎接休闲旅游者。

（四）时间适用，项目适度

安排休闲旅游者的行程时应遵循时间适用、项目适度的原则。在时间安排上要区别于传统旅游的紧凑性和限制性，针对不同项目充分规划，在不浪费休闲旅游者时间的前提下做好项目时间上的衔接，同时保证休闲旅游者对各项目的充分体验感；在项目安排上应充分结合休闲旅游者意愿，活动项目安排适度，以休闲放松为主线，既能够让休闲旅游者充分放松，又能让休闲旅游者充分了解旅游地特色，从而使休闲旅游者获得更好的休闲体验。

二、休闲旅游者的信息和个性要求

为了更好地为休闲旅游群体提供行程服务，通常在旅行开始之前便要完成对休闲旅游者的相关信息和个性要求的收集，然后根据相关信息和休闲旅游群体成员的需求制订行程计划。其中，旅游信息的收集和汇总分析是安排行程的主要依据。在设计收集休闲旅游者信息和个性要求的内容时，应考虑休闲旅游者的个人隐私，且内容应合理而不冗杂。收集休闲旅游者的个性要求在提供休闲旅游服务中是不可或缺的，它不仅能够让休闲旅游企业提供的服务更加精准可行，还可以提高行程的合理性和休闲旅游者的满意度。

（一）休闲旅游者信息

相对于传统旅游来讲，为了能够更全面地向休闲旅游者提供服务，休闲旅游企业在收集休闲旅游者信息时应该更全面、更具体，尽可能地多收集休闲旅游者的相关信息。休闲旅游者信息应包含休闲旅游者基础信息、休闲旅游者联系信息、休闲旅游者扩展信息等内容。

1. 休闲旅游者基础信息

休闲旅游者基础信息应包括姓名、性别、年龄、身份证信息等内容，其中身份证信息尤为重要，具体内容可参考表 4-1。

表 4-1　休闲旅游者基础信息表

休闲旅游者基础信息					
1	姓名		2	证件类型	
3	性别		4	证件号码	
5	民族		6	港澳台侨外	
7	籍贯		8	健康状况	
9	其他				

居民身份证是国家法定的能够证明公民个人身份的证件。在休闲旅游企业为休闲旅游者订购机票、办理签证、购买旅游意外保险、办理入住酒店等手续时，都需要旅游者的身份证件。身份证号码还能向我们透露许多信息，如旅游者的籍贯、年龄、生日、性别，由此可以推断出旅游者的部分需求。例如，从身份证上可以得出该旅游者是老年人还是年轻人，老年人行程不能太紧凑，要特别提醒其注意安全等；还可以从身份证号中得出旅游者的生日，如果在行程当天是旅游者的生日，休闲旅游企业还可以赠送旅游者生日礼品，让旅游者获得意外的惊喜。

拓展阅读 4-1

2. 休闲旅游者联系信息

掌握休闲旅游者联系信息是为了方便休闲旅游企业第一时间与休闲旅游者取得联系，保障后续游览活动过程中的交流和沟通。一般包括休闲旅游者的联系电话、微信号、电子邮箱、通信地址等内容。

3. 休闲旅游者拓展信息

掌握休闲旅游者拓展信息是为了方便休闲旅游企业更全面地了解旅游者，以便更好地为休闲旅游者提供针对性的服务。休闲旅游者拓展信息一般包括休闲旅游者的职业、个人爱好、特殊要求、休闲经历、家庭成员信息等内容，具体内容可参考表 4-2。

表 4-2　休闲旅游者拓展信息表

休闲旅游者拓展信息					
1	姓名		2	职业	
3	个人爱好		4	活动偏好★	强力　适度　轻松
5	乘车方式		6	休闲目的★	
7	休闲经历				

续表

休闲旅游者拓展信息					
8	特殊情况★				
9	特殊需求★				
家庭成员信息					
10	姓名★		11	性别★	
12	关系★		13	联系电话★	
14	关系说明		15	证件类型★	
16	民族		17	证件号码★	
18	联系地址		19	现居地址	
20	特殊情况★				
21	特殊需求★				

（二）个性要求

掌握休闲旅游者的个性要求有利于休闲旅游企业为旅游者提供具有针对性、个性化的服务。掌握休闲旅游者的个性要求，需从以下几个方面入手：

1. 了解休闲旅游者内心感受

在进行线路设计时应注意，选择休闲旅游活动项目的旅游者其主要目的是休闲、放松和回归自然，因此在活动项目的选择方面他们更加倾向于自己感兴趣的一些活动，从而在旅途中获得放松、愉悦和舒适的体验，而不是追求时尚、抑制个性。这也决定了休闲旅游和其他传统旅游的差异性，休闲旅游者更加注重内心感受，旅游者到达目的地后，通常会停留更长的时间，活动范围更加广阔，旅游过程中节奏相对较缓，以充分达到休闲的目的。

2. 了解休闲旅游者对环境的要求

休闲旅游者的主要目的是休闲放松，因此对旅游目的地的环境要求更高。与其他传统的旅游形式相比，休闲旅游者更愿意在环境的选择和服务上花费更多的时间和精力。一个好的环境主要包括自然环境和服务环境。一般来说，宜人的气候、新鲜的空气和优美的自然环境更受休闲旅游者的青睐。与此同时，具有文化特色的旅游胜地也能起到主动吸引休闲旅游者的目的。完善的娱乐和保健设施，良好的饮食和住宿条件以及安全周到的服务等都是休闲旅游者身心放松的先决条件，同时也是成熟的休闲旅游胜地的魅力所在。

3. 了解休闲旅游者家庭出游形式

在休闲旅游活动具体推进过程中，家庭成员之间良好的关系能够创造出温馨的家庭氛围。在休闲旅游行程安排时，应该调动家庭成员之间的相互理解和信任，它可以使休闲旅游者更好地释放自己的内心感受并放松心情。安排行程时，对于小孩、情侣、老人等特殊人群应给予特殊照顾。比如带小孩出游的旅游者，要有与小孩一起学习、一起休闲的地方；情侣出游，要有让双方留下难忘经历的活动设计或主题景点；对于老人，要在医疗保障、安全性等方面充分考虑。

4. 了解休闲旅游者对时间周期有无特殊要求

通常情况下，休闲旅游者的旅游活动没有严格的时间限制，休闲旅游者出游的时间相对传统旅游者来说更加充足，出行时间可以是传统的周末、春节、黄金周、寒暑假等常规带薪假期和法定节假日，也可以是其他相对适宜的闲暇时间。所以在进行行程安排时，要考虑到休闲旅游者出游时间的周期性。

5. 了解休闲旅游者对出行区域有无特定要求

休闲旅游者的来源比较广泛，在进行行程安排时，要考虑到休闲旅游者对目的地的习惯性选择、出行区域是否受收入水平和活动时间限制等情况。例如指定开车时间不得高于 5 小时、城市或者郊外的交通必须便利等要求。

6. 了解休闲旅游者有无特殊情况

休闲旅游者的特殊要求和特殊情况往往决定旅游行程能否顺利完成。休闲旅游企业通常应掌握休闲旅游者身体健康状况、清楚休闲旅游者指定参加或不能参加的活动项目、了解休闲旅游者的饮食禁忌等情况，以便提前制订应急预案，保证旅游行程能够顺利进行。

7. 了解休闲旅游者消费习惯，提升休闲旅游者再次消费的可能性

休闲旅游者出游的目的不仅只是扩展见闻和增加知识，他们往往还要追求独特的休闲体验和身心的放松。休闲旅游目的地满足了休闲旅游者的休闲体验后，便会对旅游者产生吸引力，因此休闲旅游者更容易形成一定的消费惯性，重游率较高。

三、日程安排

日程安排是指在进行休闲旅游线路设计时所包含的各项休闲旅游活动，主要有项目内容、活动地点以及各项活动具体进行的日期等内容。

（一）日程安排内容

在休闲旅游活动项目日程安排的具体内容中，应根据食、住、行、游、购、娱六大要素进行统筹安排，通常在日程安排内容中应包括休闲旅游企业信息、休闲旅游团队信息、出行和送离接待、食宿安排、具体活动内容及时间等信息，同时还应兼顾团体成员的特殊情况和特殊需求，具体内容可参考

表 4–3。

表 4–3　休闲旅游团队运行计划表

（团号）团一行共计____人，此团全陪____人，地陪____人，领队____人						
休闲旅游企业信息	组团社名称		全陪姓名		全陪电话	
			地陪姓名		地陪电话	
旅游团队信息	团名		人数	___大___小	性别	___男___女
出行接待	交通方式		出发时间		抵达时间	
	车牌 / 班次		司机姓名		司机电话	
送离接待	交通方式		出发时间		抵达时间	
	车牌 / 班次		司机姓名		司机电话	
住宿安排	酒店名称		住房标准		酒店地址	
	收费标准		住宿时长		是否含早	
休闲旅游行程计划：						
日期	早餐地点	上午活动	午餐地点	下午活动	晚餐地点	自费 / 购物
D1						
D2						
D3						
备注内容：						

投诉电话：　　　　计调员：　　　　审批：　　　　日期：

（二）日程安排要求

在进行具体日程安排时应注意以下几点：

（1）在各项活动日程安排上应该留有余地，张弛有度，体现劳逸结合。

（2）根据旅游团自身特点和休闲旅游者需求安排游览活动。

（3）活动内容丰富多彩、节奏感强。

（4）为休闲旅游者留出足够的自由活动时间。

四、客人名单

在设计休闲旅游者名单时，要以简洁明了为原则，但同时应兼顾休闲旅游者的关键信息。其中应包括休闲旅游者的姓名、性别、电话、身份证号、家属信息、应急电话、需求、备注等内容，具体内容可参考表 4–4。

表 4–4　休闲旅游者名单统计表

序号	姓名	性别	国籍	身份证号	职业	电话	备注
1							
2							
3							
4							
5							
6							
7							
8							
9							
10							
11							

第二节　休闲旅游产品采购

休闲旅游产品的采购是休闲旅游行程安排中非常重要的一个环节。行程服务人员要根据休闲旅游企业的经营状况、预订情况以及旅游者的要求，采购质优价美的产品或者服务，以满足休闲旅游者的休闲目的或者其他休闲旅游消费需求。

一、休闲旅游产品采购的定义

休闲旅游行程表编制完成以后，行程服务人员要根据行程计划表中安排的休闲旅游产品和服务项目展开采购活动。旅游活动过程中常常意外频发、突发状况不断，休闲旅游者的旅游需求又呈现出个性化、多样化的特点，行程服务人员还要根据旅游行程的变化，协助处理行程计划的变更和突发事件，并根据变更计划，取消或者重新采购相关休闲旅游产品和服务。

因此，休闲旅游产品采购是指休闲旅游企业根据行程计划，通过合同或协议等形式，以一定价格，向其他休闲旅游服务供应商或者相关部门订购休闲旅游产品和服务，并根据行程计划的变更，取消或者重新采购相关产品和服务的行为，以保证向休闲旅游者提供所需的产品和服务。

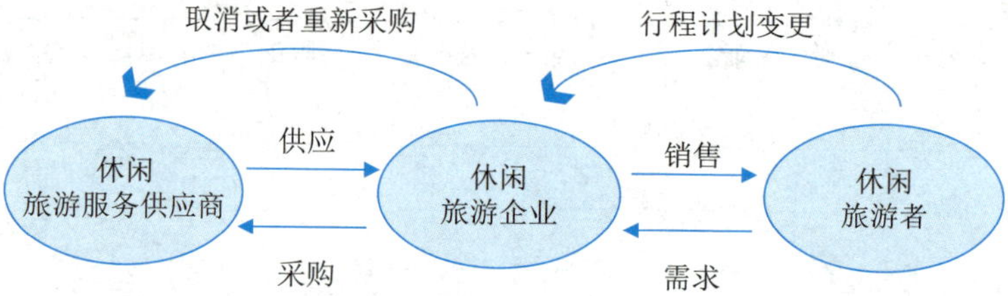

图 4-1　休闲旅游产品采购模型图

休闲旅游产品的采购是休闲旅游企业经营活动中至关重要的一环，休闲旅游企业的成功经营在很大程度上取决于是否能采购到高质量的相关产品和服务，以满足休闲旅游者对行程服务的高品质要求。但是，单个休闲旅游企业不可能提供旅游活动过程中旅游者所需的一切产品和服务，总会依靠其他休闲旅游服务供应商或者相关部门的协助。

二、休闲旅游产品采购的特点

休闲旅游是指一切以休闲为目的的旅游活动的总和，有别于传统的观光旅游，呈现出参与性、体验性更强，对身心的绝对放松要求更高。因此，行程服务人员需要明确休闲旅游产品采购的特点，才能采购到满足休闲旅游者需求的产品，以达到为休闲旅游者提供满意旅游经历的目的。

（一）采购内容复杂多样

休闲旅游产品采购内容的复杂多样体现在四个方面：一是，休闲旅游是一种异地休闲活动，休闲旅游产品和服务主要由异地的旅游服务供应商和相关部门提供。休闲旅游者注重旅游方式的体验性，偏爱参与性强、亲历性多的旅游活动，更愿意享受轻松愉悦的旅游行程。因此，产品和服务的异地性以及休闲旅游者对产品和服务质量的较高要求，加大了采购的难度。二是，休闲旅游产品和服务的内容包罗万象。旅游活动离不开食、住、行、游、购、娱等多个行业和领域的参与，而休闲旅游更加注重“闲”和“情”，凡一切能放松身心、增添生活情趣、发展自我、充实精神的异地休闲活动都可能成为休闲旅游采购的对象。三是，休闲旅游产品和服务推陈出新快。随着社会经济的发展，人们可自由支配的时间越来越多以及对精神需求的追求不断提高，休闲的方式也在不断变化和创新。“玩物丧志”的观念已经成了过往，“休闲”和“工作”不是对立的生活方式。因此，积极的休闲方式不断问世，不仅可以提高人们的文化素养、审美情趣、感受能力，还可以为工作赋能。四是，休闲旅游者的需求不断变化，更喜欢个性化、人性化、多样化的休闲旅游产品和服务。随着信息技术的不断发展，旅游者可以快捷地获取各种旅游信息，在旅游活动过程中可能随时提出新的需求。

（二）采购质量较难控制和管理

首先，旅游产品和服务的无形性、不可储存性、消费与生产的同时性等特点，加大了对产品和服务采购质量的管理难度。其次，采购内容涉及多个行业和部门，如交通运输部门、酒店业、餐饮行业等，每个行业都有不同的特点以及相应的产品质量评定标准和管理部门，休闲旅游企业难以采用统一的标准去衡量各个旅游服务供应商提供的产品和服务的质量。最后，旅游服务质量的好坏在很大程度上取决于旅游者的评价。在一个旅游者看来是高质量的产品和服务，在另一个旅游者那里可能并不能得到相同的认可。因此，旅游者的不同旅游需求、个性特点的差异、喜好的差异也加大了对采购质量评价的难度。

（三）采购时效性较强

随着经济活动节奏的加快、交通设施的不断完善、休闲旅游方式的不断更新、网络信息技术的快速发展，休闲旅游者旅游活动行为的产生不一定需要深思熟虑、精心谋划，需求的时效性较强。休闲旅游者可以在周末甚至一天的闲暇之余，乘飞机去另一个城市听一场音乐会，或者参观某个艺术展览。因此，休闲旅游者要求越来越短的产品交货期或者服务等候期，休闲旅游企业必须要快速响应旅游者提出的及时性需求，加强采购的时效性。

（四）旅游服务供应商水平参差不齐

休闲旅游者追求的是旅游过程中的身心放松、文化享受、适意娱情，凡能使人放松身心、悠闲自在的活动或者场所，都可能成为休闲旅游采购的对象，例如休闲俱乐部、体育俱乐部、文化馆、剧院、博物馆、艺术馆、休闲度假村、主题公园、游乐园等。因此，休闲旅游的旅游服务供应商既有国有经营的交通运输部门、景点景区、连锁经营的高品质酒店、娱乐场所，也有私营的休闲餐厅、特色民宿、小型游乐园，甚至还有家庭作坊式的农家乐、农副产品购物店。不同规模、不同层次的旅游服务供应商，其服务质量的差距也比较大。

（五）旅游服务供应商稳定性较低

休闲旅游服务供应商来源广阔，经营规模、服务品质、抗风险能力均有不同程度的差距。旅游市场的发展瞬息万变，旅游业具有较强的敏感性和脆弱性，规模较小、服务品质不高、抗风险能力较差的供应商会在市场竞争中不断被淘汰，稳定性较低。休闲旅游服务供应商的不稳定、变化快，导致休闲旅游企业需要不断更新合作对象，难以与某些供应商进行深度、长久的合作。

三、休闲旅游产品采购的原则

休闲旅游产品采购的原则是指行程服务人员在实施采购行为时要把握的基本准绳。

（一）厘清采购顺序

休闲旅游产品和服务内容庞杂、项目繁多，部分产品时效性较强。在实施采购之前，要有条理、有计划，分清轻重缓急，厘清采购顺序。采购人员要熟悉市场行情及市场变化趋势，清楚了解哪些产品和服务是热销产品，容易断供，尤其是在旅游旺季，下单时间晚一秒，都可能导致热点服务项目难以采购到。

（二）保证供给

休闲旅游者在旅游过程中所需要的交通、餐饮、住宿、休闲项目等产品和服务，会部分或者全部依赖休闲旅游企业提供。而休闲旅游企业出售的产品和服务大部分是由其他旅游服务供应商或者相关部门供应的，休闲旅游企业能否满足旅游者的要求，很大程度上取决于能否采购到所需要的服务和产品。休闲旅游者和休闲旅游企业之间通常会签订旅游合同或者旅游协议，明确产品和服务的内容、范围、数量、质量。如果旅游者订购产品以后，因为休闲旅游企业采购工作的失误，不能完全兑现已经销售的产品和服务，例如旅游者不能按照计划乘坐航班出发、不能入住预期的酒店，尤其是不能体验到约定的休闲项目，将会引发旅游者的强烈不满或者投诉，最终将会影响休闲旅游企业的声誉。因此，采购工作的主要任务就是要保证提供旅游者所需要的各种产品和服务。

（三）符合要求

行程服务人员采购休闲旅游产品时，要注意：一要符合休闲旅游者的要求，二要符合休闲旅游企业的要求。休闲旅游者的需求常常呈现出主题化、个性化、多样化、国际化的特点。例如休闲旅游者可能会提出休闲美食之旅、瑜伽冥想、观看大型国际体育比赛等主题比较明确的旅游需求，也可能会提出在某一天某个确切的时间聆听音乐会、观看话剧表演、参观艺术展览等个性化的旅游需求。因此，采购人员必须从数量、时间、地点、场次等多个维度，严格按照休闲旅游者的要求，采购符合其要求的产品和服务。休闲旅游企业从提高经营利润的角度出发，要求行程服务人员在采购时，要尽量采购到质优价廉的产品。

（四）保证质量

休闲旅游产品和服务的质量是休闲旅游企业的生存之本，休闲旅游者感知的产品和服务的价值也是以质量作为基础，而休闲旅游企业的产品和服务质量又会在很大程度上依赖其旅游服务供应商或者相关部门提供的产品和服务质量。因此，采购人员在实施采购时，要考察旅游服务供应商的经营规模、接待能力、服务质量等，要坚决避免从有违规经营、无资质经营、管理混乱、欺客宰客、服务质量差等行为的旅游服务供应商采购产品和服务。

（五）降低成本

任何经营者都希望能够降低成本、提高利润。在经营管理中，成本与利润总是此消彼长、对立而生，成本越低则利润越高，反之亦然。因此，降低采购成本对休闲旅游企业提高经营业绩至关重要，也是经营者增加利润的重要手段之一。降低采购成本可以从两个方面入手，一是降低采购某项旅游产品和服务时的花费，如减少时间花费、差旅支出等；二是采购物美价廉的旅游产品和服务。在采购某项旅游产品和服务时，尽量货比三家、对比分析，选择性价比最高的旅游服务供应商。

四、休闲旅游产品采购的策略

采购策略是指为了实现采购目的的各种采购方案的集合以及采购人员实施采购行为时的行动方针。

（一）提高采购人员的素质

当前企业经营面临的竞争实际上是人才的竞争，人才是第一竞争力。采购人员的素质在很大程度上决定了采购质量的高低。采购人员首先要具备敏锐的市场嗅觉，要能清晰掌握市场行情、预判市场变化趋势。只有敏锐的市场嗅觉才能有助于采购人员及时采取采购行动、选择正确的供应商、采购到适销对路的产品和服务。其次，采购人员要具备较强的语言表达能力，能清晰无误地阐述采购需求，在商业谈判中能灵活运用谈判技巧、议价策略。再次，采购人员要能起草采购合同、掌握相关法律法规。最后，采购人员还要具备灵活应变的能力，能根据行程计划的变动，调整采购的策略和内容。

（二）建立采购战略联盟

在中国漫长的历史文化中，“战略联盟”这一思想古已有之，从春秋战国时期六国的合纵抗秦、汉高祖刘邦的反楚联盟，再到三国时期诸葛亮的联吴抗曹，无一不是“战略联盟”的成功案例。但是，战略联盟作为企业经营的一种手段，其发展历程仅仅几十年。根据相关研究，战略联盟这一企业管理思想最早起源于日本企业界，在美国进一步完善、发扬光大，并逐渐传播到全世界。

一般而言，战略联盟是指两个或两个以上的企业个体之间，为了实现一定的战略目标、经营利润、出于对整个市场的预期和企业总体经营目标及其经营风险的考虑，为达到共同拥有市场、共同使用资源、共同增强竞争优势等目的，通过企业个体之间的联合、合作协议、股权分享等方式，结成优势互补、各尽所能、各取所需的网络型联合体，是一种你中有我、我中有你的共生共存局面。所谓采购战略联盟，是指休闲旅游企业在采购休闲旅游产品和服务时采用战略联盟这一手段，降低采购成本，增强产品的竞争优势。战略联盟的类型可以根据战略联盟中成员所处的行业分为横向战略联盟和纵向战略联盟。

1. 横向战略联盟

横向战略联盟是指同属一个产业或产业部门，生产、销售同类产品的企业之间的联盟，或者在同一市场上产品或服务有竞争关系的企业间的联盟。横向战略联盟是在相关领域存在一定竞争关系的企业之间的联盟，竞争者之间通过联盟可以降低经营风险，实现成本共担、资源共享、优势互补。

休闲旅游者因年龄、职业、文化水平等方面的差异会导致休闲方式迥异。休闲旅游根据休闲方式的不同，可以分为文化休闲旅游、城市休闲旅游、运动休闲旅游、康乐休闲旅游、乡村休闲旅游等多种形式。任何一家休闲旅游企业不可能完全占据全部休闲旅游市场，休闲旅游经营的差异化主要体现在休闲项目的差异。但是，休闲旅游作为一种异地休闲活动，休闲旅游企业都需要采购交通、住宿、餐饮等产品和服务。因此，经营不同休闲项目的休闲旅游企业可以结成横向战略联盟，实现资源共享、优势互补、特色创新、协同发展。通常情况下，企业的采购量越大，其议价的能力就越强，采购到的产品和服务价格就会越低。因此，通过建立横向战略联盟实施整体采购行为，以加大采购量而获取较低的产品和服务价格的方式，可以降低联盟内成员的经营成本，提高产品竞争力。

案例 4-1

组成联体规模采购　携手聚势合作共赢

——广东三大旅行社携手闯市场

广东国旅股份有限公司、广东省中国旅行社股份有限公司和中青旅广州国际旅行社有限公司联合组成了“国中青”联合体，实施采购战略联盟，利用规模采购的优势，为旅游者提供“优质平价”的服务。

“国中青”联合体将“优质平价”风暴刮向全球旅游线路，包括省外游和省内游。例如，“48 元，清远一天游”含景点门票、小三峡游船、河鲜餐等，此线路推出仅 1 天就已成团，3 天时间有近 1000 人报名参团；而价格为 488 元的“番禺逸村贵族减压 SPA 双人行”则创下了一日游价格的新高，但是其贵族式的减压 SPA 和 8 大免费增值服务，吸引了众多广州白领前来报名。

“国中青”联合体现已先后推出近百个旅游团队。同时，三大社的成团率也都较“国中青”联合体成立前上升近 3 成，其经营业绩不断提升。

【案例分析】

三大旅行社联合体提供的“优质平价”服务，推出的优质平价团，不同于低质低价团。三大旅行社创下的合作共赢的局面，源于采取了横向战略联盟策略，实施整体采购行为，价格优惠源自规模采购。因此，推出的产品性价比极高，不但有利于旅行社自身发展，也为旅游者提供了更多实惠。

〔案例来源：陈戈、李化，2005 年 3 月 28 日《南方日报》〕

2. 纵向战略联盟

纵向战略联盟是指虽属于两个不同行业或部门，但彼此之间有直接投入产出关系的企业之间的联盟，通常也指企业为了保证产品和服务的投入，并购生产链上的供应商的过程。纵向联盟的优势来自价值链活动的互补性、灵活性和专有技术。

例如，休闲旅游企业可以承揽旅游景区的经营权。旅游景区大多归国家所有并由国有企业经营。个别景区因为资金不足、管理不善等原因，无法对景区旅游资源进行合理、有效的开发，通常会转让经营权。大型休闲旅游企业可以通过获取景区经营权的方式，实施纵向采购联盟，降低采购成本。

（三）灵活运用信息技术

信息和信息技术革命以前所未有的方式对社会变革的方向起着决定作用，“互联网 +”时代推动了智慧旅游的不断发展。在采购过程中，灵活运用信息技术，有助于行程服务人员实现优质采购，一是可以通过互联网更加快速、便捷地完成采购，把握商机、提高采购效率、降低采购成本；二是通过大数据分析，可以在一定程度上解决最优采购量这一难题。例如，休闲旅游企业常常会针对某项产品和服务设定计划采购量，而计

拓展阅读 4–2

划采购量一般是依照此前的实际客流量和对来年市场行情的预测进行确定。因此，通过大数据进行采购量的分析，可以有效确定实际采购量，避免出现严重的退订或者增订的情形，有利于获取最理想的经营利润。

（四）积极参加政府导向的采购

2013 年，国务院办公厅颁布了《国民旅游休闲纲要（2013—2020 年）》，旨在满足人民群众日益增长的旅游休闲需求。随着社会的发展，旅游业日益显示出在国民经济中的重要地位。近些年来，不少地方政府部门牵头组织大型的旅游交易会、旅游产品推介会等，宣传当地旅游资源，促进旅游企业的交流与合作。休闲旅游企业可以积极参与政府导向的采购，既可以建立和保持与政府的良好关系，也有利于宣传本企业产品，还可以与相关旅游服务供应商进行业务洽谈，降低产品和服务采购成本，从而增加经营利润。

拓展阅读 4–3

（五）加强旅游服务供应链管理

供应链是指在满足一个顾客直接或者间接需求的过程中所有参与的企业所组成的一个网状系统，不仅包括供应商、制造商，还包括承运商、仓库、批发商、零售商等。旅游活动包括食、住、行、游、购、娱等多项内容。因此，旅游者在旅游活动过程中，需要旅游饭店、旅游景区、旅游交通等多个企业的参与和协作。旅游服务供应链的定义还没有一个完整、统一的阐述，但是从本质来看，旅游服务供应链就是整合所有的旅游服务资源来共同为旅游者提供满意的旅游服务，创造顾客价值。组成旅游服务供应链的各类服务资源中，对旅游者产生吸引力的各类旅游景区、景点是旅游服务供应链中的核心因素；餐饮、住宿、交通等企业是旅游者顺利完成旅游活动不可缺少的支持性因素；组合各类旅游服务资源的旅游企业（如旅行社或其他旅游企业）在旅游服务供应链中发挥着组织、协调的功能，居于核心地位。

供应链管理的思想最早起源于 20 世纪 80 年代美国的制造业。高品质、低成本、即时响应顾客的需求是供应链管理的核心思想，并且强调各个企业应该专注自己最擅长的核心业务，将其他非核心业务可以委托给具有优势的合作伙伴，通过供应链的组织和协调，形成更强的竞争力。

因此，休闲旅游企业作为组织、协调其他休闲旅游资源的企业，在旅游服务供应链中居于核心地位。休闲旅游企业常常需要根据旅游者的需求，围绕食、住、行、游、购、娱等各个方面采购各种各样的产品和服务，而每一种产品和服务又会有很多供应商。如果没有一套行之有效的管理方法，将会导致采购成本大大增加，不利于企业经营。例如，将所要采购的单项产品和服务进行分类，采用科学的定性或者定量分析方法，选择一个具备长期合作条件的优质旅游服务供应商，降低转换成本。同时，又要注意旅游业的脆弱性、敏感性等特点，建立替代供应商数据库，以减少采购不足的风险。通过对旅游服务供应链的管理和优化，可以控制成本，提高产品竞争力，促进新旅游产品的开发。

五、休闲旅游产品采购的内容

休闲旅游企业大多都无法仅仅依靠自身的资源条件为旅游者解决旅游行程中的所有问题。为了满足休闲旅游者的旅游需求，休闲旅游企业要向其他旅游服务供应商或者相关部门采购全部或者部分产品和服务，具体采购内容如图 4–2。

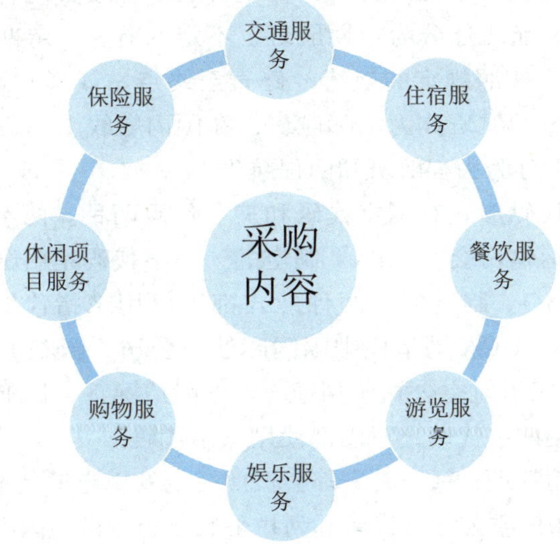

图 4–2　休闲旅游产品采购的内容

（一）休闲旅游交通服务的采购

旅游交通是旅游业的三大支柱产业之一。旅游活动具有异地性，不管是从常住地到旅游目的地，还是在目的地暂时停留期间，各项旅游活动的衔接与转承，旅游交通都承担着旅游者空间转移的任务。旅游交通不仅要解决旅游者在不同旅游点之间的空间距离问题，还要解决时间距离问题以及旅游交通本身成为一项旅游资源吸引旅游者的问题。因此，安全、舒适、便捷、经济是休闲旅游企业采购交通服务时主要考虑的因素。

旅游交通的主要形式有航空运输、铁路运输、公路运输、水路运输。

1. 采购航空运输服务

在远程旅游活动中，航空运输是旅游者通常选择的交通方式，主要优点是安全、快速和舒适，是旅游活动达到“旅速游慢”目的的重要手段。休闲旅游企业在采购航空运输服务时主要考虑的因素有：机票折扣、机位数量、航班时间、航空公司的工作配合度、付款方式、航班密度、各地联络网络是否方便，主要涉及飞机票的预订、购买、确认、退订和退购、增订、变更等业务内容。因此，在采购航空运输服务时，要掌握航班知识、机票知识等。

（1）航班知识。民航运输主要有三种飞行形式：班期飞行、加班飞行、包机飞行。班期飞行是指按照班期时刻表和规定的航线，定机型、定日期、定时刻的飞行。加班飞行是指根据临时需要，在班期飞行以外增加的飞行。包机飞行是指按照包机单位的要求，在现有航线上或者现有航线以外进行的专用飞行。此外，航班还分为定期航班、不定期航班。定期航班是指飞机定期自始发站起飞，按照规定的航线经停直至终点站或者直达终点站的飞行。在国际航线上飞行的航班称为国际航班，在国内航线上飞行的航班称为国内航班。航班还可以分为去程航班和回程航班。

航空公司的代码形式有两字代码和三字代码两种。两字代码是国际航空运输协会（IATA）制定的，三字代码是由国际民航组织（ICAO）制定的，两种形式都可以用来指代航空公司，例如 CA、CCA 均指代中国国际航空公司（国航），3U、CSC 均指代四川航空公司（川航）。一般情况下，民航运输业对外部使用两字代码，对内部使用三字代码。

拓展阅读 4–4

为了便于运输管理，每个航班都会按照一定的规定编制不同的号码，即航班号。航班号是由航空公司的代码和阿拉伯数字组成的。国内航班编号由航空公司的英文代码和四位阿拉伯数字组成。第一位数字代表执行该航班任务的航空公司起飞基地所在地区的数字代码；第二位数字代表该航班终点站所在地区的数字代码；第三位、第四位数字是该航班的序号。第四位数字如果为单数表示去程航班，双数表示回程航班。例如，MU5401 表示中国东方航空公司自上海飞往重庆的航班，MU5402 表示返程航班。国际航班号是由航空公司的英文代码和三位阿拉伯数字组成。第一位数字是航空公司的数字代码。例如，中国东方航空公司的数字代码是 5，中国南方航空公司的数字代码是 3，中国国际航空公司的数字代码是 9。第二位、第三位数字表示航班序号，单数为去程航班，双数为回程航班。例如：CA919 表示中国国际航空公司从北京飞往东京的航班，

CZ977 表示中国南方航空公司从北京飞往新加坡的航班。

代码共享是指一家航空公司的航班号（即代码）可以用在另外一家航空公司的航班上。简单来说，乘客在某段航程中，可能会乘坐由非出票航空公司承运的航班。通过代码共享，航空公司既可以满足航线扩张的需要，又无须投入成本，还可以在不增加新的运力的情况下增加航班班次，提高航线质量。旅客则可以享受到更加丰富、便捷的服务，例如更多的航班和时刻选择、一体化转机服务、优惠的环球票价等。

飞机机型按照座位数可以分为三种类型。大型宽体飞机是指座位数在 200 个以上的双通道飞机。中型飞机是指载客数在 100 人以上、200 人以下的单通道飞机。小型飞机是指 100 座以下的多用于支线飞行的飞机。

飞机的座位序号是按照机舱等级来安排的，不同的舱位对应的机票折扣不同，价格不同，享受的服务也有差异。机舱等级一般分为头等舱、公务舱、经济舱三种，机票价格、机舱位置、限制条件、服务标准、餐食标准、登机顺序、行李额度上均有区别。不同的机舱等级在客票上会用不同的英文字母标注，如表 4-5。头等舱一般设在客舱的前部，座椅尺寸和前后排座位的间距都比较大，还可以采用平躺式座椅，比较舒适。经济舱的座位设在从机身中间到机尾的地方，占机身四分之三的空间甚至更多，座位尺寸较小。公务舱的设置和环境介于头等舱和经济舱之间。大多数航空公司设有头等舱和公务舱的专用休息室、特殊通道；头等舱和公务舱可以享受的行李额度较大，乘客可以优先登机，餐食也比经济舱更加丰盛。

拓展阅读 4-5

表 4-5　舱位代码

机舱等级	头等舱	公务舱	经济舱
国内客票	F	C	Y
国际客票	FA	CDJ	Y

（2）机票知识。2006 年，国际上开始实行电子机票，我国从 2008 年起停止发售纸质机票。电子机票可在民航售票处或者联网计算机上完成订座、出票、退换、改签等操作。旅客购买机票必须凭借本人的有效身份证件，客票只限票上所列姓名的旅客本人使用，不得转让。正常票价的客票有效期为一年。特价机票的有效期以承运人的规定为准。

采购航空服务时，采购人员通常会根据实际情况采购不同类型的机票。机票按照不同的分类方法，可以分为不同的类型，具体情况如下。

普通机票和特别机票：普通机票有效期一般为一年，可以换乘其他航空公司的航班，票价较高，但是比较灵活方便，没有太多时间上的限制，适合于可能改变线路、时间比较充裕的情形。特别机票又可以分为旅游机票、团体机票、包机机票、学生机票、优惠机票等，通常价格比较优惠，但是会受到比较多的限制。旅游机票一般只能购买来回票，不能购买单程票，可以分为中途停站及不停站两种。中途允许停站的票价较贵，持票人在目的地停留一段时间后，要在机票上规定的有效期内回程，否则机票就会失效。因此，在采购时，要详细了解有效期，以免因过期而导致机票失效。团体机票是由航空公司委托的相关旅游企业作为票务代理，提前向航空公司订下一定数量的机位，作为举办团体旅行之用。在采购时，要详细阅读购票说明。团体机票一般不能退款、不能改签。

成人票、儿童票、婴儿票：根据购票对象的年龄，机票可以分为成人票、儿童票、婴儿票。成人票是指年满 12 周岁的人士应该购买的票。儿童票是指年满 2 周岁但是不满 12 周岁的儿童应该购买的票，国内航线按照成人普通票价的 50% 计价，国际航线根据航线不同有所差异。婴儿票是指不满 2 周岁的婴儿应该购买的机票，票面价值是成人普通票价的 10% 左右，不提供座位（如果需要单独占座，应该购买儿童票）。购买婴儿票和儿童票时需要出示有效的出生证明，每位成人乘客只能携带一名婴儿，超出的人数要购买儿童票。

定期机票（OK 票）和不定期机票（OPEN 票）：定期机票（OK 票）是指已经订妥座位的机票，不定期机票（OPEN 票）是指未定妥座位的机票，需要订妥座位以后才能使用。机票有效期为一年。定期机票自旅客开始旅行之次日零时起计算，不定期机票自填写客票之次日零时起计算。

联程机票和来回程机票：联程机票是指一条航线上分为几个航段，而每个航段的航班甚至执行航班的航空公司都可能不同，即中间需要中转的机票。来回程机票也叫双程机票，就是一张包括出发地到目的地再返回出发地的机票。也就是说，从出发地到达目的地，然后再返回出发地时，两次有效使用的机票，这张机票包含了往返的费用。例如成都—北京—成都的机票就是来回程机票。如果采购的是联程机票或来回程机票的座位定妥以后，在该联程或回程地停留 72 小时以上，需要在该联程或回程航班飞机离站前两天中午 12 时以前办理座位再核实手续。否则，原定座位不予保留。如果到达联程或回程地点的时间离航班飞机离站时间不超过 72 小时，不需要办理座位再核实手续。

（3）其他知识。退票：旅客购买机票以后，因故不能成行的，可以办理退票。2018 年，民航局发布了《关于改进民航票务服务工作的通知》（以下简称《通知》），规定了航空公司应该明确且合理地确定客票退改签收费标准，退票费用不得高于客票的实际销售价格，不能简单规定特价机票一律不得退改签。根据《通知》的精神，大多数航空公司先后出台了机票退改签阶梯费率，退改签的阶梯时间设为 4 档，即航班起飞 30 天（含）之前、航班起飞前 30 天（不含）到 14 天（含）、航班起飞前 14 天（不含）到 4 小时（含）、航班起飞前 4 小时（不含）到航班起飞后。除了航班起飞前 30 天不收取退票费以外，其他三档都要收取费用。虽然不同的航空公司退票费率略有差异，但是总体原则是一致的：办理退改手续越早，手续费率越低。

签转：签转是指购买机票以后，要更改乘坐的航空公司。签转的两个航空公司之间必须有协议，同意两个航空公司的乘客进行签转，否则不可以签转。一般国内机票只有不打折机票可以签转，签转时需要先去当前承运航空公司柜台办理签转手续，然后再去新承运航空公司办理登机手续。

购票证件：中国公民购买国内机票要提供本人身份证，购买国际机票要提供护照、港澳通行证或者入台证等；外国公民、华侨、港澳台同胞购票，须出示有效护照、回乡证、台胞证、居留证、旅行证或者公安机关出具的其他有效身份证件。购买儿童票、婴儿票，应提供儿童、婴儿的有效出生证明。

购票限制：无成人陪伴的儿童、残障人士、因乘坐飞机可能会引发病情的疾病人群、孕妇等特殊乘客，需要向航空公司详细咨询购票要求，并经航空公司预先同意后才能购票。不足 14 天的婴儿、孕期超过 9 个月的孕妇、醉酒旅客不能乘坐民航客机。

航班延误或者取消：根据相关规定，航班降落（起飞）的时间比计划降落（起飞）时间，即航班时刻表上的时间延迟 30 分钟以上或者航班取消的情况称为延误。引起航班延误的原因主要有天气原因、航空交通管制、机械故障、乘客原因、航空公司自身原因等。由于天气、突发事件、空中交通管制等非承运人的原因造成航班延误或者取消，承运人应当协助旅客安排餐食和住宿，费用由旅客自理。由于机械故障、机组等承运人的原因造成航班延误或者取消，承运人要免费为旅客提供食宿。

航空服务采购一般金额大、采购流程复杂，需要采购人员具备较强的责任心，工作要细心，对于不熟悉的情况一定要多方核实，询问清楚，以免造成采购失误，影响旅游活动的正常开展。

表 4–6　国内航空公司客服电话

航空公司	电话号码	航空公司	电话号码	航空公司	电话号码
南方航空	95539	华夏航空	4006006633	东方航空	95530
四川航空	4008300999	山东航空	95369	厦门航空	95557
中国国际航空	95583	吉祥航空	95520	春秋航空	95524
深圳航空	95080	东海航空	400888666	海南航空	950718
大连航空	95583	祥鹏航空	95071950	国泰航空	4008886628

2. 采购铁路运输服务

铁路运输适合中长距离的旅游活动，具有价格便宜又可欣赏沿途风景的特点。随着我国高速铁路的快速发展，通车里程已经位居世界第一，铁路运输的速度、乘车环境、服务态度均有了大幅度的提升与改善，火车已经成为舒适、便捷、安全的旅游交通工具。目前，不少旅游者选择火车作为首选的出游交通工具。出票率、保障率是衡量铁路运输服务采购的重要指标。采购铁路运输服务的主要内容是各种火车票预订、购买、退票等。

（1）列车种类。我国列车分为国内旅客列车和国际旅客列车，按照车次前冠有的字母分为不同的种类，如表 4–7。

表 4–7　中国列车种类

字母	类型	特点
G	高速动车组列车	列车速度最快，最高运行时速 300~380km/h
C	城际动车组列车	强调的是旅客列车的城际性，一般是短途线路，不会超过 2 小时的车程，最高运行时速 160~350km/h，运行速度由当地实际情况决定
D	动车组列车	也称普通动车组列车，最高运行时速 200~250km/h
Z	直达特别快速列车	在运行过程中不停靠站或停靠站但是不办理客运业务
T	特别快速列车	一般只经停省会城市或当地的大城市，均为空调列车
K	快速列车	一般只经停地级市或者重要的县级市，也有少量直达车，一般为空调列车，最高时速 120km/h
L	临时快车	一般在春运、暑运、其他节假日等客流高峰期运行，停靠县级市和大部分县级中大车站
Y	临时旅游列车	为旅游而开设的列车
A	按需开行的临时列车	按照需要临时加开
S	开往市郊的专线列车	在城市与郊区间专线运行

此外，还有不以字母打头的车次——普通列车。普通列车分为普通快车和普通慢车两种。普通快车停靠县级市和大部分县级中大车站，少量普通快车为空调列车。普通慢车停靠大部分可以停靠的站点，由于票价低廉，列车基本上“站站停”，很受农村乘客的喜爱。

（2）车票。火车票：火车票是由客票和附加票两部分组成。客票部分为软座、硬座，附加票分为加快票、卧铺票、空调票。附加票是客票的补充部分，除了儿童以外，不能单独使用。为了优待儿童、学生、伤残军人，铁路部门发售半价票。

儿童票：儿童身高为 1.2~1.5 米的，购买儿童票，票价按照相应客票和附加票公布票价的 50% 计算。身高 1.2 米以下的儿童免费乘车。一名成年旅客可以免费携带一名身高不足 1.2 米的儿童，如果身高不足 1.2 米的儿童超过一名，其他儿童要购买儿童票。超过 1.5 米的儿童要购买全价车票。成年旅客持卧铺车票时，儿童可以与其共同使用一个铺位，并按照上述规定免费或者购票。儿童单独使用一个铺位时，要另行购买全价卧铺票。儿童票的座位等级应该与成人车票相同，其到站不得远于成人车票的到站。

学生票：在具有实施学历教育资格的普通大中专院校、军事院校、中小学和中等专业学校、技工学校就读，没有工资收入的学生或者研究生，家庭居住地和学校不在相同城市且可以乘坐火车回家或者返校时，凭借附有加盖院校公章的贴有优惠卡的学生证，每年在 12 月 1 日至 3 月 31 日和 6 月 1 日至 9 月 30 日期间，可以享受 4 次家庭至学校之间的半价硬座客票、加快票等。新生凭借录取通知书，毕业生凭借学校书面证明可以购买一次学生票。按照铁路部门的要求，学生只有购买普通硬座才能享受价格减半的政策，购买卧铺的票价为硬座票价的一半加上原有的铺位价格。此外，动车组一等座不提供学生半价票，二等座提供公布票价的 75% 的折扣。

伤残军人半价票：中国人民解放军和中国人民武装警察部队伤残的军人凭借民政部颁发的中华人民共和国残疾军人证可以享受半价的软座、硬座车票和附加票。

（3）其他知识。购票：从 2012 年 1 月 1 日起，全国所有旅客列车实行车票实名制，需要凭借有效身份证件才能购买车票。同一乘车日期、同一车次，一张有效的身份证件只能购买一张实名制车票。购票的有效身份证件包括居民身份证、临时身份证、军官证、有效护照等 24 种。

改签：改签是指旅客变更乘车日期、车次、席位、铺位时需要办理的相关手续。改签要以铁路有运输能力（即有可售车票）为前提，不变更始发站和到站（同城车站除外）。办理车票改签，新车票票价高于原车票时，补收差额；新车票票价低于原车票时，退还差额。

退票：退票的办理，应当在票面指定的开车时间前到车站办理，退还全部票价，核收退票费。退票费按照如下的标准核收：

开车时间前 48 小时以上——票价的 5%

开车时间前 24 小时以上、不足 48 小时——票价的 10%

开车时间前不足 24 小时——票价的 20%

20 人以上乘车日期、车次、到站、座位类别相同的团体乘客办理车票的改签、退票时，应不晚于开车前 48 小时。

变更到站：从 2005 年 6 月 10 日起，旅客购票以后，如果行程有变化，可以重新选择目的地，在车票预售期内变更到站以及乘车日期、车次等。办理“变更到站”不收取手续费，但是只能办理一次。已经办理“变更到站”的车票，不可再办理改签。对已经办理改签的车票、团体票及通票暂时不提供此项服务。

3. 采购公路运输服务

公路运输是短距离旅游和自驾游出行选择的主要交通方式。虽然汽车逐渐成为人们普遍选择的旅行方式，但是一般情况下，乘汽车旅游的距离不宜过长，最好能够控制在 300 公里 / 天或者每天不超过 5 个小时的车程，否则旅游者会因为长时间地乘车而产生疲劳。公路运输具有经营成本较低、独立性和灵活性较强、短程旅游速度快、方便等优点，但是也有运载人数有限、安全性能差、事故率高、车内空间有限而不能活动、容易产生疲劳等局限性。休闲旅游企业采购公路运输服务主要是用于市内游览和近距离旅游目的地之间的转送。在采购公路运输服务时，要考虑车型、车况、司机驾驶技术、准运资格等因素。

（1）常用的旅游车类型。在采购公路运输服务时，要根据人数、用车要求来选择车辆，并熟悉常见的旅游车的品牌、座位数、有无行李箱等，可参考表 4–8。

表 4–8　常见旅游车类型

常见车型	品牌	正座数	注意事项
商务车	别克、奥德赛等商务车	7	无行李箱
小型客车	金杯、依维柯、金龙、考斯特	9、15、18	
中型客车	金龙、宇通等	19、28、33、37	有车载电视、车门一个、外置行李箱
大型客车	金龙、尼奥普兰等	45、49、53 等	有车载电视、车门一个或者两个、外置行李箱

（2）公路运输服务采购的注意事项。核查车辆的营运资质：按照我国对营运客车的相关规定，旅游用车应有道路交通运输管理部门颁发的“包车客运牌”，俗称包车牌。包车业务是指道路运输管理机构对申请从事包车客运的经营者根据其经营资质、开业条件以及当地的包车客运市场实际情况做出的许可。包车客运牌分为省际包车客运牌、市际包车客运牌、县际包车客运牌，省际、市际、县际是指允许客运经营者从事包车客运的经营范围。

注意行李安置空间：旅游者外出旅游，难免会携带生活用品、旅行用品等行李。在采购运输服务时，要注意旅游者的行李数量。如果携带行李箱较多，要掌握旅游车下部的行李舱空间是否有足够容量。如果是小型车辆无法单独安放行李，对于高品质的团队或者旅游者宜单独安排行李车，如无法安排行李车，要预留 1~2 个车位放置行李，并注意摆放及捆绑，防止滑倒。

正座数要大于乘坐人数：一般情况下，选择的车辆正座数要大于乘坐人数（绝对不能小于乘坐人数），有时候要预留少量位置，便于旅游者安放行李或者为了给旅游者提供宽松、舒适的乘车环境。乘坐人数的核算一定要注意除了旅游者人数以外，还有工作人员的数量。另外，旅游客运车辆须设置“导游专座”。“导游专座”是指旅游客运车辆在提供旅游交通服务时，为导游人员设置的专用座位，并配备印有“导游专座”字样的座套。

（3）公路运输服务采购的流程。采购人员首先要了解清楚旅游者人数、路线以及旅游者对车型、车况、车价的要求，然后从汽车运输公司的信誉、规模大小、管理规范、服务质量等方面综合考虑，来进行合作对象的选择。通过考察，最终选择管理严格、车型齐全、驾驶员素质好、服务优良、已取得准运资格，且配合度较高，同时车价优惠的汽车公司，并与之签订协议书。

图 4-3　公路运输服务采购的流程

4. 采购水路运输服务

水路运输服务是指休闲旅游企业为了满足旅游者在各种水域中旅行游览的需求，向内河航运、沿海航运、国际航海等水上客运部门或者企业购买的交通服务。休闲旅游企业向轮船公司等水运交通部门预订船票，并根据行程计划变更办理增订或退票手续。如遇运力无法满足，或不可抗力因素无法实现计划，造成旅游者航次、船期、舱位等级变更，应及时果断采取应急措施。

船票分为普通船票和加快船票，还可以分成成人票、儿童票（1.2~1.5 米的儿童）和残障军人优惠票。1.2 米以下的儿童可以免费乘船旅行，但是一名成人只能携带一名免费儿童。乘坐同一船名、航次、起讫港，人数在 10 人以上可以购买团体票。

（二）休闲旅游住宿服务的采购

酒店（饭店）业是旅游业的三大支柱产业之一，也是旅游产品的重要组成部分，已经成为衡量一个国家或地区旅游接待能力的重要标准。大多数旅游活动中，旅游住宿服务的费用在旅游总费用中位居第二，旅游者对住宿服务一般都要求卫生整洁、经济实惠、服务周到、美观舒适、交通便利。因此，住宿服务是休闲旅游产品采购中又一重要内容，为了保证产品供应，必须与相关饭店建立长久、稳定、互利的协作关系。

在采购住宿服务时，要考虑以下因素：

1. 饭店位置

不同的旅游者对饭店的位置有着不同的要求和偏好，了解清楚旅游者的需求是前提。饭店所处的位置不同，其价格也会有所差异，要结合旅游者的预算、旅游团队的团费或者品质综合考虑。

2. 市场定位

饭店一般都会提供住宿和餐饮两项基本功能，但是不同的饭店自身的市场定位也不一样，面对的消费者群体也不一样。例如，根据接待对象的不同，饭店可以分为观光型饭店、商务型饭店、度假型饭店、会议型饭店等，也有星级酒店、主题酒店、绿色酒店、旅游民宿等之分。因此，采购住宿服务时，要考虑饭店的接待对象主要是哪类旅游消费者。

3. 饭店设备

不同的饭店，其饭店设施也千差万别，要提前了解是否配备有休闲旅游者需要的设施设备，例如会议室、宴会厅、商务中心、多功能厅、康乐设施、水疗中心等。

4. 服务水平

服务质量是饭店的重要评价标准，也关系着休闲旅游产品整体质量的高低。

5. 停车场地

不管是自驾游还是团队游，不管是自由行还是跟团出行，饭店是否拥有充足的停车场地都至关重要。

住宿服务的采购主要包括选择合适的住宿服务设施、选择预订渠道、确定客房价格和办理住宿服务预订手续四项内容。其中，选择合适的采购渠道是重要的环节之一。采购渠道一般有直接预订、代订、委托饭店预订中心预订等形式。在选择渠道时，休闲旅游企业必须分析自己的长处、短处，做到扬长避短，选择最恰当的渠道进行预订。

（三）休闲旅游餐饮服务的采购

餐饮服务是旅游活动中必不可少的组成部分。餐饮服务质量关系到旅游产品的质量，也关系到旅游者的直接感受。均衡的营养搭配，干净、优雅的用餐环境，色、香、味、形、意的感官刺激，用心专业的服务，都会让旅游者留下难忘的记忆。尤其是具有当地特色的风味餐、名优小吃更是会给休闲旅游者带来莫大的旅途享受和难忘的体验。餐饮服务可以选择的余地较大，但也是客人最敏感、受人为因素影响较大的采购活动。采购人员在选择餐饮服务时，要考虑如下因素：

1. 卫生状况

干净卫生是第一位的，餐厅卫生状况要符合相关标准，例如《饭馆（餐厅）卫生标准》（GB16153-1996）。

2. 地理位置

餐厅的地理位置要根据行程安排、旅游者偏好来进行选择。一般情况下，在尊重旅游者要求的基础之上就近用餐。

3. 饮食风格

餐厅食物、菜品的口味、质量、标准能够满足不同旅游者的不同饮食习惯和饮食口味，尤其是要能灵活应对旅游者的特殊要求、饮食禁忌。此外，饮食风格还要能体现旅游目的地的餐饮特色。独具风味的异地美食常常是旅游者旅游所需。例如，到了北京要品尝一下北京烤鸭，到了四川要体验一下正宗的家常川菜，到了重庆少不了一顿火锅。

4. 附属设施

附属设施是指餐厅是否有足够宽敞的停车空间、餐前休息场所、洗手间的配备、婴儿座椅等，以确保旅游者有舒适、轻松、愉快的就餐环境。

5. 服务质量

餐厅的服务质量包括服务人员的服务态度、专业程度等。热情、友好、周到、耐心、细致的服务常常能够弥补因菜品不佳、不符合口味等而导致的客人不满。

6. 结算方式

结算方式是否快捷简便，形式是否多样，能否满足不同的需求。

7. 配合度

配合度是指当客人提出特殊需求或者发生突发事件时，餐厅能够积极配合、尽力满足客人合理需求的程度和速度。

餐饮服务的采购，一般采用定点采购的方法，即休闲旅游企业通过对采购的餐厅、酒店等进行综合考察筛选之后，与被选择的餐厅、酒店进行谈判、协商，就旅游者的人数、用餐标准、付款方式等达成协议。定点采购需要进行细致的前期考察，并注意对餐厅、酒店餐饮服务质量的监控，以便做出及时的调整和整改。

（四）休闲旅游游览服务的采购

参观游览是休闲旅游活动的重要内容之一。旅游景点（区）也是吸引旅游者的重要因素之一。为了满足不同层次旅游者的多样化旅游需求，休闲旅游企业要与旅游目的地的各类名胜古迹、寺庙园林、自然山水景区、名人故居、民宅村落、博物馆、传统工艺品工厂等机构，保持良好的协作关系。同时，随着旅游业的不断发展，旅游景点（区）推陈出新快，各种新的游览点不断推出市场，尤其是近些年来的一些网红打卡点，更是备受关注。因此，采购人员一定要对旅游目的地的游览资源了如指掌，以便能够采购到满足旅游者需求甚至是能给旅游者带来惊喜的旅游景点（区）。采购人员要了解景点景区的开放和闭园时间、收费情况（如免票、半价票的具体规定）、游览时间、面积、地理位置等基本信息，采购时要考虑资源的品位等级、环境氛围是否良好、旅游设施是否齐全、可进入性如何、安全保障情况等因素。

（五）休闲旅游购物服务的采购

购物服务是休闲旅游服务的重要补充，也是发展当地旅游经济的重要手段之一。旅游购物虽然不是必需的旅游需求，但是旅游者每到一地旅游，总会有购买当地特色旅游纪念品的需求，可以赠送亲朋好友，也可以留作收藏纪念。因此，为了使购物活动成为旅游者充分融入旅游目的地生产、生活中的重要方式，也为了满足旅游者求新、求异、求纪念的购物需求，并帮助旅游者买到货真价实的旅游纪念品，避免遭遇不良商家的蒙骗，休闲旅游企业应当慎重选择旅游购物商店，要与信誉好、商品质量好、货品齐全、价格合理、服务态度优良、售后服务周到的旅游购物商店建立合作关系。

（六）休闲旅游娱乐服务的采购

娱乐活动是休闲旅游活动的基本要素之一。旅游者经历了白天的参观游览活动之后，可以充分利用晚上的休闲时间，参加当地的特色娱乐活动，以缓解旅途的疲惫，放松身心、适意娱情，也有利于加深对旅游目的地的印象。目前，休闲旅游娱乐活动主要有观看杂技、京剧、马戏、民族歌舞、古装歌舞、场景再现、中国功夫等表演，参加篝火晚会、民俗活动等，例如著名导演张艺谋策划的《印象·丽江》《印象·海南岛》《印象·西湖》等大型实景演出，成为旅游者到了当地必定要体验的娱乐项目，加深了旅游者对当地人文历史、民俗风情的了解。休闲旅游企业在采购娱乐服务时，要与相关演艺公司进行业务洽谈，就购票数量、演出的内容、日期、场次、时间、票价、支付方式等达成协议。

（七）休闲旅游休闲项目服务的采购

休闲项目的体验常常是休闲旅游活动最基本、最核心的内容。休闲项目按照不同的分类方式可以分成不同的类型。

按照休闲发生的场所，休闲项目可以分为室内休闲和户外休闲。室内休闲如看电影、听音乐会、观看话剧表演等；室外休闲包括野营、冲浪、钓鱼、日光浴、风景欣赏等。

按照参加人数的多少可以分为个人休闲和群体休闲。个人休闲包括摄影、绘画、阅读等；群体休闲包括野餐、舞会、球类比赛等。

按照消费水平的高低可以分为高消费休闲和低消费休闲。高消费休闲需要依赖相关的设施、设备和环境，例如高尔夫运动、帆船、冲浪等；低消费休闲对设施、环境的依赖性较小，例如泡茶馆等。

按照休闲活动的性质可以分为体育性休闲、娱乐性休闲、文化性休闲、研究性休闲、自然性休闲等，具体情况如表 4–9。

表 4–9　休闲项目按照活动性质的分类

性质	类型	举例
体育性	体育性休闲活动	篮球、排球、网球、足球、高尔夫、自行车、武术、游泳、跑步等
娱乐性	娱乐性休闲活动	跳舞、棋牌、游戏厅、游乐园、主题公园等
文化性	文化性休闲活动	参观画展、博物馆、参加各类专题沙龙、看戏、听音乐会等
研究性	研究性休闲活动	自然历史考察、考古、修学旅行等
自然性	自然性休闲活动	野外旅行、野餐、露营、攀岩、登山等

图 4–4　高尔夫休闲活动

图 4–5　参观画展

因此，休闲项目服务的采购，首先要明确休闲旅游者的具体要求。同一种休闲活动可能会因为年龄、消费能力等不同而有差异。例如，到四川成都体验当地的“茶馆文化”，“喝茶”可以作为一项休闲活动，不同的旅游者其需求会有较大的差异。例如老年人可能更加偏爱热闹、经济实惠的老茶馆，而商务人士可能更加偏爱环境幽雅、茶品高级、有茶艺服务的高档茶舍。其次，休闲项目采购的时效性比较强，采购人员一定要广泛搜集旅游目的地的休闲项目，掌握联系方式，并与相关企业和部门保持良好的沟通和关系，以便能根据旅游者的临时要求及时采购到相关服务。最后，部分休闲项目的采购，一定要考察休闲设施的安全性，要为休闲旅游者提供最安全的休闲服务。同时，对于特种休闲项目如冲浪、攀岩等要为旅游者采购相关保险服务。

（八）休闲旅游保险服务的采购

旅游活动中难免会出现各种意外状况和突发事件。为了保障旅游者的合法权益，保护旅游者的生命财产安全，减少旅游过程中因各种意外事故造成的经济损失或人身伤害，休闲旅游企业需要投保相关保险或者协助旅游者购买旅游意外保险。旅游保险的主要险种有旅行社责任保险、旅游意外保险、交通意外伤害保险、中国境外旅行救援意外伤害保险等。另外，在休闲旅游中，例如漂流、沙漠徒步、攀岩等活动带有较大的风险，还会购买特殊保险险种。采购旅游保险服务时，要选择实力强、信誉好的保险公司，可以根据旅游期限选择不同天数的保险期间进行投保。

六、休闲旅游产品采购的程序

行程服务人员在采购旅游产品和服务时，为了保障采购任务的顺利完成，要遵循一定的工作流程，如图 4-6。

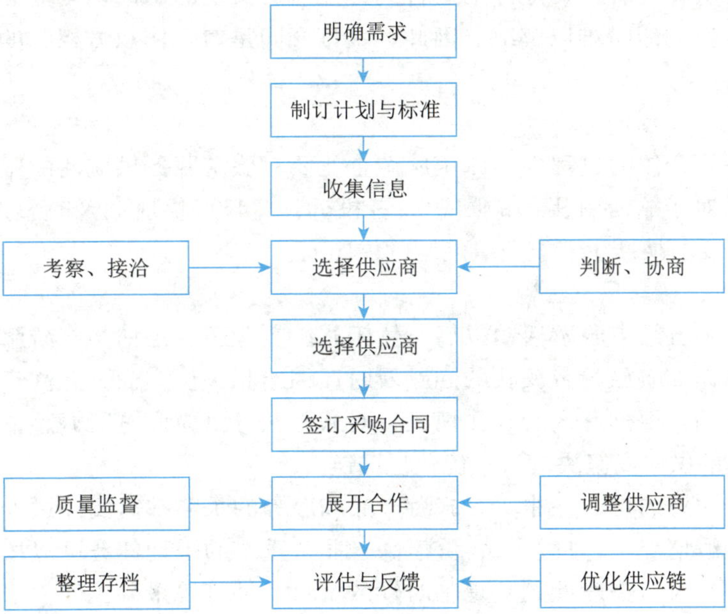

图 4-6　休闲旅游产品采购的程序

（一）明确需求

采购工作首先从明确采购需求开始，对需要提供的产品和服务的数量、质量以及其他要求要清楚掌握。例如：旅游者对酒店的地理位置、等级、房间楼层、朝向等要求，饮食上的特殊禁忌，活动项目的举行时间等。

（二）制订计划与标准

明确了需求，就可以制订采购计划、确定标准。休闲旅游企业对旅游产品和服务的采购行为与其他采购行为不同，其采购的产品和服务的最终消费者是旅游者。因此，采购计划和标准的制订首先要满足旅游者的需求，其次要考虑经营者进行产品组合的需要以及成本。

（三）收集信息

采购人员在充分了解市场、收集信息的基础上，要通过各种方法寻找旅游服务供应商，如查找本企业合作供应商名单、旅游企业名录、同行推荐等。

（四）选择供应商

通过考察、接洽供应商，排除掉不符合本企业采购需求的供应商后，要与剩下的供应商进行谈判、协商，最终就价格、质量、特殊要求等达成一致，选定供应商。

（五）签订采购合同

选定供应商后，要签订采购合同，任何口头上的承诺均可能导致在经营过程中产生的纠纷难以解决。因此，签订合同是对合作双方权利的保障、义务的明晰。

（六）展开合作

在展开合作的过程中，休闲旅游企业要对旅游服务供应商的服务质量进行监控，对于旅游者提出的问题或者投诉，要督促供应商及时整改、赔偿，必要时还要更换产生严重质量问题的供应商。

（七）评估与反馈

当旅游者结束旅游活动以后，休闲旅游企业还要评估与旅游服务供应商之间的合作，将旅游者反映的问题及时反馈给相关供应商，并注意对资料的保存和归档。根据此次的合作情况，对旅游服务供应商进行调整，对于不宜继续合作的供应商坚决淘汰，优化供应链。

值得注意的是，并非所有旅游产品和服务的采购都需要经过如图的工作流程，一般情况下，批量大、价值高、非常重要的采购任务可以按照规定程序来操作。对于一般性尤其是临时性的增订、补订等采购工作，采购人员可以根据个人工作经验、他人推荐或者旅游者的要求直接购买，灵活处理，最终达到为旅游者提供完整、优质、满意的产品和服务的目的。

七、休闲旅游产品采购的管理

（一）建立广泛的采购合作网络

采购工作的第一要义是保证供给。旅游活动涉及的项目和内容繁多，为了达到保证供给的目的，休闲旅游者要和旅游服务供应商或相关部门，例如交通运输部门、饭店、餐厅、旅游景区等建立起广泛并且相对稳定的合作关系。当旅游市场供不应求时，尤其是旅游旺季，出游相对集中的时期，协作网络越广泛、合作供应商数量越多，休闲旅游企业获得紧缺产品和服务的能力就越强，竞争力就越强，也越能占据有利市场地位。当旅游市场供过于求时，为了获得理想的产品和服务价格，同样需要广泛的合作网络。面对众多的旅游服务供应商，可以把采购工作的重点放在获取优惠价格上。为了建立和维持广泛的合作网络，一要善于运用经济规律，与合作的供应商建立互惠互利的关系，信息共享、利润共分、实现双赢。二要善于开展公共关系活动，利用各种特殊事件或者时间节点，与供应商的有关领导或者销售人员建立良好的人际关系。

（二）正确处理保证供应和降低成本的关系

企业经营管理想要达到的理想目的常常是成本低、利润高。成本越低，利润就会越高，反之亦然。而休闲旅游企业降低成本的第一关就是要把好采购关。保证供应和降低成本是经营者在采购工作中同等重要的两大任务。正确处理保证供应和降低成本的关系就是既能保证供应，又能降低成本，但是这两者之间，通常又是对立的。因此，在实际的采购工作中，休闲旅游企业要根据不同的情形在两者之间各有侧重，即在不同的时期采用不同的策略来协调这一对矛盾。例如，在旅游旺季，热门旅游目的地的机票常常一票难求。在此情况之下，许多旅游企业常常无法采购到足够的机票，谁能获得更多的机位，谁就能接待更多的旅游者。为了获得紧缺的产品，即使要支付更高的价钱、采购成本大幅增加也是值得的。因此，在供应紧张时，采购工作首先是以保证供应为中心。反之，当某项产品或者服务供过于求时，采购工作要以降低成本为中心，通过降低成本增加自身产品的竞争力，获取更多的利润。

（三）正确处理集中采购和分散采购的关系

集中采购和分散采购是采购中经常运用的两种策略。集中采购是指经营者以最大的采购量而获取最大的优惠价格的一种采购方式。分散采购有两种情形，一种是近期分散采购，即根据一单一购的采购方式，有一个订单，就根据订单的要求进行单项采购。另外一种分散采购就是从不同类型的旅游服务供应商或者部门那里采购同一类型的产品和服务的采购方式。例如，采购30家酒店标准房，可以从A、B、C等不同的酒店进行分散采购。分散采购因为采购量较小，采购价格可能会较高。

通常情况下，采购量越大，价格也就越低。休闲旅游企业一般会把旅游者的需求集中起来向供应商进行采购，即通过集中自己的购买力以增强在采购方面的还价能力，这就是集中采购最大的特点。集中采购虽然数量较大，但是有可能涉及中、远期的预订较多，具有比较大的不确定性。如果预订期较长，由于各种原因或突发情形会导致实际的需求量减少很多。旅游服务供应商如果对采购方的采购计划缺乏信赖或者信心，可能也不会将价格定得很低。反之，由于分散采购大多是近期预订，变动的可能性较小，采购的可靠性较高，再加上旅游产品的不可储存性，旅游服务供应商可能会愿意低价出售。因此，集中采购与分散采购的正确使用，需要采购人员准确了解市场行情，对收到的预订进行精准分析。

（四）正确处理预订和退订、预订和增订的关系

旅游产品的销售大多属于预约性交易，旅游消费常常会晚于预订和采购。

为了抢占市场，获得先机，休闲旅游企业通常会制订采购计划，并根据采购计划与旅游服务供应商在年底洽谈下一年的合作。采购计划中的计划采购量一般是经营者参照前几年的实际销售量，并根据对下一年市场行情的预测进行确定。通常，计划采购量与实际采购量之间会有差距。如果实际采购量小于计划采购量，休闲旅游企业就会临时退订，而旅游服务供应商对退订的时间是有规定的。如果实际采购量大于计划采购量，休闲旅游企业就会面临临时增订，而旅游服务供应商通常会对增订的数额有限制。从休闲旅游企业的角度来说，希望旅游服务供应商对退订的期限规定得越晚越好，对增订的数量规定得越多越好，违约金越少越好。但是，旅游服务供应商的诉求正好相反，这就需要双方通过协商，达成一致。一方面，买卖双方协商的结果要受到市场供求状况的影响。一般情况下，供大于求有利于休闲旅游企业获得优惠的交易条件。另一方面，双方协商的结果还要受到休闲旅游企业采购信誉的影响。如果在合作过程中，休闲旅游企业的采购量一直处于稳定增长的状态，计划采购量和实际采购量之间的差距较小，旅游服务供应商会愿意提供比较优惠的条件。

（五）加强采购合同的管理

合同是指当事人双方（或多方）为了实现某一合作目的，依法订立的有关权利、义务的协议，对当事人双方都具有法律约束力。签订合同，是当事人为避免和正确处理可能发生的纠纷而采取的行为，目的在于确保各自经济利益的实现和不受损害。旅游采购不同于一手交钱、一手交货的实物采购，是一种预约性的交易。买卖双方可能通过多次谈判确定了采购意向，再进行多次成交，谈判与成交之间既有时间间隔，又有数量差距。旅游产品和服务采购的特点，使得休闲旅游企业与旅游服务供应商之间为了防止各种纠纷的发生而签订采购合同显得尤为重要。

采购合同的基本内容有以下五个方面：

（1）合同标的。合同标的，是指合同双方当事人权利、义务所指向的事物，即合同的客体。旅游采购合同的标的，就是休闲旅游企业购买和旅游服务供应商或者相关部门提供的旅游产品和服务，如餐饮、饭店、景点、交通、休闲项目等。

（2）数量与质量。由于旅游采购合同是预约契约，无法规定确切的购买数量，只能由买卖双方协商一个计划采购量，或是规定一个采购和供应的幅度。至于质量要求，可由双方商定一个最低限度。

（3）价格和付款办法。合同中应规定拟采购的服务的价格。由于价格常常随着采购量大小而变动，而合同中又没有确定的采购量，因此可商定一个随采购量变动的定价法；还要规定在合同期内价格可否变动及变动的条件（在国际旅游业中还有规定交易所用的货币以及汇率变动时价格变动的办法）。此外，还要规定优惠折扣条件、结算方式及付款时间等。

（4）合同期限。合同期限，是指签订合同后开始与终止买卖行为的时间。旅游采购合同一般是一年签订一个合同，也有的经营者根据淡、旺季，每年签订两个合同。

（5）违约责任。违约责任，是指当事人不履行所列条款时所应承担的责任。按照我国《经济合同法》规定，违约方要承担支付违约金和赔偿金的义务。

除了以上五项内容外，还要加强对采购合同的存档。为了方便查找，以备不时之需，相关部门要将所有的合同分门别类地进行整理存档，并随时更新。采购合同的存档也为再次续签合同、协商价格、控制成本、把握商机和掌握主动提供有效依据。

（六）行程计划变更的采购管理

在旅游活动过程中，意外情况或者突发事件会影响到行程的正常进行，常常导致旅游行程计划的变更，并影响到原先的采购，需要对采购工作进行调整。

当旅游行程计划变更后，采购工作的开展一般要遵循变更最小、宾客至上、同级变更三条原则。

表 4-10　行程计划变更后的采购原则

原则	解释
变更最小原则	将因计划变更所涉及的范围控制在最小限度，尽可能对原计划不做大的调整，也尽量不引起其他因素的变故
宾客至上原则	旅游计划是旅游活动的依据，旅行社一旦同旅游者约定后，一般不随便更改，尤其是在旅游活动过程中。对于不可抗拒因素引起的行程变更，应充分考虑休闲旅游者的利益，并求得他们的谅解
同级变通原则	变更后的服务内容与最初的安排，在级别、档次上力求一致，尤其是在交通服务、饭店设施和服务方面

变更后的采购一般可采取如下具体办法：

（1）若定期航班出现问题，可考虑改用包机，但要注意控制成本。

（2）若飞机改乘火车，应尽量利用晚上时间，但距离不宜太长。

（3）若住宿、餐饮出现问题，应选择就近同档次、同级别的饭店和餐馆。

（4）可以采取加菜、赠送小纪念品的形式，来弥补因变更给休闲旅游者带来的损失。

本章小结

休闲旅游行程安排是行程服务人员完成咨询接待工作后对旅游合同、接待计划的具体落实。本章主要介绍了休闲旅游行程表的编制和休闲旅游产品的采购两个方面的内容。

休闲旅游行程表的编制主要介绍了行程表编制的原则、休闲旅游者信息和个性化要求的收集与填写、日程表的框架与内容、客人名单的编制等内容。

休闲旅游产品的采购主要介绍了休闲旅游产品采购的定义、特点、原则、策略、内容、程序以及休闲旅游产品采购的管理六个方面的内容。

休闲旅游行程的妥善安排有利于提高休闲旅游服务产品的质量，也是休闲旅游行程服务中的关键环节。学习者通过对本章相关理论和实践操作知识的学习，逐步具备行程安排的基本能力。

思考与练习

一、选择题

参考答案

1. 休闲旅游者个人基础信息中，______信息最为重要。

A. 姓名　　B. 性别

C. 年龄　　D. 身份证

2. 16 周岁以下的居民身份证有效期为______年。

A. 5　　B. 10

C. 15　　D. 20

3. 休闲旅游产品和服务内容包罗万象，导致了休闲旅游产品的采购具有______特点。

A. 采购质量较难控制　　B. 采购时效性较强

C. 旅游服务供应商稳定性低　　D. 采购内容复杂多样

4. 中型飞机是指载客数在______的单通道飞机。

A. 200 以上，400 以下　　B. 100 以上，200 以下

C. 300 以上，400 以下　　D. 400 以上，500 以下

5. 头等舱是用大写字母______表示。

A. F　　B. C　　C. Y　　D. H

二、填空题

1. 掌握休闲旅游者的________有利于休闲旅游企业为旅游者提供针对性、个性化的服务。

2. 对于休闲旅游者的行程安排，要做到________、________、兼顾各方的需求。

3. 战略联盟的类型可以根据战略联盟中成员所处的行业分为________和________。

4. 旅游保险的主要险种：________、________、________、中国境外旅行救援意外伤害保险等。

5. 当旅游行程计划变更后，采购工作的进行一般要遵循变更最小、________、________三条原则。

三、判断题

1. 休闲旅游行程安排，要做到总揽全局、科学规划、兼顾各方的需求。（　　）

2. 休闲旅游日程安排应该尽可能多安排活动项目，让休闲旅游者物超所值。（　　）

3. 掌握休闲旅游者个性要求有利于为客人提供针对性、个性化的服务。（　　）

4. 在设计客人名单时，要以美观醒目为原则，不用兼顾客人的关键信息。（　　）

5. 公路运输是短距离旅游和自驾游出行选择的主要交通方式。（　　）

四、名词解释

1. 休闲旅游产品采购
2. 横向战略联盟
3. 班期飞行
4. 集中采购
5. 变更最小原则

五、简答题

1. 在具体进行行程安排时应注意哪些要求？
2. 请简述休闲旅游产品采购的特点有哪些？
3. 采购住宿服务时，采购人员要考虑的因素有哪些？

4. 采购餐饮服务时，采购人员要考虑哪些因素？

5. 请简述休闲旅游产品采购管理的方法。

六、实训操作

采购员小张陆续接到3个用车计划，分别是：3月8日20人从市区送至机场，3月8日62人从成都市区某企业公司门口乘车前往四川绵阳药王谷进行2天的赏花休闲之旅，3月10日33人从成都市区前往川菜博物馆，开展1天的川菜文化之旅。

请为以上三个团队选择合适的车辆。

第五章

休闲旅游行程服务流程

本章重点

休闲旅游行程服务，其流程分为行前、行中、行后三个阶段的团队管理及接待服务工作。其中，休闲旅游行前服务重点介绍准备工作中的物质准备、知识准备以及心理准备、迎接工作的注意事项等。行中服务讲述餐饮住宿、体验项目、康乐购物等方面的服务内容。行后服务则包括报账登账、总结归档、遗留问题追踪等事项的处理。

学习要求

通过本章内容的学习，学习者能够在了解行程服务相关要点的基础上，理解典型工作任务和要求，掌握基本操作流程，把握服务细节，追求服务品质，具备针对性、个性化、综合化的休闲旅游行程服务中的对客服务技能，具有一定的创新和开拓能力。

本章思维导图

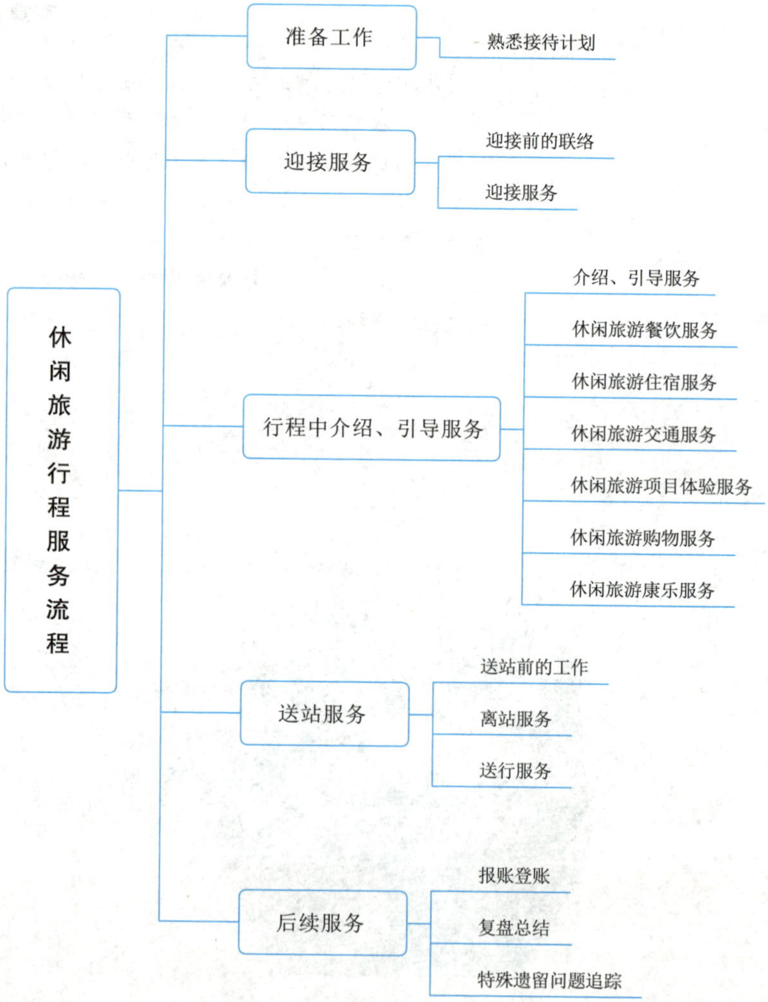

第一节　准备工作

近年来，随着国民生活水平的不断提高，人们的旅行方式也随之呈现出个性化、多元化的发展趋势，旅游业态也逐步由观光旅游向休闲度假旅游的方式转变。人们面对美好生活日新月异的变化，产生了新的需求。旅游度假产品的更新迭代，凸显出不同人群的出行体验需求，主要表现为要求“旅快”而“游慢”，重休闲重体验，这些新的变化对我们的服务工作提出了新的要求。从业者要如何有效运用专业知识，准确辨识休闲旅游者的潜在需求，为休闲旅游者提供优质的各项服务，成为应对中高端客户群体休闲旅游消费诉求的主要内容。

熟悉接待计划

休闲旅游行程服务人员需要熟悉接待计划，包含的内容有：休闲旅游团队名称或个人姓名、团号、团队人数、组团单位名称；休闲团队类别（休闲主要包括：文化娱乐类休闲、消遣旅游类休闲、怡情养性类休闲、体育健身类休闲、社会交往类休闲和其他休闲等）；团队要求的服务标准；住宿要求；膳食要求及标准；自订及代订项目；对行程陪同工作人员的要求；出行人员信息；特殊要求及备注等内容。

（一）接待计划

休闲旅游行程接待计划，是根据休闲目的地的实际情况，为休闲旅游者（团队或散客）提供向导陪同、语言翻译、安排休闲旅游者的旅行游览、订房、订餐、订票及旅游目的地之间的上下站联络等旅游综合服务信息表。

接待计划表涵盖信息包括：游览日期、出发城市、团队抵离时间、班次和机场（车站、码头）名称、旅游线路、游览景点、游览活动时间安排、住宿情况、用餐安排、文娱活动时间安排及其他特殊要求等内容。

（二）落实接待事宜

休闲旅游是一项综合性、体验感和参与感极强的旅游活动。休闲旅游者在旅游活动中除了满足基本的食、住、行、游、购、娱六大需求，还需在出行过程中提供能让休闲旅游者获得放松、愉悦等感受的服务，需要康乐、文化、消遣、运动等活动对休闲旅游行程提供项目支持。

（1）休闲旅游目的地的选择是旅游线路实施的重要前提。落实旅游目的地信息时，还要注意旅游目的地的旅游资源类型，以及各项配套设施、区域位置、景点间的距离、行程项目的可进入性、当地气候及气象条件、地质地理问题、经济发展水平及状况、居民消费水平、社会稳定、政府及居民对发展旅游业和休闲旅游者的态度。

（2）落实好行程中涉及的各类旅游资源的类型、规模、级别、容量、季节变化影响等相关信息。

（3）落实旅游景区或景点的门票价格，另行收费项目的价格及团体收费价格、休闲体验项目、康乐设施项目种类、挂牌价格及套餐消费的执行价格等信息。

（4）落实行程的合作企业（如地接旅行社、饭店、文化、康乐、消遣娱乐、酒吧、KTV、烧烤、温泉、海鲜舫、特色餐饮等休闲场所及购物场所）的种类、资质、条件、消费水平、服务水平、诚信程度等信息。

（5）落实旅游交通的方式、便利程度、舒适程度、服务水平等信息。

（6）了解旅游目的地的公用设施的水平、相应机构的服务水平等信息，掌握接待行程服务人员、翻译服务的水平。

以上和接待相关事宜的信息和动态都会对休闲旅游者在旅游目的地的旅游体验产生重大影响，建议行程服务人员准确掌握，及时了解变化情况。

（三）知识准备

休闲旅游服务人员在接待休闲旅游者前，应针对休闲目的地和行程内容提前了解当地情况，阅读相关书籍、查阅相关资料，设计不同的休闲项目的活动内容，并制作合理的旅行路线图，以供休闲旅游者参考使用。

出行前应了解客源地相关资料，有侧重地融入讲解和聊天中，给休闲旅游者营造亲切感，拉近与休闲旅游者的距离。

通常休闲旅游者在出行前都会做相关的准备工作，如：提前查阅与项目有关的资料、根据自己喜好制订休闲计划等。行程服务人员要更加深入了解当地的历史文化、特色项目、体验活动等，力争成为某方面的“专家”“高手”。还可提前准备供休闲旅游者阅读的活动相关规定、参加活动安全注意事项等资料。

（四）物质准备

行程服务人员要将每次行程安排烂熟于心，学会合理利用旅游目的地的旅游资源，并能结合相关休闲活动主题内容带领休闲旅游者进行充分的体验及实践。除准备行程计划、证照票据等基本的物质材料准备外，提前准备好休闲旅游接待工作所需的相应资料、器具，配备相应的辅助设施，如水杯、雨伞、雨鞋、防晒衣、耳麦、纸和笔、地图/景区游览图、创可贴、常备药、电脑、多媒体、摄影摄像器材、各类文娱、康乐设备等。

2021年，我国进入防疫常态化，行程服务人员还要按照各地卫生防疫部门要求做好个人和旅游接待防疫准备工作，准备好口罩、消毒用品、体温枪等物品。

（五）形象准备

行程服务人员的仪表美应当是心灵美的自然流露，内在美与外在美应协调统一。因此行程服务人员在接待时不仅需要注意自身的仪容仪表，同时也需注重提升道德规范和品德的修养，不断丰富自己的内心世界，提高思想认识。

行程服务人员良好的仪表能给休闲旅游者良好的心理感受，并由此引起对方积极的情感。在接待工作中虽然对行程服务人员的仪表没有一定的标准要求，但应该符合人们对仪表美普遍的审美情趣，适应休闲旅游者对仪表的一般审美要求。行程服务人员还要提醒休闲旅游者的着装也要符合休闲地区的民风民俗要求。

行程服务人员得体的衣着服饰、优雅的举止谈吐、温和有礼的态度、积极振作的精神面貌等都能给休闲旅游者留下良好的第一印象。这些美感的外在表现其实与行程人员的生活情感、思想修养紧密相连。

工作中行程服务人员可以着休闲装，但要整洁、大方、自然；男士忌穿短裤、无袖衫，不穿无袜凉鞋；女士忌穿前卫而暴露的服装，不能浓妆艳抹。

（六）心理准备

不同的民族或国家都有自己独特的传统文化和民风民俗，人们的性格特征和思维方式亦不相同。即使是同一个国家，不同地区、不同民族之间在性格和思维方式上也会产生巨大差异；休闲旅游者受所属的社会阶层、性别、年龄等因素的影响，其心理特征及行为表现会呈现出明显差别。

对此，行程服务人员要先做好自己的心理建设，便于更加从容地开展工作，主要的心理准备内容包括：

（1）合理地看待工作压力。

（2）做好积极的心理暗示。

（3）做好承受休闲旅游者抱怨和投诉的心理准备。

（4）对所接团队做好心理预测及分析。

例如：年轻的休闲旅游者喜欢多动多看，对热门社会问题有浓厚的兴趣；年老的休闲旅游者好忆古怀旧，对游览名胜古迹、会见亲朋好友有较大的兴趣，他们希望得到尊重，希望行程服务人员多与他们交谈；女性休闲旅游者则喜欢谈论商品及购物，喜欢听有故事情节的讲解。

行程服务人员在服务过程中要密切关注休闲旅游者，有针对性提供服务，最大限度提供符合休闲旅游者心理需要的服务，避免产生不必要的矛盾，避免引发休闲旅游者的消极情绪，从而降低服务质量评价。

第二节　迎接服务

一、迎接前的联络

休闲旅游服务在接到计划书后应主动与休闲旅游者联系。联系方式有发信息和打电话两种。建议采用短信息等文字形式，沟通的内容第一是向休闲旅游者介绍自己、表达欢迎之意；第二对接站航班、高铁动车火车、邮轮客船、大巴或自驾车等信息给予说明。

主要包含：自我介绍、接站方式、时间地点、天气状况、敬请回复等内容。

例：

尊敬的 ××× 休闲旅游者：

您好，非常荣幸能为您及家人提供此次旅行服务，我是您的行程服务人员 ×××，202× 年 ×× 月 ×× 日 ×× 点 ×× 分，我会在 ×× 机场大厅 ×× 号门，举您的姓名牌，迎接您的光临！

×× 城市，明日 15 度，小雨，请备好雨伞、雨具、厚外套等。

祝：一路平安，敬请收到后回复！

行程服务人员：×××

202× 年 ×× 月 ×× 日

（案例源自编者多年工作经验，稍加整合）

如果发出的信息超过两小时仍未得到休闲旅游者的回复，则需要向休闲旅游者领队或者联络人员拨打电话进行沟通。电话联系要注意避开以下时间段：用餐和夜间休息时间。

休闲行程服务人员要与接站司机联络，确认接站时间、地点、休闲旅游者人数，问询车辆基本情况、车龄、客座数量，是否有车载话筒、话筒能否正常使用，如没有或存在问题需要自己带好随身耳麦，最后再次核实行程路线，以免遗漏造成后续工作出现问题。

（一）掌握休闲旅游者基本信息

休闲旅游者基本信息主要是指休闲旅游者自身的一些情况及此次旅游行程相关内容。具体为：

（1）掌握休闲旅游者的基本构成、职业阶层、宗教信仰、年龄结构、饮食习惯、身体状况、旅游活动中有无特殊需求等客情。

（2）掌握休闲旅游者出行交通工具、航班时间、火车车次、客船班次、旅游大巴或是自驾车、预计到达时间、离开的时间等重要时间信息。

（3）掌握休闲旅游者票务落实情况、后续安排、有无办理签证（通行证）等需要。

（4）掌握休闲旅游者行程中有无会见宴请、竞赛、会见等特殊活动安排。

例如：留意行程内有没有休闲旅游者途中过生日的，提前与接待单位沟通，为休闲旅游者准备好蛋糕和长寿面；留意团队中有没有蜜月度假青年团友，为其布置温馨浪漫的情侣房间；给亲子出行的家庭休闲旅游者安排亲子家庭房，给小朋友准备一些小礼物等。

（二）告知休闲旅游者相关注意事项

临行前一天，行程服务人员要提醒休闲旅游者出行注意事项和需要携带物品，告知此次旅行其他工作人员姓名、职务、电话等联系方式，提示疫情现行防控措施和出行规定，提醒携带创可贴、常用药品、零钱和其他旅游活动必备品。

例如：行程有安排温泉或海边娱乐休闲项目体验，可以建议休闲旅游者自行携带泳衣及潜水设备。

提醒休闲旅游者带好所有的证件，核实证件的有效期，做好行李打包、物品整理工作。提示安全注意事项，主要包含内容如下：

（1）确认休闲旅游者健康状况，告知当地旅游接待条件及气候环境，旅途当中可能存在的风险因素。

（2）出游应根据个人年龄特点和体质状况选择旅游线路和旅游项目等，并自带个人防护用品、必备药品，以防不测。

（3）休闲旅游者不得对行程服务人员单位隐瞒身体状况。参加漂流、探险、蹦极、登山、缆车等危险性较大的旅游项目时，应严格遵守有关安全注意事项。

（4）遵守国家相关的法律法规，遵守行程要求，按照既定的日程安排和规划参加各项活动。

二、迎接服务

“好的开始，是成功的一半。”第一印象，影响着行程服务人员和休闲旅游者的关系融洽程度。把握好迎接服务的每个细节，充分展现接待的热情和水平，让休闲旅游者如沐春风，宾至如归。

（一）迎接准备

做好迎接准备工作，行程服务人员在休闲旅游者出发前通过短信息方式将接站时间、行程服务人员、司机姓名、联系方式等关键信息告知休闲旅游者。再次确认旅游团所乘交通工具抵达的准确时间，与旅行车司机联络，在休闲旅游者到达前 30 分钟到达指定地点，及时找到接团用车的停放位置，落实车内的车载话筒、影视播放系统、卫生情况、空调情况和座椅情况。

飞机可用“飞常准”“航旅纵横”等 APP 查询航班，火车可以使用 12306 进行查询，落实休闲旅游者是否准时到达，有没有延误情况。发生延误，则要耐心等待，如果出现取消情况，在与休闲旅游者确认后向领导汇报，得到许可后做好后续安排才能离开。

（二）前期迎接工作

（1）持休闲旅游者姓名或标识牌，在显著位置迎接旅游团。接站牌要书写规范、牌面整洁、字迹清晰醒目。

（2）接站时注意观察显示屏大屏幕上的班次信息，看到休闲旅游者要主动上前礼貌询问，核实休闲旅游者相关信息。接到休闲旅游者后，简单介绍自己并致意问候，清点休闲旅游者人数及行李数；主动询问休闲旅游者是否需要帮助搬运行李。

（3）在引领休闲旅游者前往停车场途中应走在其前方 0.5 米处，请休闲旅游者行走于内侧。行进过程中与休闲旅游者适当交谈，并随时关注休闲旅游者动态，要按休闲旅游者的步速行进，在道路转弯、上下楼梯、遇见道路湿滑时，要及时进行安全提示。

（4）引导休闲旅游者登车，可站立于车门旁，提示休闲旅游者注意脚下安全；搀扶或协助老弱休闲旅游者上车，待休闲旅游者全部上车后行程服务人员方能登车。

（5）上车后，应协助休闲旅游者就座，提醒大家系好安全带。待休闲旅游者坐稳后，检查一下行李架上的行李物品是否放稳，是否按要求系好安全带。礼貌地清点人数，以默数的方式进行清点，切勿用手指点人数。

（6）确认休闲旅游者人数无误，行李核实无误，请司机开车。

第三节 行程中介绍、引导服务

一、介绍、引导服务

在整个休闲旅游服务过程中，介绍、引导是服务工作的重心，行程服务人员自始至终要保持端庄大方的言行规范，提供主动周到的服务。

接到休闲旅游团客人后，致欢迎词，热情真诚表达对休闲旅游者的欢迎；细致说明注意事项、介绍本地概况、沿途风光、酒店基础设施区位等信息，便于休闲旅游者对目的地有较全面的了解；介绍行程中城市景观、自然和文化景点、温泉、海鲜舫、特色项目等休闲娱乐场所分布情况；引导休闲旅游者景区景点游览参观，协助休闲旅游者办理相应手续。

（一）问候礼仪

问候是敬意的表现，虽然休闲旅游者是抱着放松的目的和松弛的状态出行，但休闲行程服务人员要意识到，整个行程是我们的工作场景。

问候一定要讲究次序。在行程中的时候，行程服务人员首先应礼貌问候，风趣有内涵地介绍自己以及提供服务的工作人员，做好行程简略介绍。可以笼统地加以问候，比如“大家好”；也可以逐个加以问候。当一个人逐一问候多人时，遵循“尊者优先”的原则。问候寒暄，应及时与之交谈，话题内容可因实际而定。一般来说，应谈一些休闲旅游者熟悉的事情。与休闲旅游者交谈时始终保持微笑、主动热情打招呼，讲话时站立，双目平视对方，切忌东张西望，怠慢休闲旅游者，不指手画脚，做傲慢的动作；自我介绍用语文明礼貌，讲究语言美，行程介绍语言简练，重点介绍行程亮点并及时解答休闲旅游者疑问。

（二）接待礼仪

行程服务人员的坐立行走、行动举止应表现出良好的个人修养，给休闲旅游者以精神饱满、朝气蓬勃的印象。走路时抬头挺胸，目视前方，不急不缓，不得奔跑打闹。

接听电话，在电话铃响三声内接听，首先问候“您好”，自报部门和姓名，然后询问对方来电事宜。接听电话时，语气要亲切，回复要及时准确、有耐心，避免产生焦躁、不耐烦情绪。

有经验的行程服务人员都会尽快记住休闲旅游者姓名、职务等相关信息，能准确叫出对方的姓名，对缩短彼此的距离和接下来的工作交流是大有裨益的。

手机是现代社会不可或缺的通信工具，但在休闲旅游行程中，行程服务人员不得沉浸于玩手机、打游戏等，避免耽误行程安排。此外，行程服务人员还应养成在公共卫生间或休息室整理容貌的习惯。

（三）引导服务

休闲旅游者在旅游活动中的需求是不断变化的，游览景点安排要避免单一和重复，应注意灵活搭配活动内容。行程服务人员要熟悉整条线路的安排、住宿的城市和酒店地点、各个环节的接待条件和行程服务人员的联系方式。只有游览与购物、娱乐结合得好，才可以满足休闲旅游者的多样性需求。

二、休闲旅游餐饮服务

独具特色而又温馨舒适的用餐环境、美味可口的饮食，是吸引休闲旅客特别是初次休闲旅游者出行的主要因素。很多旅客对行程中提供的餐的种类、口味很在意，期望值较高。他们关心菜肴品种是否丰富、是否具有当地特色，饭菜是否卫生、是否可口。对休闲旅游的旅客来说，令其满意的餐饮甚至是他们旅行中最重要的部分。休闲旅行服务人员要在思想意识上提高对餐饮特色的重视，把行程餐饮安排出品位、特色，改变常规旅行多年来餐饮品种一成不变的状况，花心思研究旅客的食品需求与喜好，最大限度地满足旅客的需求。

（一）科学饮食

科学安排休闲旅游者饮食。由于休闲旅游者的饮食习惯各有不同，会造成水土不服的现象，可提醒休闲旅游者注意饮食卫生和营养均衡；尤其是青年休闲旅游者要避免偏食或暴饮暴食，老年休闲旅游者则在注重营养的同时也要关注食品是否易于消化。

（二）特色饮食

安排当地特色饮食，重在一个“品”字，注意不要过量，特别是冷食生鲜类食品，注意有无易过敏食物，注意饮食卫生，不可推荐怪异的食物种类，不推荐安排路边摊位及未取得食品卫生许可或生食可能导致肠胃疾病的饮食，防止消化不良。

全体休闲旅游者到齐后介绍就餐地点时间、就餐形式。带领他们进入餐厅，向餐厅服务员问清本团的桌号后，再带领休闲旅游者到指定的餐桌落座，告知休闲旅游者用餐的有关规定，若酒水饮料没有包括在团费内，明确告知休闲旅游者如有需要费用自理，休闲旅游者有超出规定的服务要求，费用由休闲旅游者自理，以免产生误会。休闲旅游者用餐前，行程接待服务人员还要将领队介绍给餐厅经理或主管服务员，告知该团用餐的特殊要求和饮食忌讳。

图 5-1　河南安阳红旗渠红色教育基地为客人准备的素食餐　摄影：马友惠

三、休闲旅游住宿服务

住宿行程服务人员有必要创建一份标准接待流程，有助于向休闲旅游者传递信息准确的住宿条件，包括远程交流和现场接待两部分。可以参照以下总体原则服务流程节点设计。

（一）远程交流

休闲旅游者抵店前一天，行程服务人员主动联系，确认客人次日是否会如期入住，并问询到店时间，做好记录。主要内容包括：敬语尊称、得体简洁自我介绍、预订情况、天气状况、温馨提示、交通路线、提示网络问题，联系出现问题时备用方案等。

休闲旅游者入住当天，预计好接待时间，提前抵达酒店做好迎接准备（如休闲旅游者到店较晚，提醒休闲旅游者住宿晚餐 ×× 点结束，可以在住宿景区外附近用餐后再入住）。主要内容包括：敬语尊称、得体简洁自我介绍、休闲旅游者人员构成、询问到达时间、确认休闲旅游者行车路线、提示交通路线标识、温馨提示交通安全。提示：快到达的时候致电，便于方便迎接、提示网络信号问题，联系不到时备用方案、确认进餐时间等。

（二）现场接待

主动迎接，首先自我介绍，礼貌问询、确定休闲旅游者身份，避免错认、漏接的情况发生。确认休闲旅游者身份后，带领其办理入住，先安排休闲旅游者在大厅入座休息，同时取一些饭店介绍、景点介绍给休闲旅游者浏览；适时介绍民宿所在地的地理位置、风土人情、村落状况、周边设施及环境等内容，在休闲旅游者休息时，行程服务人员应提前准备好住房名单交给前台服务员，尽快安排休闲旅游者入住；拿到房卡后，立即走到大家休息的地方，将房卡一一发给休闲旅游者，同时记录房号在休闲旅游者名单上；送休闲旅游者到达客房，主动介绍房间设施、注意事项、服务项目等内容。认真做好以下工作：

（1）告知休闲旅游者使用房卡。

（2）帮助休闲旅游者安排好行李，使行李迅速入房。

（3）帮助休闲旅游者看看房间是否打扫干净，房间设备是否存在问题。

（4）休闲旅游者离店时与休闲旅游者沟通退房时间，请休闲旅游者协助填写“意见调查表”。

（5）提示休闲旅游者整理好物品，避免遗忘。

（6）主动协助提拿行李，送到接待地点或停车场，提示休闲旅游者路上注意安全。

图 5-2　四川甘孜藏族自治州乡城县青德皈院民宿需要提前远程预订　摄影：马友惠

四、休闲旅游交通服务

在现代社会，“快旅慢游”的观念深入人心。为了节省时间、提高效率、提高旅游质量，现在旅客出门旅行选择交通方式更加注重方便、快捷、高效。

（一）乘坐飞机的服务

乘坐飞机时，行程服务人员一般应当最后上机，这样保证全团都顺利登上飞机；行程服务人员应尽量选择坐在休闲旅游者中间靠近走道的位置，以便在飞行时照料自己的休闲旅游者；下飞机后应当抢先到达出口，提前与迎接人员取得联系核对行程事宜。乘机时注意以下几点：

（1）认真检查票面乘客信息，尤其注意同音字、谐音字、证件号码等关键信息，防止出现乘机人姓名错误。

（2）在机场陪同休闲旅游者办理登机手续，行程服务人员应提醒休闲旅游者带好机票、身份证件、登机牌等，有序通过安检，在候机大厅等候上机。

（3）登机之前，落实休闲旅游者中是否有晕机经历者，如有可先吃片乘晕宁，如乘机过程中出现晕机反应，可帮助按压其合谷穴，若晕机状况严重，立即与空乘人员联系。

（4）登机后，提示休闲旅游者对号入座，不私自调换座位，听从空乘服务人员安排，提示休闲旅游者认真倾听空乘人员介绍乘机安全知识。

（5）飞机降落后，提醒休闲旅游者带好自己的行李，依次下机，在行李提取处等候提取行李，原则上自己取自己的行李物品，如出现行李损坏，要及时到航空公司的机场办事处登记索赔。

（二）乘坐火车的服务

（1）提前购票，因为休闲旅游者对旅途舒适度要求较高，最好预订高铁、动车或旅游专列车票，以保证行程舒适、安全、快捷。

（2）购票后，休闲服务人员要认真核对休闲旅游者的票面信息，保证休闲旅游者不会晚点错乘。

（3）到车站后，组织休闲旅游者集中坐好，留意车站广播和信息屏信息，不要误乘漏乘，如遇排队，行程服务人员领头靠前，请团长负责其后。

（4）上车后，协助休闲旅游者找好铺位或座位，告知自己车厢床铺或座位号。

（5）上车后，要安排好休闲旅游者车上生活，如有安排车上用餐，要提前组织带领休闲旅游者集中有序用餐，可以携带棋牌类文娱用品，丰富休闲旅游者乘车生活。

（6）注意车上广播，关照大家提前做好下车准备。下车时，提示休闲旅游者收拾个人物品，尤其是证照和贵重物品，遵守工作人员指挥，依次排队下车，休闲旅游服务人员应走前面，提前与地接人员会面，接洽相关事宜。

图 5-3　四川成都火车东站拥挤的旅客排队进检票口　摄影：马友惠

（三）乘坐客船的服务

如果要乘船出行，首先要看天气，如果遇到恶劣天气，比如像大风、雷雨、浓雾这样的情况，就建议大家不要冒险乘船冒险出行。不仅需要关注陆上的天气，还要关注海洋的气象预报。休闲旅游服务人员选择正规的载客船舶，要到正规的码头乘船。正规的载客船舶要有船名、船籍港和船舶证书，不能选择“三无”船只。

（1）提示大家，在乘船游玩前，在上下船的时候，一定要手扶栏杆，建议女乘客不要穿高跟鞋乘船，在下船的时候，一定要等舷梯落稳了之后，听从工作人员的指挥，不要拥挤。乘船过程当中，到开放式的甲板观光，必须要穿着救生衣。无论拍照，还是观赏风景，一定不要离栏杆太近，特别是家长，一定要看好自己的小孩，避免意外的发生。

（2）登船后，带领休闲旅游者熟悉一下船上的逃生路线，紧急集合点以及救生衣的位置。一般来说，紧急集合点都位于船舶甲板附近。告知休闲旅游者一旦遭遇险情，需要做的就是听从船员指挥，前往紧急集合点，等待救援。救生衣一般存放在客舱和甲板的专用柜子里。

（3）上船后迅速找到前厅接待服务人员，换取舱位票，安排休闲旅游者尽快入住，协助搬运行李送入客舱。

（4）宣讲行程安排，行船路线，提示餐厅开放用餐时间，并带领休闲旅游者用餐。

（5）下船时，提示休闲旅游者收拾个人物品，尤其是证照和贵重物品，服从工作人员指挥，依次排队下船，休闲旅游服务人员应提前下船与地接人员会面，接洽相关事宜。

图 5–4　广东广州南沙游艇会服务项目　摄影：马友惠

（四）乘坐旅游大巴的服务

（1）认真核对旅行接送车辆的三证一单一牌：即运营许可证、从业资格证、道路运输证、安全例检合格单和包车线路牌，确保休闲旅游者的乘车安全。

（2）播放安全教育片，做好安全宣传痕迹管理工作。负责休闲旅游者安全有序上下车及行车途中休闲旅游者的安全照顾、身体状况；做好行车途中讲解、互动等活动，讲解内容符合 GB/T 15971 标准，互动活动中保障休闲旅游者在车辆行驶过程中的人身和财产安全。

（3）重点关注休闲旅游者中老年人及儿童有晕车状况的特殊休闲旅游者，必要时可安排前排可视位置就座，及时制止休闲旅游者在车辆行驶过程中解开安全带，离开座位等危险行为，提示禁止将头和手伸出窗外，消除安全隐患。

五、休闲旅游项目体验服务

体验经济时代，消费者行为趋向个性化、感性化，越来越注重消费的过程与互动沟通。与走马观花的观光游相比，休闲体验项目的核心是吸引休闲旅游者参与并产生互动，通过思考、行动，让其从中体会到个性的自由和过程的快乐。让休闲旅游者更乐于参与其中去劳动、去体验过程，亲身感受民俗风情文化等。休闲旅游必须具有个性化体验主题，其必须体现旅游项目的特色，突显个性化特征。

（一）体验项目

旅游体验项目，需要从休闲旅游者的感官、情感、思考、行动和关联几个方面来安排活动，包括视觉、听觉、嗅觉、味觉、借助色彩、音乐、风格、设施与形象等工具来达到理想的感觉体验效果。休闲旅游主要有文化休闲旅游、城市休闲旅游、运动休闲旅游、康乐休闲旅游、乡村休闲旅游等多种形式。休闲旅游服务人员应熟悉各种休闲活动项目的特点，了解和掌握各种活动设施、设备的性能、功能及使用方法，更好地指导和协助休闲旅游者获得最佳的活动体验。

（二）体验项目服务流程

1. 文化休闲项目服务流程

休闲旅游服务人员带领休闲旅游者参观博物馆、科技馆、展览馆、美术馆、陈列馆、纪念馆、民俗馆、图书馆、群艺馆、文化馆、文化宫、科技馆、群众文化广场、科学文化广场、文化艺术中心等场所，应按照以下流程做好服务工作：

（1）讲解文化场所开设背景、规模、布局、价值和特色。

（2）告知所在旅游地的位置以及周边的自然、人文景观和风土人情。

（3）提示游览过程中的注意事项，并随时提醒休闲旅游者保管好自己的贵重物品。

（4）如需配套乘车或乘船，应协助联系有关车辆或船只。

2. 运动休闲项目服务流程

运动休闲项目具有技艺性、竞争性和规则性的特点。主要包括：竞技比赛、野外拓展、组队对抗等项目，登山、野营、攀岩、蹦极、定向越野、漂流、溯溪、徒步穿越、驾车、自行车等活动。

人们可以通过竞赛活动展示自我、张扬个性，体现人类敢于创新、顽强拼搏、奋力争先的精神。运动休闲活动可以满足人的竞争心理，展示个人的智慧和才华，还可以让参与者从运动中学会正确处理人际关系，从而宣泄心中的郁闷，达到调整心态、身心愉悦的目的。

休闲旅游服务人员组织活动流程如下：

（1）布置竞赛运动场地，调整赛场，营造现场氛围，组织召开赛前动员大会。

（2）介绍运动休闲项目基本要求，开展或协助教练开展活动技能培训。

告知休闲旅游者运动设施使用事项，强调安全防护事项；不建议休闲旅游者参加高风险或会导致严重身体不适的活动。

（3）组织或协助教练组织竞赛，告知竞赛规则，组织分组，并设置奖励，提高休闲旅游者参与的积极性。

（4）在休闲旅游者参与活动时，要密切关注休闲旅游者的安全和身体状态，做好安全和健康提示。过程中保持与休闲旅游者交流，听取其对活动的反馈意见。

（5）做好后续总结工作，为下次活动积累经验。

3. 城市休闲活动体验服务流程

休闲旅游服务人员组织休闲旅游者参与城市艺术中心、戏剧文化展示中心、民间文化艺术中心、艺术教育培训中心、游乐场、影剧院休闲项目，应按照以下流程提供服务：

（1）应对活动场所概况做简明介绍，突出特点。

（2）组织休闲旅游者排队有序进场，如是观赏类活动应引导休闲旅游者对号入座，并提示参与活动需要注意事项；

（3）全程陪同休闲旅游者，介绍相关设施使用，提醒安全防护事项和场地纪律等。

（4）观看或参与活动结束后主动迎接休闲旅游者，并对休闲旅游者满意程度给予询问，对于存在的问题积极向组办方进行反馈。

4. 乡村休闲项目体验服务流程

乡村休闲旅游服务人员在组织休闲旅游者参与农耕文化、野趣娱乐、原乡冒险等乡村休闲活动时，应做好以下服务工作：

（1）及时通知相应部门和工作人员做好活动场地和设施准备，注意活动安全，不建议参加风险程度较高的项目。

（2）主动向休闲旅游者介绍休闲场所娱乐项目、菜肴特色，做好活动设计，提供点菜服务，及时准备菜肴。

（3）热情回答休闲旅游者提出的问题，主动关心休闲旅游者，及时解决出现的问题，尽量满足休闲旅游者的合理要求。

（4）休闲旅游者就餐时，要注意留心休闲旅游者的用餐情况，以便及时处理，可在适当的时机主动征询休闲旅游者的意见或要求，以体现农家的热情与真诚。

（5）在休闲旅游者参与活动过程中，要提醒相关安全、健康事宜，保持与休闲旅游者的交流，了解其参加活动的技巧与感受，听取休闲旅游者意见。

（6）回答休闲旅游者问询，介绍附近景点概况、土特产和文创产品购买等。及时提供结账服务，征询意见和建议，感谢休闲旅游者的光临，提醒休闲旅游者带好自己的物品。

5. 康乐休闲活动服务流程

康乐游戏类休闲活动有跳绳、钓鱼、放风筝、踢毽子、打陀螺、轮滑、飞镖等。这些活动源于古代的民间游戏，历史悠久，在漫长的实践和传承过程中经过人们不断的修改、创新，发展成为现代颇具特色的项目。康乐游戏类活动最大的特点是具有明显的娱乐性，在活动中尽情玩耍，在玩乐中强身健体、陶冶情操、培育品格、开阔思维，感受身心愉悦的体验。休闲旅行服务人员应做好以下服务工作：

（1）布置活动场地，进行陈列调整，注意营造现场氛围，召开动员大会。

（2）开展或协助教练开展康乐项目基本培训，介绍活动技巧。

（3）组织或协助教练组织竞赛，制定竞赛规则，并设置奖励，进行分组竞赛，提高休闲旅游者参与的积极性。

（4）在休闲旅游者参与活动过程中，要密切关注休闲旅游者的安全和身体状态，做好安全和健康提示。

（5）与休闲旅游者交流参加活动的技巧与感受，听取休闲旅游者意见。

图 5–5　四川眉山洪雅玉屏山滑翔伞体验流程　摄影：马友惠

六、休闲旅游购物服务

旅游购物是提高当地旅游整体经济效益的重要途径，是增加本地收入和就业机会、振兴地方经济的重要手段之一。国内旅游购物的发展，可以直接满足本国人民日益增长的物质和文化需要；国际旅游购物，可以使世界各国人民加深对旅游目的地国家和地区的历史文化、民族传统的了解。

休闲旅游服务人员应在行程服务中正确引导休闲旅游者购物，尽量满足休闲旅游者的个性化需求。

（一）制订“购物计划”

旅游购物品主要包括：旅游纪念品、旅游工艺品、文物古玩、土特产品、旅游食品以及旅游日用品。

休闲旅游服务人员在为休闲旅游者制订购物计划和推荐休闲旅游者购物时，应激发休闲旅游者消费的审美情趣的提升，避免炫耀性消费。大力推荐立足乡土、因材施艺、因地制宜的个性化手工产品，像木作、雕琢、烧造、冶炼、铸造、纺织、印染、缝纫、刺绣、编结、髹饰、装潢、造纸、制革、酿造、榨取、炮制等具有高文化附加值，承载着地方传统文脉特色的旅游纪念品。

（二）购物注意事项

休闲旅游购物的首要原则是“注重特色，容易携带；少买吃的，多买用的”；建议休闲旅游者购物应坚持“三买”和“五不买”。

三买：买自己喜欢的东西；买东西一定要开发票；贵重物品一定要“保单”。

五不买：易碎物品不要买；金银物品不要买；宝石玉器不要买；大件物品不要买；海鲜水产不要买。

休闲旅游者要求单独外出购物，条件允许的情况下休闲旅游服务人员应给予休闲旅游者便利，提醒其注意外出安全，并协助安排车辆，提供购物商场信息，告知注意事项。

休闲旅游者委托休闲旅游服务人员代购商品并托运邮寄时，服务人员原则上予以婉拒，推辞不掉的情况下，应上报所在公司予以代办，或经上级领导同意后，预收足够的钱款，办妥购买、邮寄或托运手续后，将相关票据复印留底，原件寄给委托的休闲旅游者查收。

七、休闲旅游康乐服务

休闲旅游行程服务人员根据工作经验对休闲旅游者的消费动态应该有大概的掌握和相应的准备，在行程服务中能向休闲旅游者及时推荐介绍康乐活动项目，使行程更加完善合理，丰富多彩。

（一）提供问询服务

休闲旅游者问询的内容主要有：本地或酒店近期的重要活动；酒店各营

业场所的消费项目及价格；酒店各营业近期优惠推广项目；酒店内部服务设施及服务时间；市区交通情况；购物地点及路线。

针对休闲旅游者的问询，行程服务人员应做到：

（1）熟知酒店内服务设施情况。

（2）熟知本地区交通、游览、购物等情况，掌握准确信息。

（3）能运用简洁、准确的语言，清晰地答复客人的问询。

（4）及时更新服务信息。

（5）对无法立刻答复的问题，应回答“对不起，我立即给您查询”，待查清后，立即做出回复。

（6）熟悉各种单据的登记及各项收费，灵活进行推销。

（7）接到休闲旅游者表扬，要真诚地感谢休闲旅游者；接到休闲旅游者的投诉则应立即表示歉意，存在问题立即改正，其他不能及时处理的问题应立即上报处理。

（8）完善休闲旅游者档案。

（二）休闲中心酒吧服务程序

（1）必须对各种酒水价格非常清楚，根据休闲旅游者的喜好及时推荐。

（2）根据休闲旅游者所点酒水，依据酒水程序展酒、开瓶、斟酒。

（3）待休闲旅游者消费完毕后，协助休闲旅游者结账。

（三）温泉康乐设施服务程序

（1）协助休闲旅游者使用储物柜，提示休闲旅游者将贵重物品交吧台保管好。

（2）提示休闲旅游者锁好衣柜。

（3）为顾客指引出入口方向及使用康乐设施注意事项等。

（4）担负安全责任，全面监控入水休闲旅游者的活动，重点注意老年人、儿童及醉酒后入场者。

（5）遇有溺水时，须及时入水抢救，并利用器械合力救出溺水者并同时进行急救及发出通知，请专业医护人员入场急救。

（6）对于在水中做出危险动作的休闲旅游者，要及时予以警告制止。

案例 5-1

休闲旅游服务不能让“笑脸”流于形式

广州休闲旅游者林某参加某机构组织的休闲度假游，在厦门入住某星级休闲度假酒店。酒店的前厅服务人员小张与休闲旅游者在同乘电梯上楼的时候，并没有让休闲旅游者先行进入，并且面无表情没有向休闲旅游者主动问好。林某觉得没有受到酒店足够的重视，对他不尊重，就将小张投诉给了酒店的大堂经理。经理找到小张，问小张："为什么当时没有微笑问候和礼让休闲旅游者？"小张回答说：因为当时他楼层服务有急事儿，需要马上处理，所以就没有礼让休闲旅游者，他胸前佩戴了酒店的笑脸徽标，已经代表了酒店对他的这种欢迎之情。经理在了解完事情经过后，做出责令小张当面对休闲旅游者赔礼道歉，并扣除小张当月奖金。另外还赠送林某酒店休闲吧消费券，表达酒店服务不周向休闲旅游者致歉。林某接受了酒店的处理结果。

【案例分析】

这个事件告诉我们：休闲游客更注重服务细节和旅游感受，始终秉承"客户至上，用心服务"不能流于形式，这是做好休闲旅游服务的第一要素。

〔案例源自行业实事，编者稍加整理〕

第四节　送站服务

快乐的时光总是过得飞快，休闲旅游者带着期盼、喜悦的心情度过闲适且美好的时光，到了临别之际，休闲旅游者的心情会有些许转变。既有对本次休闲旅游活动的留恋与不舍之情，又充斥着归家的迫切愿望。针对在这个阶段休闲旅游者的心理需求，休闲旅游行程服务人员要做好周到细致的准备和温暖体贴的服务，使休闲旅游者能安全顺利地离站，圆满结束本次休闲旅游活动。

一、送站前的工作

（一）送站前的物质准备工作

随着休闲旅游行程的徐徐展开，休闲旅游者（团）即将结束本地的休闲旅游活动，为保证休闲旅游者顺利结束行程、安全离站、减少遗留问题，行程服务人员要提前做好送站准备，让服务更加细致周到，努力将服务工作推向高潮，让本次休闲旅游在休闲旅游者心目中留下美好而深刻的印象。如果行程服务过程中有不愉快的事情发生，此时要尽量做好补救工作，以减低休闲旅游者的不悦感。

1. 核实离站时间和交通票据

行程服务人员根据休闲旅游《行程计划表》，提前掌握休闲旅游者的离店日期。在休闲旅游者离开的前一天，核实休闲旅游者离开的机票（车票、船票）。如果是休闲旅游团队，行程服务人员还要核对团名、人数、姓名、航班（船次、车次）、起飞（起航、发车）时间、启程地点（车站、码头、机场）等事项。

如果是乘飞机离境的休闲旅游者，行程服务人员还应提醒或协助领队，提前 72 小时对机票进行确认。

如果航班（车次、船次）或者时间出现变更，行程服务人员应当及时通知领队、司机和酒店相关人员等，调整送站时间和计划，避免出现休闲旅游者离店时无人送站或者错送、漏送休闲旅游者的情况。

2. 商定出行李时间

通过一段时间放松身心的休闲旅游活动，大多数休闲旅游者在离开时行李都会有所增加。尤其是休闲旅游团队，不仅行李数量多，通常还会有大件行李托运，在出行李环节会花费较长时间。例如目前休闲旅游的生力军——“银发军团”老年休闲旅游者，有着不可小觑的购买力，考虑到老年休闲旅游者的年龄和生理机能因素，要为其留出充裕的时间整理行李。以家庭为单位的休闲旅游者，时常因为用品数目多、收拾无序等原因出现行李漏拿、丢失等情况，会延误离店时间，严重者还会影响到返程。

行程服务人员在休闲旅游者离开的前一天与领队沟通商量，确定出行李时间。商定出行李时间时，要充分考虑休闲旅游者的实际情况，要结合所掌握的天气情况、出行路线、交通状况、行李数量等信息做综合分析。

出行李时间确定后，行程服务人员应及时通知休闲旅游者和饭店行李房，向休闲旅游者介绍托运行李的具体规定、注意事项，友善提醒休闲旅游者护照、身份证以及贵重物品要随身携带。送站前行程服务人员可协助领队或休闲旅游者检查行李的包装、捆扎情况是否完善、符合托运要求。

出行李时，行程服务人员要与领队、行李员一起仔细清点行李数量，核实无误后在行李交接单上签字。

3. 商定出发时间

通常情况下，司机对路况是比较熟悉的。加之现在各种导航 APP 的普及，大家对花费在路途上的时间控制越发精准。为了让安排更加合理化，建议行程服务人员在与司机商定出发时间时要结合休闲旅游者实际情况、交通实时状况，及时通知休闲旅游者确切的出发时间。

如果休闲旅游者乘坐飞机（火车、轮船）班次较早，早于餐厅的正常服务时间，行程服务人员可以与餐厅负责人协商，安排休闲旅游者提前用早餐，或者由餐厅准备便携式简餐，供休闲旅游者在路途中食用。

4. 后疫情时代的防疫准备

在疫情防控常态化背景下，2020 年的国庆、中秋节假期，中国的文化旅游业呈现出持续火爆、势头不减的态势。疫情之后，大家都对休闲旅游的环境卫生与食品安全有更高的要求。实践证明，有效的疫情防控措施会带给人们更多安全感，休闲旅游行程服务人员要全程做好防疫工作。

行程服务人员要学习了解国家卫生和安全委员会发布的《新型冠状病毒肺炎防控方案》，要关注当地的旅游政策，及时掌握当地政府颁布的出行要求。准备好自用和行程服务用的防疫物品。

表 5–1　送站服务工作清单

序号	工作项目	具体内容	完成情况记录	备　注
1	离站时间	年　月　日　时 航班班次 航　　站 人　　数		
2	交通票据	时　　间 数　　量 班　　次 接洽人员		
3	行　　李	件　　数 大件行李 托运行李 出行李时间		
4	出　　发	时　　间 体温检测 消　　毒 口　　罩		
5	其　　他			

（二）征求休闲旅游者的意见

休闲旅游者对行程服务的满意度是衡量服务质量的重要指标。在休闲旅游者结束行程前，行程服务人员要主动征求休闲旅游者的意见，了解本次休闲旅游活动在行程安排、休闲项目、娱乐活动、服务质量等各个方面给他留下的感受。

行程服务人员征求意见的方式多种多样，主要分为正式或非正式两种方式。

1. 正式征求休闲旅游者意见

（1）行程服务人员请休闲旅游者填写传统形式的纸质调查问卷表，或请休闲旅游者在精美有特色的留言簿或留言墙上留言。

（2）行程服务人员可运用现代化信息技术手段的小程序、问卷星、有奖问答等征求休闲旅游者的意见。

2. 非正式征求休闲旅游者意见

行程服务人员要做一个有心人，在日常服务工作中，通过与休闲旅游者的交往，细心观察休闲旅游者的言谈举止、习惯爱好，了解他对休闲旅游的服务需求，及时调整自己的服务细节，提升服务品质。要养成主动收集、分析工作信息的意识和工作习惯。

不论采用哪一种征求意见的方式，行程服务人员都应主动且真诚地征求休闲旅游者的建议和意见。不论休闲旅游者提出的是赞扬还是批评，都要充分重视每位休闲旅游者给出的信息反馈。通过数据采集，认真分析第一手资料，了解休闲旅游者真实的需求，对休闲旅游服务项目、服务方式等进行适时调整，切实提高休闲旅游行程服务的服务质量，给休闲旅游者带来更好的休闲体验。

（三）准备伴手礼

疫情常态化背景之下，文旅产业从传统的观光旅游转向休闲度假旅游模式。景点不再是旅游的唯一目的地。休闲旅游以住宿为中心，休闲旅游者融入当地人生活区域，新兴民宿成为“网红”打卡点。一些酒店（民宿、度假村）会根据自身接待规程，为休闲旅游者准备相应的伴手礼，请行程服务人员协助赠送。

此场景下提供的伴手礼具备更多情谊属性，希望能给休闲旅游者留下美好的记忆。通常是代表着本店（本地）特色、地方文化的产品。休闲旅游者在返程前收到这些特点鲜明或意义独特的伴手礼，能触动人们内心温暖柔软之处，能强化本次休闲旅游的美好体验，留下深刻印象。伴手礼力求精致独特，一定要轻便小巧，便于携带，能起到宣传推广的作用。

有此项服务工作的行程服务人员要事先清点伴手礼的件数，了解伴手礼的特点、功效、作用等基本情况，准备相关的介绍语言、感谢话语，预设赠送伴手礼的时刻，考虑赠送伴手礼的顺序等服务细节。

图 5-6 广东广州塔附近随处可见伴手礼商店 摄影：马友惠

（四）送别话语

送别话语，也可称为“欢送词”。不论是正式社交场合还是日常交往，在与友人离别之际，我们都会用情真意切的话语来表达自己对对方的留恋之意。这是中华民族基本的待客之道，是休闲旅游行程服务工作最后篇章的开启。

1. 使用时间

送别话语可以使用在休闲旅游行程服务送站途中，也可用在离站前。

2. 常用方式

可以使用结构完整、较为正式的欢送词；也可以使用简单质朴的口头语言来表达，重点是致辞人依依不舍的情感和诚恳友善的态度。

3. 送别话语的一般要求

（1）简单回顾近几日的行程，帮助休闲旅游者梳理本次休闲旅游的主要内容。

（2）感谢领队、休闲旅游者对自己的信任和支持。对本次休闲旅游过程中照顾不周或失误之处表达诚挚的歉意。

（3）真诚表达对休闲旅游者的惜别之情和祝福之意，期盼重逢，愿能再次为之服务。

对刚入职的行程服务人员而言，最好能提前构思自己的送别语言，能流利、真诚表达惜别之意。即便是工作经验丰富的行程服务人员也应悉心做好准备，因为每一次行程服务，面对的休闲旅游者都不相同，每一位休闲旅游者的体验感受也不一样。工作内容虽然是行程服务人员熟悉的，但每一次的相聚和离别对每一位休闲旅游者而言都是唯一的一次。

案例 5-2

送别话语（欢送词）

亲爱的各位朋友：

我们的终点——双流国际机场就要到了，小张也要和大家说再见了。正像歌词所唱："说再见，再见就在眼前；道离别，离别不会太遥远！"感谢我们共同度过的五个日夜。我们一同欣赏了绮丽的自然风光，一同感受了巴蜀文化经久不衰的魅力，一同亲历了天府之国闲适安逸的生活……

各位朋友，我们的休闲之旅即将画上圆满的句号。临别之际，我首先要感谢大家。感谢大家，五天以来，对我工作的理解和支持。谢谢。一路上若有照顾不周的地方，小张在此真切地表示歉意，恳请大家的谅解，欢迎大家提出批评和建议。

最后祝愿我亲爱的朋友们，返程顺利，平安喜乐！俗话说"山水有相逢。"希望我们还会再次相遇！谢谢大家。

【案例分析】

短短的三段话，时长在 3 分钟左右。语言简洁恰当，表述完整，态度真诚。送别话语回顾了本次休闲旅游的主要行程，表达了对休闲旅游者的感谢之情，也对行程服务中有可能不周到的地方表达了歉意，最后真挚表达了祝福。送别话语可以文采华丽，但更要情真意切。

二、离站服务

离站服务对行程服务人员而言，包括从协助休闲旅游者办理离店手续，直至成功登上返程机（车、船）顺利离开这个过程，是行程服务人员面对休闲旅游者的最后一环。它包含离店服务、送站途中服务、离站服务三项内容。

（一）离店服务

当休闲旅游活动进入尾声，行程服务人员工作的重点是关注休闲旅游者的行李交运、退房手续办理、准时集合登车三件事情。

1. 交运行李

散客的行李数量较少，易于清点，工作中做好清点和提醒工作，注意避免出现行李漏送和错送的产生。

休闲旅游团离开饭店前，行程服务人员按事先商定好的时间，办好行李交接手续：

（1）与领队共同清点行李的总数、托运行李件数。

（2）协助行李员登记本团队休闲旅游者要托运的行李件数。

（3）与饭店行李员办好行李交接手续。

（4）提醒休闲旅游者再次检查有无漏拿、错拿行李情况。

待行李员和大巴司机将休闲旅游者行李搬运装车后，行程服务人员再次清点行李数量。

2. 办理退房手续

行程服务人员提醒休闲旅游者办理退房的时间和相关事宜，并关注休闲旅游者办理退房的进度。

休闲旅游团队，可由行程服务人员协助休闲旅游者统一到总服务台办理退房手续：

（1）在离店前，行程服务人员收齐房间房卡交到总服务台，核对用房情况。

（2）确定无误后按规定结清休闲旅游团团费。通常情况是在中午 12：00 以前退房，有特殊情况在约定时间前完成退房。

（3）提醒休闲旅游者带好个人物品及相关证件，询问休闲旅游者是否已结清个人账目等事宜。

3. 组织集合登车

待休闲旅游者（团）办理完退房手续，行程服务人员要组织休闲旅游者（团）集合，引领大家准时登车。待大家入座后，行程服务人员再次清点登车人数，提醒休闲旅游者清点随身物品，包括身份证件、交通票据等，提示休闲旅游者遵守乘车安全规定、做好防疫工作等注意事项。

行程服务人员检查一切妥当后，可让司机准时发车。

（二）送站途中服务

1. 途中讲解服务

行程服务人员上车后，可根据途中距离远近、时间长短、休闲旅游者的精神状态开展途中讲解。

途中讲解的一般要求：

（1）介绍抵达机场（车站、码头）的大概时间。

（2）对休闲旅游者（团）的休闲旅游行程活动，包括食、住、行、游、娱、购等方面做一个概要性的回顾，以加深大家对这次休闲旅游的美好体验感受。

（3）根据休闲旅游者的精神状态，讲解沿途的景点、文化、风俗等内容。如果大家精神状态良好，兴趣浓厚，行程服务人员讲解内容可丰富、翔实甚至展开讲。如果大家身体疲倦，兴趣缺乏，行程服务人员的讲解则要适可而止，将时间留给大家休整。

2. 途中惜别欢送

如果说接站时热情的欢迎辞是与休闲旅游者的第一次接触，那么返程途中的欢送便是与休闲旅游者深情款款的告别，是本次休闲旅游行程服务的压轴戏。途中讲解进入尾声后，巧妙引出惜别话语（欢送词）。

惜别欢送时，行程服务人员要态度真诚，感情真挚，富有感染力。重点表达：

（1）感谢，对休闲旅游者及领队、司机合作的感谢。

（2）惜别，对休闲旅游者同游一场的惜别之情。

（3）抱歉，对休闲旅游活动中不尽如人意之处的诚挚歉意。

（4）诚恳，对大家提出建议和意见诚恳接受的态度。行程服务人员现场分发《休闲旅游服务质量评价意见表》请休闲旅游者填写，填写完毕后如数收回，妥善保管，并表示感谢。

（5）祝愿，对大家生活美好的祝愿和欢迎重逢的期待。

行程服务人员通过最后的途中讲解以及惜别，加深与休闲旅游者的感情，让大家对本次休闲旅游目的地产生留恋之情。

3. 提前到达机场（车站、码头）

团队休闲旅游者必须留出充裕的时间，提前到达机场（车站、码头）。常规要求是：

出境航班须提前 2 小时抵达。

国内航班须提前 90 分钟抵达。

乘轮船、火车须提前 1 小时抵达。

还应考虑在防疫常态化的背景下，我国各公共场所防疫要求每个人必须出示健康码、进行体温测试的情况，该环节会导致排队、安检时间延长。

4. 进站准备

旅游车到达机场（车站、码头），行程服务人员要提醒休闲旅游者带齐随身携带的行李物品，按照当地政府出行要求做好防疫工作，再照顾休闲旅游者下车，待全团休闲旅游者下车后，行程服务人员还要再次检查车内有无遗漏的物品。

表 5-2　休闲旅游服务质量评价意见表

尊敬的休闲旅游者朋友：

感谢您参加 ××××××× 休闲旅游活动，希望此次休闲旅游能给您带来舒适的体验、美好的感受。在此，恳请您抽一点时间，真实填写此表（在每栏其中一项里打“√”），提高我们下一次为您服务的水准。

休闲旅游服务质量监督电话：×××××

休闲旅游投诉电话：×××××

团队编号		团　号		人　数	
休闲旅游时　间		行程服务人员姓名		司　陪姓　名	
目　的　地		出游形式		散客　　团队	

评价内容	满意	较满意	一般	不满意	评价内容	是	否
休闲旅游咨询服务					回复及时准确		
休闲旅游线路设计					签订旅游合同		
休闲旅游行程安排					行程与合同相符		
休闲旅游活动体验					无景点遗漏现象		
休闲旅游用餐质量					购物、自费项目属自愿行为		
休闲旅游住宿安排					全程做好防疫工作		
休闲旅游车辆车况					无索要小费和私拿回扣行为		
行程人员服务态度					佩戴工作标识		
行程人员服务技能					主动进行服务		
司机服务					过程中有安全提示		
整体服务质量评价					会再次选择本公司		
意见建议							

谢谢您！欢迎再次来到 ××××，祝您行程愉快！

年　月　日

（三）办理离站手续

大多数团队都是行李随旅行车同载。行程服务人员下车后请休闲旅游者拿取各自的行李，做好进站准备，再带领大家通过防疫检测进入机场（车站、码头）的大厅等候。

1. 国内航班送站的一般程序

（1）提前90分钟到达机场后，提示休闲旅游者提前拿出核酸检测报告、出示手机健康码，依次通过安全检测和体温检测，进入机场大厅。

（2）协助领队集中换领登机牌，办理行李托运手续。

（3）将身份证、机票、登机牌、行李牌、托运单等证件、票据逐一清点、核实无误后交给领队，并请其当面清点核实。由领队发还给每位休闲旅游者。

（4）热情告别，祝休闲旅游者（团）一路平安。目送休闲旅游者（团）全部进入安检区后离开。

2. 火车、轮船送站的一般程序

（1）提前抵达车站、码头后，将交通票据、行李票据等清点、核实无误后交给休闲旅游者或领队。

（2）提示休闲旅游者提前拿出核酸检测报告、出示手机健康码，依次通过安全检测和体温检测，进入候车（船）大厅。

（3）提前30分钟将休闲旅游者送上车厢或轮船落座，协助领队安排舱位。

（4）热情告别，祝休闲旅游者（团）一路平安。

3. 与司机结账

行程服务人员完成离站服务工作后，按规定与司机办理结账手续，或在用车单据上签字，并妥善保留好原始凭证。

三、送行服务

迎来送往是中华民族传统的社交礼节。并非所有的休闲旅游者都需要行程服务人员陪同到机场（车站、码头），但休闲旅游活动结束时的送行服务是必不可少的。除行程服务人员，酒店的礼宾部、民宿的管家也会担任对客送行服务工作。

实践中，送行规格有高有低，送行仪式有繁有简。在旅游接待中通常根据休闲旅游者（团）的具体情况，如休闲旅游者的身份、团队的规模、接待规格等因素，安排送行服务，或专人专程前来送行，或顺道路过驻足送行。

（一）送行服务的基本流程

1. 离店手续完善

协助休闲旅游者办理离店手续。

2. 交运行李

协助休闲旅游者将其行李或稍重物品送到门口。

3. 协助登车

协助休闲旅游者登车，按照主宾先随员后、女宾先男宾后的顺序或主随客便自行上车。

4. 惜别欢送

送别休闲旅游者时，主动征求其意见，并致以“不足之处请多包涵”“期盼下次重聚”等礼貌用语向休闲旅游者道别，祝福其旅途愉快。车辆开动时行程服务人员要挥手致意，目送车辆驶离后方可离开。

（二）送行服务的细节

（1）如果休闲旅游者需要帮他预购返程车票、船票或飞机票，应问清车次、航班、时间以及具体要求，再尽力为休闲旅游者解决事情，并实时反馈进度和结果。如自己实在无力解决，要第一时间通知对方，免得对方措手不及。

拓展阅读 5–1

（2）协助交运行李时，要问清行李件数，留意行李是否完好，运送过程中小心地提携取拿，休闲旅游者的贵重物品建议其自己拿取。

（3）协助安置好行李后，应向休闲旅游者做好交代，施礼感谢，致告别语。

（4）送客登车时替休闲旅游者关车门，注意避免休闲旅游者的衣裙被车门夹住，关车门用力恰当。

（5）车辆启动时，行程服务人员应面带笑容，向休闲旅游者挥手告别，目送车辆驶离后方可离开。

（6）2020 年以后建议多使用点头礼、拱手礼、挥手礼等非接触性礼节。

拓展阅读 5–2

第五节　后续服务

看着休闲旅游者带着愉悦与不舍离开，他的休闲旅游行程结束了，你的心情是否也轻松了许多？你认为自己的工作是否已经圆满画上句号了呢？其实，休闲旅游行程服务的工作包含了行前温暖细致的准备、行程中面对休闲旅游者时周到贴心的服务，还有行程结束后妥善的后续工作。这才是行程服务人员完整的工作流程。

一、报账登账

在人们的心理感知上，登上返程的飞机（车、船）离开游览地，便是本次休闲旅游行程的结束。对行程服务人员而言，休闲旅游者离开后，行程服务工作才开始进入收尾阶段。

首要工作是在规定的时间内到财务部门报账。

（一）报账

1. 报账所需单据凭证

休闲旅游《接待计划》《陪同报告书》《休闲旅游服务质量评价意见表》、原始票据等公司财务部门规定的原始凭据。

根据《会计法》要求报账凭证必须真实、合法、规范填写。休闲旅游行程人员在填写凭证时应注意：

原则上，报账必须提供正规发票。如果确实没有正规发票，则按照发票与收据分开后填写报销的原则报账。

（1）票据使用原件，复印件无效。

（2）发票抬头必须与报账单位名称一致。

（3）使用蓝、黑钢笔或签字笔填写。字迹工整、不得涂改。

（4）大小写金额一致，相关内容填写完整。

2. 报账的基本环节

申请人提出申请→会计（计调）核实→部门经理审核签字→财务经理审核签字→总经理签字→出纳支付。

3. 报账的具体流程

（1）准备好规定的票据凭证，填写《陪同报告书》，以此为据填制该《×××休闲旅游团费用结算单》。

（2）交由部门的会计（计调）详细审核，确认无误后，交部门经理审核。

（3）部门经理审无误后，签字后交财务部并由财务部经理审核。

（4）财务部经理审核无误后签字，交总经理签字。

（5）总经理签字后，到财务部由出纳支付。

表 5–3　×××休闲旅游团（接团）费用报销结算单

年　月　日

<table>
<tr><td>休闲旅游
时　　间</td><td></td><td>休闲旅游者
姓名 / 团号</td><td></td><td>实际人数</td><td></td></tr>
<tr><td>休闲旅游
线　　路</td><td></td><td>行程天数</td><td></td><td>行程服务
人员姓名</td><td></td></tr>
<tr><td>应收团费</td><td></td><td>预支团费</td><td></td><td>计　　调</td><td></td></tr>
<tr><td colspan="2">代收代付
费用项目</td><td>金额（元）</td><td>单据张数</td><td colspan="2">备　注</td></tr>
<tr><td colspan="2">住　宿　费</td><td></td><td></td><td colspan="2"></td></tr>
<tr><td colspan="2">膳　食　费</td><td></td><td></td><td colspan="2"></td></tr>
<tr><td colspan="2">交　通　票</td><td></td><td></td><td colspan="2"></td></tr>
<tr><td colspan="2">票　务　费</td><td></td><td></td><td colspan="2"></td></tr>
<tr><td colspan="2">保　险　费</td><td></td><td></td><td colspan="2"></td></tr>
<tr><td colspan="2">行程服务费</td><td></td><td></td><td colspan="2"></td></tr>
<tr><td colspan="2">其　　他</td><td></td><td></td><td colspan="2"></td></tr>
<tr><td colspan="2">报销金额
合　　计</td><td></td><td></td><td colspan="2"></td></tr>
<tr><td colspan="6">合计人民币（大写）：</td></tr>
<tr><td colspan="2">毛利总计</td><td></td><td>业务提成</td><td colspan="2"></td></tr>
</table>

批准：　　　　　审核：　　　　　财务：　　　　　填报人：

（二）登账

该休闲旅游团涉及的协议单位相关款项由财务人员及时登录到《团队费用往来明细表》中，以便公司财务进行核对。

（三）归档

休闲旅游者客户档案管理是旅游企业营销管理的重要基础。客户档案管理工作包括资料的收集、整理和存档。重要性在于能为企业后期提高休闲旅游项目营销效果，扩大休闲旅游市场占有率，与企业合作方建立长期稳定的业务联系提供支撑材料。

1. 原始资料归档

行程服务人员在规定时间内，将休闲旅游者（团队、散客、VIP、特殊人员等）的原始资料进行整理并登记存档，以备相关部门查询。

2. 电子资料归档

行程服务人员及时登录管理系统，对本次休闲旅游活动的电子资料进行分类、归档，收集、上传相关数据。

二、复盘总结

休闲旅游复盘工作是对整个休闲旅游行程服务过程的目标回顾、结果评估、原因分析，并总结规律。每次休闲旅游行程服务结束，行程服务人员要及时进行工作复盘。

（一）归还物品

休闲旅游行程结束，行程服务人员要及时清点检查出行前向部门借用的工作物品，确认物品完好无损后，如数归还并完清手续。

（二）流程总结

行程服务人员要认真做好本次休闲旅游行程服务工作小结，形成书面材料。总结内容包括：

（1）实事求是地汇报行程服务流程是否规范完整。

（2）全面回顾行程服务涉及的食、住、行、游、购、娱相关单位或休闲旅游活动项目，服务质量是否符合休闲旅游《接待计划书》要求。

（3）回顾行程服务中与各单位的沟通协调是否顺畅高效。

（4）总结行程服务流程需要改进之处，以及具体的解决办法等。

行程服务人员对休闲旅游行程服务的流程进行全面梳理总结，利于自身以及相关管理部门对休闲旅游行程适时调整优化，以提高行程服务的质量。

（三）服务细节总结

小事成就大事，细节成就完美。先贤老子提出“天下大事，必作于细”。现代“经营之圣”稻盛和夫强调“注重细节最重要”。休闲旅游行程服务“以休闲旅游者为核心”的服务理念，具体体现在服务细节上是否用心。

例如：为“银发团体”休闲旅游者服务时，耐心讲解示范使用手机扫健康码、手机支付或协助办理网上订票、门票预约，照顾其体力较弱，放慢行程节奏，饮食安排健康清淡易消化等；为女性休闲旅游者服务时，预留时间给其在美景处拍照，能协助指导休闲旅游者选择好时机、好角度拍摄美照等；行程服务人员夏天随身携带花露水、清凉油等防暑防蚊虫叮咬物品……

如果每次行程服务结束后，行程服务人员都能对服务细节进行总结，发现闪光点，改进不足，并加强同行之间的交流学习，定能快速成长为休闲旅游行程服务方面的中流砥柱、引领者。

（四）休闲旅游者意见和建议处理

从管理学的角度看，休闲旅游者的任何意见和建议都是有价值的。通常休闲旅游者的意见和建议分属于两种情况：

1. 符合事实，合情合理

（1）首先向休闲旅游者表示感谢，收到休闲旅游者的意见和建议后，着手展开实际调查。

（2）经调查，属于工作中存在的问题，应立即整改。

（3）及时向休闲旅游者反馈结果，并再次表达谢意。

2. 主观意愿，与实际有偏差

（1）首先向休闲旅游者表示感谢，收到休闲旅游者的意见和建议后，着手展开实际调查。

（2）经过调查分析后，发现属于休闲旅游者主观意愿，与实际有偏差的情况，应将调查过程、真实情况、处理结果向休闲旅游者说明，并再次表达谢意。在与休闲旅游者沟通过程中，要注意语言技巧，把“对”让给休闲旅游者，不让其感到难堪。

休闲旅游者意见和建议不管属于哪种情况，都起到积极的提示作用，能增强行程服务人员开展工作的预见性。

最后，行程服务人员要做好休闲旅游者意见和建议的记录，以及解决方案和处理结果的记录。

表 5-4　休闲旅游行程服务工作总结表

行程服务人员：

休闲旅游时间日期		休闲旅游者姓名 / 团名	
休闲旅游人　数		休闲旅游目　的　地	
行　程 服　务 流　程	（本次行程服务主要情况、存在问题及改进方向）		
行　程 服　务 细　节	（本次行程服务服务细节、优点、存在问题及改进方法）		

续表

客　人 意　见 建　议	（本次行程服务休闲旅游者的意见和建议原话、解决对策和结果）
主　管 （计　调） 初审意见	（行程服务操作情况、存在问题及改进方向）
总经理 审核意见	（总体评价）

年　月　日

行程服务人员通过对工作进行复盘，来掌握休闲行程服务的完整流程。思考行程服务工作细节优劣之处，探究分析造成差异的背后原因，寻找解决问题的方法，为下次行程服务工作提供借鉴。复盘的最终目的是找规律，找到提高服务质量的方法，助力个体能力的提高和公司发展。

三、特殊遗留问题追踪

送别休闲旅游者后，行程服务人员对收回《休闲旅游服务质量评价意见表》反馈的信息进行分类，要认真对待休闲旅游者的评议，及时处理好休闲旅游者（团）的遗留问题，提供可能的延伸服务。

（一）休闲旅游者投诉

休闲旅游行程服务免不了出现休闲旅游者的投诉情况。行程服务人员要重视休闲旅游者的投诉，积极解决投诉，达到休闲旅游者的满意程度。处理休闲旅游者的投诉可以从以下几方面着手：第一，牢固树立“以休闲旅游者为中心”的服务意识，了解休闲旅游者的心态，以达到让休闲旅游者满意为目的。第二，掌握处理投诉的程序和方法，规范处理休闲旅游者的投诉。第三，解决投诉遵循企业或行业原则，遵循相关法律法规。第四，休闲旅游者的投诉必须受理，必须处理，必须有记录有反馈。

1. 了解休闲旅游者的心态

网络极其发达的自媒体时代，每个人都可以通过论坛、博客、微博、微信以及视频网站等平台发声，造成积极或者消极的各种影响。休闲旅游者通过官方渠道对休闲旅游服务提出投诉，是信赖管理部门（人员），认为能够为他解决问题的行为。暂且不论休闲旅游者投诉的事是否符合事实，行程服务人员首先要有“休闲旅游者总是对的”意识，即使被投诉方没有错，也先把

“对”让给休闲旅游者，这样能减少与休闲旅游者的对抗情绪，利于更好地解决实际问题。

休闲旅游者的三种心态：

（1）求发泄心理。在休闲旅游活动中出现的情况让休闲旅游者产生了愤怒，所以休闲旅游者不吐不快，产生了投诉。如在就餐过程中，先到的休闲旅游者还在苦苦等候，结果发现比自己后到的休闲旅游者已经上菜了。

（2）求尊重心理。在休闲旅游活动中，即使服务人员没有过错，但休闲旅游者在某些时刻或一些具体事情上没有感到受尊重，觉得自己面子受损，产生了投诉。如休闲旅游者提出给予其提前安排体验等“特殊待遇”要求，服务人员未能满足。

（3）求补偿心理。有的休闲旅游者无论对错、问题大小，都习惯进行投诉，其真正目的不在事实本身，而在于向企业寻求补偿。

2. 按照投诉的程序和规范要求处理

（1）自我介绍。接待投诉休闲旅游者，或接听休闲旅游者投诉电话，首先进行自我介绍：职务，称谓。

（2）理智对待。处理投诉始终保持理智，不随休闲旅游者情绪波动而波动。耐心倾听休闲旅游者述说，让休闲旅游者发泄内心情绪，如果遇见个别无故挑剔、无理取闹者，更要清醒理智，避免事态扩大化。

（3）理解感受。用同理心对待休闲旅游者，对他的遭遇和感受表示理解与歉意。表达歉意并不意味着做错了什么，重点不是区分谁的对错，是如何妥善解决问题。

（4）掌握实情。认真倾听休闲旅游者投诉，不时提出问题收集关键信息，了解当时的实际情况。有时候休闲旅游者投诉时会省略一些重要的信息，其一是休闲旅游者认为这些信息无关紧要不值一提，其二可能是休闲旅游者忘记了某些信息，也有的休闲旅游者明知道自己有过错，但为了面子刻意隐瞒对自己不利的信息。

（5）做好记录。行程服务人员在倾听投诉的同时，要填写《休闲旅游者投诉处理记录表》，记录清楚休闲旅游者的姓名、投诉时间、投诉内容、休闲旅游者的要求等。记录投诉的过程，可让休闲旅游者感到对他的重视，并让其放慢说话速度，能缓解休闲旅游者愤怒的情绪。

（6）解决投诉。接待完投诉后，根据实际情况，先代表组织方做礼节性致歉，依照投诉程序处理投诉。处理投诉要根据权限，提出解决方案。

如果休闲旅游者的补充要求，超过自己的权限，或当时未能与休闲旅游者达成一致的，询问休闲旅游者的意见，告知休闲旅游者投诉处理结果反馈的时限。

如果投诉的事项需转告有关部门，应该及时联络有关部门负责人，并尽量在最短时间内给休闲旅游者以明确答复。

（7）致以谢意。最后面对休闲旅游者的投诉行为，表达“感谢休闲旅游者提出宝贵意见”的态度，表示“会积极妥善解决投诉事件，会努力提高服务水平”，以实现减弱或扭转休闲旅游者糟糕的服务体验感的目的。

3. 遵循企业处理投诉原则进行补偿

休闲旅游行程服务人员要积极参加企业组织的各项服务技能培训，掌握本企业处理投诉的原则和处理机制。处理休闲旅游者投诉时要遵循企业处理投诉的原则。

案例 5-3

××××旅游企业处理投诉机制

××××旅游企业在平时注重收集各类投诉事件信息，进行分级分类，制定了本企业的处理投诉机制，利于员工在工作中有据可依。

事件分级	程度	具体事例	处理办法	补偿（赔偿）方式
一般性投诉	★	如：服务语言不到位、休闲旅游者咨询答复不及时不到位等	①对休闲旅游者赔礼道歉。 ②对休闲旅游者保证此类问题不会再发生	与休闲旅游者沟通，调解解决，做到不赔偿
较严重投诉	★★	如：与休闲旅游者争执、顶撞休闲旅游者、服务中漏掉程序或项目等	①对休闲旅游者赔礼道歉 ②退还休闲旅游者未消费项目款项 ③对相关责任人处理教育	经核查属实后向休闲旅游者道歉，并适当补偿，如考虑赠送体验项目、门票，或者整体消费打折
严重性投诉	★★★	如：私自更改行程，诱导消费、强制消费等	①对休闲旅游者赔礼道歉 ②退还休闲旅游者相关款项 ③对相关责任人处理教育 ④提出补偿方案，给予补偿，以达到让休闲旅游者满意为目的	经核查属实后郑重向休闲旅游者道歉，并由专员出面，提出补偿方案，给予补偿

【案例分析】

××××旅游企业在本企业的管理规定中制定了齐备的投诉处理条例，但在实际工作中，面对休闲旅游者投诉的情况，行程服务人员常常无法妥当处理。该企业管理层经调查研究后对相关项目进行分类分级，将文字表述转化为表格形式，利于行程服务人员掌握本企业的工作机制。

4. 应对休闲旅游者的投诉

行程服务人员在工作中一定要遵守国家相关法律法规，按照休闲旅游《行程计划表》标准和行业规范提供服务。行程服务人员接到休闲旅游者的投诉：

（1）凡是针对行程服务人员的意见，行程服务本人应主动说明原因，反映客观情况，必要时写出书面材料。

（2）如果休闲旅游者反映的意见针对餐饮、住宿、休闲项目等方面，行程服务人员也应主动说明真实情况，由有关部门向这些单位转达休闲旅游者的意见。

（3）如果休闲旅游者意见较大，或反映的问题比较严重时，行程服务人员应以书面形式进行汇报，所述内容要翔实，尽量引用当事人原话，便于相关部门和单位进行交涉。

（4）根据《旅游投诉处理办法》规定，投诉有效期为休闲旅游合同结束之日的 90 天内。

5. 结果反馈，跟踪服务

处理完休闲旅游者的投诉，是否就尘埃落定，万事大吉了呢？能及时妥善地解决休闲旅游者的投诉，降低负面影响，是非常优秀的。如果还能够继续对休闲旅游者进行跟踪服务，给休闲旅游者致电或者传真，条件允许的派专人亲自去了解休闲旅游者对投诉解决方案的满意程度。一家旅游企业在处理完投诉还有后继跟踪服务，这样的举动会让投诉事件由危机转变成商机，会扩大企业积极的社会影响，加大休闲旅游者休闲旅游的复购可能性。

表 5–5　休闲旅游投诉记录单

投诉人		联系电话	
休闲旅游地		行程时间	
投诉事件		投诉对象	
投诉主要内容			
处理结果			

续表

负责人 意　见			
经办人		日期	

案例 5-4

普陀山“天价便饭”的反转

2020 年 11 月，一则“普陀山景区便饭 1900 多元”爆料视频迅速在网上发酵后登上热搜，视频中一位女子投诉称：“我们随便吃一顿他要收我们 1900 块钱，黑店啊，不要来这个店。”

然而，普陀山市场监管分局调查结果却出现了反转，经调研，投诉女子等七人在饭店内消费的餐品不仅包括梭子蟹、红鱼、虾盐水等较昂贵的菜品，还有近 20 瓶酒水消费，并且消费过程中明码标价，并未出现短斤少两、坐地起价行为。随后，普陀山市场监督管理局在其官方微博也发布了联系电话，希望能够和消费者取得联系。

接下来事情又再次发生反转。因该消费者利用网络让与事实不符的视频迅速传播，拍摄者的一面之词给该饭店的声誉带来不利的影响，同时也让饭店的老板张某在精神和心理上受到了伤害，饭店的老板张某说：“好多网友打电话过来恶意辱骂我，这两天电话接个不停，现在调查清楚了，下一步打算起诉视频的拍摄者。”饭店的经营者没有一味“以和为贵”“息事宁人”而是拿起法律武器维护自己的合法权益。

这件事在 11 月 17 日晚上爆料发出，第二天相关部门就介入调查。舆情迅速平息，一是举报的内容本身站不住脚，二是当地政府应对及时。通报一出，真相大白，因为大家心里都有一杆秤。

【案例分析】

事实上，依据法律法规经营者只要明码标价，不缺斤短两，就经得起查。此次有关部门不被舆论绑架，执法公平文明，而且迅速到位，查清事实，是平息舆情的关键。当然，如果网友们在遇到事情时能够再理性一点，“让子弹飞一会”，而不是仅凭情绪化的“侠义”去帮举报人讨说法，可能像张某这样“莫名躺枪”的老板就会少一点。网友们随便动一动手指，对张某来说可能就是“千夫所指”，事后可能网友们“收回了手指”，但张某受到的创伤却不会轻松愈合。

〔案例来源：央视网 2020 年热搜事件〕

文化和旅游部发布的 2020 年旅游投诉分析报告显示，2020 年旅游投诉总量同比大幅增长。合理的投诉是对旅游行业的监督，鞭策经营者提高服务水平，营造健康的竞争环境，而不合理的投诉则是对旅游企业的抹黑，加剧了消费者和商家之间的不信任。

拓展阅读 5–3

（二）休闲旅游者表扬

“金杯银杯不如口碑”，从销售的角度说，满意的顾客是最好的广告。行程服务人员受到休闲旅游者的表扬，源于其提供的优质服务使休闲旅游者的旅游体验更加圆满，达到甚至超过了预期目标。

（1）凡是针对行程服务人员的表扬，行程服务本人应主动说明原因，反映客观情况，必要时写出书面材料。

（2）如果休闲旅游者针对餐饮、住宿、休闲等项目提出表扬，行程服务人员也应主动说明真实情况，由企业向合作单位转达休闲旅游者的谢意。

（3）休闲旅游企业也要重视休闲旅游者的表扬，平时注意收集行程服务人员的优秀事迹和素材，对内培训时可起到示范引领作用，对外宣传推广时可起到树立良好形象的作用。

（三）休闲旅游活动项目

休闲旅游活动包括食、住、行、游、购、娱六要素。休闲旅游行程服务贯穿于休闲旅游活动的始终，涉及各要素的旅游活动项目的遗留问题，行程服务人员要做好沟通传达、协助解决的工作。

1. 餐饮服务项目

俗话说“民以食为天”，“吃”是排在首位的。在休闲旅游活动中常见的情况有食物不洁、质价不符、服务不佳等给休闲旅游者留下负面情绪的事件。

如出现因食物不洁导致的休闲旅游者身体不适等情况，行程服务人员要第一时间协助休闲旅游者就医，上报旅游企业并联系相关餐饮企业配合卫生部门进行食物留样检测。

如出现质价不符情况，行程服务人员要了解餐饮企业是否明码实价，休闲者是否属于自愿消费，再协助双方进行沟通。如果双方无法协调达成一致，行程服务人员则保留相关票据，配合消费者协会等部门的处理。

餐饮产品包含有形实物和无形服务。餐饮服务具有一次性、差异性等特点，行程服务人员了解到休闲旅游者对餐饮服务体验不佳时，要主动将信息反馈给餐饮企业，促使进行调整提高，也要将信息反馈给旅游企业，便于相关部门掌握情况，利于后期进行采购产品的质量监控。

图 5-7　四川甘孜藏族自治州稻城雪山脚下独一无二的餐饮体验　摄影：马友惠

2. 购物服务

中国地大物博，各地文化特色鲜明，名品特产众多，休闲旅游者有购买各种旅游纪念品、免税商品、特色产品的需要。行程服务人员在行程服务中须严格按照《行程计划书》安排购物次数、购物点，不得擅自增加购物次数、购物地点，不得强迫休闲旅游者购物，要提醒休闲旅游者到正规购物店购物并保留票据。

图 5-8　澳门妈祖阁附近购物街区　摄影：马友惠

休闲旅游者在旅游购物方面容易出现冲动购物、认为旅游购物质价不符等情况。行程服务人员可帮助休闲旅游者联系销售商，协助督促销售商提供相关的托运、邮寄、问题咨询、客户回访、产品维护等服务。如果是休闲旅游者自己的原因造成的，行程服务人员可协助休闲旅游者联系旅游购物点，由双方协商解决。双方无法协商解决的问题，行程服务人员可配合消费者协会等调查协调工作。

3. 休闲体验服务

现阶段休闲旅游的休闲体验主要以文化休闲项目、城市休闲项目、运动休闲项目、康乐休闲项目、乡村休闲项目等形式为主题。休闲旅游中的体验项目安排要符合休闲旅游者的需求、知识水平、实际情况，让休闲旅游者更多参与到各项休闲体验项目的过程中，获得审美的感受，达到放松身心的目标。

图 5-9　游船是受游客喜欢的浙江嘉兴乌镇休闲体验项目　摄影：马友惠

案例 5-5

及时调整的体验项目

休闲旅游者王 ×× 生活中喜欢热闹，爱好打麻将、追剧等。某地历史悠久，文化厚重，是有名的历史文化名城，当地新落成的博物馆深受好评。行程服务人员便安排王 ×× 参观博物馆，陈列在他面前的是一件件清代女性宫廷服饰。王 ×× 一直受现代电视剧的影响，会以今天这个时代的审美尺度去评判所见之物，他对清代女性宫廷服饰评价是："一点也不好看，衣服又肥又大，完全不能展现女性的曲线之美。古代宫廷女子也穿得不怎么样嘛。”于是原计划参观和体验活动时长 2 小时的博物馆之行便匆匆结束。王 ×× 对小周说：“上午的行程不好玩儿，太累了。”小周听闻，立刻分析因为休闲旅游者不具备相关的基础知识背景和文化需求，所以专题性强、文化性强的体验活动项目对他而言感受是较差的。随后在求得休闲旅游者同意的情况下，小周将下午的另一个文化活动进行调整，为休闲旅游者建议地方民俗文化、野趣娱乐、影院剧目等符合他体验要求的项目。果然王 ×× 的兴致提高了，对行程服务的评价是较高的。

【案例分析】

并非所有高规格、优质的旅游项目都受人喜爱。行程服务人员在推荐休闲活动体验项目时要对客情进行分析，安排要符合休闲旅游者的文化需求和实际情况，才能真正让休闲旅游者达到放松身心的目的。

（四）遗留物品

休闲旅游者结束行程后遗留的一切有价值的物品，均属于遗留物品。

常见的遗留物品有：护照、身份证等证件类；钱币、支票、信用卡等货币类；衣服、鞋帽、围巾、领带等服饰类；金银首饰、化妆品、照相机、游戏机、手机等个人用品类；图书、食品、烟酒等。

遗留物品要尽可能在第一时间内送还给休闲旅游者。具体的处理方法：

（1）如果是在客房发现休闲旅游者的遗留物品，客房服务人员已交由酒店客房部登记、保管，则由酒店方联系休闲旅游者领取物品。行程服务人员要将结果和酒店相关联系方式反馈给休闲旅游者。

（2）如果是在旅游大巴上发现休闲旅游者的遗留物品，行程服务人员应及时联系休闲旅游者，如休闲旅游者尚未走远，可约定地点让休闲旅游者及时取回。

（3）所有的遗留物品都记录在记录簿上。

（4）对遗留物品要进行分类处理。不易存放的食品，逐一登记后，按照规定当即处理或存放 24 小时后处理；暂时无法联络上休闲旅游者，则将遗留物品交回旅游企业，按企业的遗留物品管理规定保管，联络休闲旅游者领取。

（5）为安全起见，贵重物品保存于保险箱内，每 12 个月清理一次；其他非贵重遗留物品每 3 个月清理一次。

（6）休闲旅游者结束行程后，要求帮忙寻找遗留物品的，行程服务人员应积极联络帮助寻找，并及时告知寻找进度和结果。

（7）找到的遗留物品，经检查无误，与休闲旅游者沟通确认后，采用对方付费的方式邮递给对方。

（8）旅游企业保管人员将收到的遗留物品，做好登记，挂上标签，标明接收日期，妥善保管遗留物品，并联系休闲旅游者领取物品。

（五）休闲旅游者委托代办事宜

如果休闲旅游者委托行程服务人员代办事务，行程服务人员在取得休闲旅游者书面委托后（委托书 / 微信 / 短信 / 邮件等文字形式），核实所办事项符合我国相关法律规定的前提下，秉着“合理、可能”的原则，尽力为休闲旅游者办理，办理过程中保持与委托人的沟通联系，及时告知委托人事情办理进度、办理结果。行程服务人员留存保管好原始凭证、过程佐证资料，做好记录。最后将相关资料一并交给旅游企业保管。

（六）旅游突发事故的处理

为了加强旅游安全管理，提高应对旅游突发事件的能力，保障休闲旅游者的人身、财产安全，促进旅游业持续健康发展，我国制定了《旅游安全管理办法》（2016 年 12 月 1 日起施行），《办法》规定：旅游突发事件，是指突然发生，造成或者可能造成休闲旅游者人身伤亡、财产损失，需要采取应急处置措施予以应对的自然灾害、事故灾难、公共卫生事件和社会安全事件。

1. 旅游突发事件分级

根据旅游突发事件的性质、危害程度、可控性以及造成或者可能造成的影响，旅游突发事件一般分为特别重大、重大、较大和一般四级。

（1）特别重大旅游突发事件：

①造成或者可能造成人员死亡（含失踪）30 人以上或者重伤 100 人以上；

②休闲旅游者 500 人以上滞留超过 24 小时，并对当地生产生活秩序造成严重影响；

③其他在境内外产生特别重大影响，并对休闲旅游者人身、财产安全造成特别重大威胁的事件。

（2）重大旅游突发事件：

①造成或者可能造成人员死亡（含失踪）10 人以上、30 人以下或者重伤 50 人以上、100 人以下；

②休闲旅游者 200 人以上滞留超过 24 小时，对当地生产生活秩序造成较严重影响；

③其他在境内外产生重大影响，并对休闲旅游者人身、财产安全造成重大威胁的事件。

（3）较大旅游突发事件：

①造成或者可能造成人员死亡（含失踪）3人以上10人以下或者重伤10人以上、50人以下；

②休闲旅游者50人以上、200人以下滞留超过24小时，并对当地生产生活秩序造成较大影响；

③其他在境内外产生较大影响，并对休闲旅游者人身、财产安全造成较大威胁的事件。

（4）一般旅游突发事件：

①造成或者可能造成人员死亡（含失踪）3人以下或者重伤10人以下；

②休闲旅游者50人以下滞留超过24小时，并对当地生产生活秩序造成一定影响；

③其他在境内外产生一定影响，并对休闲旅游者人身、财产安全造成一定威胁的事件。

2. 旅游突发事件报告

《旅游安全管理办法》规定：旅游主管部门、旅游经营者及其从业人员应当依法履行旅游突发事件报告义务。

（1）旅游突发事件发生后，在旅游突发事件发生现场的行程服务人员应当立即向本单位负责人报告，单位负责人接到报告后，应当于1小时内向发生地县级旅游主管部门、安全生产监督管理部门和负有安全生产监督管理职责的其他相关部门报告；旅行社负责人应当同时向单位所在地县级以上地方旅游主管部门报告。

（2）情况紧急或者发生重大、特别重大旅游突发事件时，现场有关人员可直接向发生地、旅行社所在地县级以上旅游主管部门、安全生产监督管理部门和负有安全生产监督管理职责的其他相关部门报告。

（3）旅游突发事件发生在境外的，旅游团队的领队应当立即向当地警方、中国驻当地使领馆或者政府派出机构，以及旅行社负责人报告。旅行社负责人应当在接到领队报告后1小时内，向单位所在地县级以上地方旅游主管部门报告。

（4）向上级旅游主管部门报告旅游突发事件，应包含的内容：

①事件发生的时间、地点、信息来源；

②简要经过、伤亡人数、影响范围；

③事件涉及的旅游经营者、其他有关单位的名称；

④事件发生原因及发展趋势的初步判断；

⑤采取的应急措施及处置情况；

⑥需要支持协助的事项；

⑦报告人姓名、单位及联系电话。

3. 旅游突发事件处理的一般程序

旅游突发事件发生后，旅游经营者及其现场行程服务人员应当采取合理、必要的措施救助受害休闲旅游者，控制事态发展，防止损害扩大。处理旅游突发事件的一般程序：

（1）抢救侦查。即一般、重大、特大旅游突发事件发生后，地方旅游行政管理部门和有关旅游企事业单位要积极配合救护，配合医院、公安、交通等有关方面，积极组织对休闲旅游者进行紧急救援，并妥善处理善后事宜。

（2）保护现场。即旅游突发事件发生单位必须会同事件发生地的有关单位严格保护现场，以便处理。

（3）负责人现场处理。即旅游突发事件单位、归口管理部门等有关单位负责人应及时赶赴现场处理事故。旅游突发事件发生在境外的，旅行社及其领队应当在中国驻当地使领馆或者政府派出机构的指导下，全力做好突发事件应对处置工作。

（4）逐级报告。即旅游主管部门在接到报告后，应当向同级人民政府和上级旅游主管部门报告。一般旅游突发事件上报至设区的市级旅游主管部门；较大旅游突发事件逐级上报至省级旅游主管部门；重大和特别重大旅游突发事件逐级上报至国家文化和旅游部。

（5）写出事故调查报告。即事故处理后，应当立即写出事故调查报告，内容包括：旅游突发事件经过及处理；旅游突发事件原因及责任；旅游突发事件教训；今后防范措施。

4. 安全第一，预防为主

实际上最好的做法是加强旅游安全管理工作，保障休闲旅游者人身、财物安全，贯彻“安全第一，预防为主”的方针，尽量减少安全事故的发生，降低损害。

（1）安全第一。

①意识层面。在休闲旅游活动中，无论是旅游行政管理部门，还是休闲旅游经营单位或休闲旅游行程服务人员，都必须自始至终把安全工作放在首位。

②教育层面。休闲旅游行程服务人员上岗前必须进行安全生产教育和培训，掌握必要的安全生产知识、规章制度、操作规程、岗位技能和应急处理措施，知悉自身在安全生产方面的权利和义务，培训合格方能上岗。

③操作层面。在休闲旅游行程中行程服务人员发现履行辅助人提供的服

务不符合法律、法规规定或者存在安全隐患的，应当予以制止或者更换。

（2）预防为主。

①旅游目的地安全风险（以下简称风险）提示制度。

根据可能对休闲旅游者造成的危害程度、紧急程度和发展态势，风险提示级别分为一级（特别严重）、二级（严重）、三级（较重）和四级（一般），分别用红色、橙色、黄色和蓝色标示。风险提示信息，包括风险类别、提示级别、可能影响的区域、起始时间、注意事项、应采取的措施和发布机关等内容。

行程服务人员应关注相关风险，提醒休闲旅游者加强个人安全防范，并配合国家应对风险暂时限制旅游活动的措施，以及有关部门、机构或者旅游经营者采取的安全防范和应急处置措施。

图 5–10　为了森林旅游安全而设置的火种存放箱　摄影：马友惠

表 5–6　旅游目的地安全风险提示制度

级别	程度	标示	防范措施
一级	特别严重	红色（+ 标示图）	停止组团或者带团前往风险区域； 组织已在风险区域的休闲旅游者撤离
二级	严重	橙色	停止组团或者带团前往风险区域； 已在风险区域的，调整或者中止行程
三级	较重	黄色	采取必要的安全防范措施
四级	一般	蓝色	加强对休闲旅游者的提示

②旅游突发事件应急预案。

地方各级旅游主管部门根据有关法律、法规的规定，制定、修订本地区或者本部门旅游突发事件应急预案，并报上一级旅游主管部门备案，必要时组织应急演练。休闲旅游企事业单位、休闲旅游行程服务人员要坚决贯彻执行安全和应急管理的有关法律、法规，积极参加安全及应急管理培训，参与旅游安全及应急演练，提高其安全经营和突发事件应对能力。

本章小结

完整的休闲旅游行程服务流程包括行前、行中、行后三个阶段的团队管理及接待服务工作。不同阶段的服务内容和服务侧重点不同，休闲旅游行前服务重在做好各项准备工作，包括行程服务工作中的物质准备、知识准备以及心理准备、迎接工作的注意事项。休闲旅游行程中服务涉及住宿餐饮、体验项目、康乐购物等休闲旅游的各方面，重点在休闲旅游活动过程中能将服务的规范化与个性化有机结合，以满足休闲旅游者的各种需求，以达到休闲旅游者的目的和愿望。休闲旅游行后服务包括报账登账、归档总结、遗留问题追踪等工作，重在对本次休闲旅游行程进行全面梳理和总结，以促进行程服务的不断完善和提升。

思考与练习

一、选择题（不定项选择）

参考答案

1. 正规的载客船舶要有（ ）。

A. 船名　　B. 船籍港

C. 船舶证书　　D. 经营证

E. 运输证

2. 休闲旅游者的休闲旅游动机则可分为（ ）。

A. 怡情养性　　B. 文化娱乐　　C. 社会交往　　D. 寻亲访友

E. 体育健身

3. 休闲旅游者出行的心理需求有（ ）。

A. 安全需要　　B. 便捷需要　　C. 经济需要　　D. 尊重需要

E. 情感需要

4. 行程服务人员报账登账需要的资料有（　　）。

A. 原始凭证　　B.《接待计划》

C.《陪同报告书》　　D.《休闲旅游服务质量评价意见表》

5. 处理休闲旅游者投诉时补偿和赔偿的原则有（　　）。

A. 赔钱了事

B. 一般性投诉，尽量用语言表达和调解，一般不赔偿。

C. 坚决不赔

D. 需要补偿的，要预备两项或两项以上补偿或赔偿选择方案。

二、填空题

1. 正确的美感倾向将通过________、________、________、________等仪表风度给休闲旅游者留下良好的第一印象。

2. 休闲旅游旅客，不同于其他的旅客，对________、________的服务给予较高的期望，希望物有所值。

3. 休闲旅游体验项目，从休闲旅游者的________、________、________、行动和关联几个方面来安排。

4. 休闲旅游安全管理工作，贯彻________、________的方针。

5. 旅游突发事件从程度上可分为________、________、________、________四个等级。

三、判断题

1. 行程服务人员要告诉休闲旅游者购物的首要原则是“多买吃的，少买用的”。（　　）

2. 乘坐飞机时，行程服务人员一般应当首先上机。（　　）

3. 全体休闲旅游者到齐后需要介绍就餐地点时间、就餐形式，带领休闲旅游者进入餐厅。（　　）

4. 行程服务人员，在旅游大巴上发现休闲旅游者的遗留物品是不易保存的食物，凭自己经验判断，休闲旅游者不会回来领取，可以直接扔掉。（　　）

5. 要重视并处理好休闲旅游者的投诉，而休闲旅游者的表扬价值不大，不用管他。（　　）

四、名词解释

1. 休闲旅游行程接待计划

2. 休闲旅游

3. 旅游目的地安全风险提示制度

4. 旅游突发事件

5. 休闲旅游工作复盘

五、简答题

1. 简述运动休闲项目服务流程。

2. 简述乡村休闲项目服务流程。

3. 简述休闲旅游行程餐饮服务流程。

4. 简述休闲旅游者投诉的处理程序。

5. 行程服务人员在休闲旅游结束后，应对整个流程进行复盘总结，主要从哪些方面着手？

六、能力拓展题

情景模拟：请班级同学分四个小组模拟休闲旅行团队入住情景（有预订模式）

岗位角色：A. 休闲旅游服务人员　　B. 行李员

C. 前台服务人员　　D. 休闲旅游者

七、实训题

（一）送行服务

1. 小组内分配任务和角色，合作完成送行服务的全程模拟练习。

2. 合作编制任务质量评价表。

3. 班级内展示小组练习成果，并完成互评。

（二）送别话语（欢迎辞）仿写

1. 设定场景和客人类型，仿写一段欢送话语。

2. 展示自己准备的欢送话语。

3. 班级内展示小组练习成果，并完成互评。

（三）处理客人投诉

1. 小组内分配任务和角色，设定场景和事件，合作完成客人投诉事件处理。

2. 合作编制任务质量评价表。

3. 班级内展示小组练习成果，并完成互评。

（四）处理委托代办事宜

行程服务人员小王带领着一个休闲旅游团队游玩成都，就在行程快结束时，休闲旅游者小明告诉行程服务人员小王，自己给成都的一位好友带了礼物——一条新疆毛毯，但好友出差了，自己在离开成都前无法亲手把礼物送给好友。小明请求行程服务人员小王帮忙转递物品。

1. 模拟情景，展示行程服务人员小王的处理过程。

2. 观摩、评价处理的过程和结果。

第六章

休闲旅游行程对客服务技能

本章重点

休闲旅游行程对客服务是行程服务人员与休闲旅游者面对面的接触，服务质量的优劣直接决定整个旅游行程的成败，因此显得尤为重要。本章主要介绍对休闲旅游者的消费研究，行程服务人员与客人交往的技能，对客服务语言沟通技能以及怎样为旅游者提供个性化服务。

学习要求

通过本章的学习，学习者需要了解休闲旅游者的消费心理、消费行为及影响消费行为的要素，掌握与游客交往的技能，能使用正确的语言与游客沟通，能为不同年龄、性格、身体条件及文化背景的客人提供个性化服务。

本章思维导图

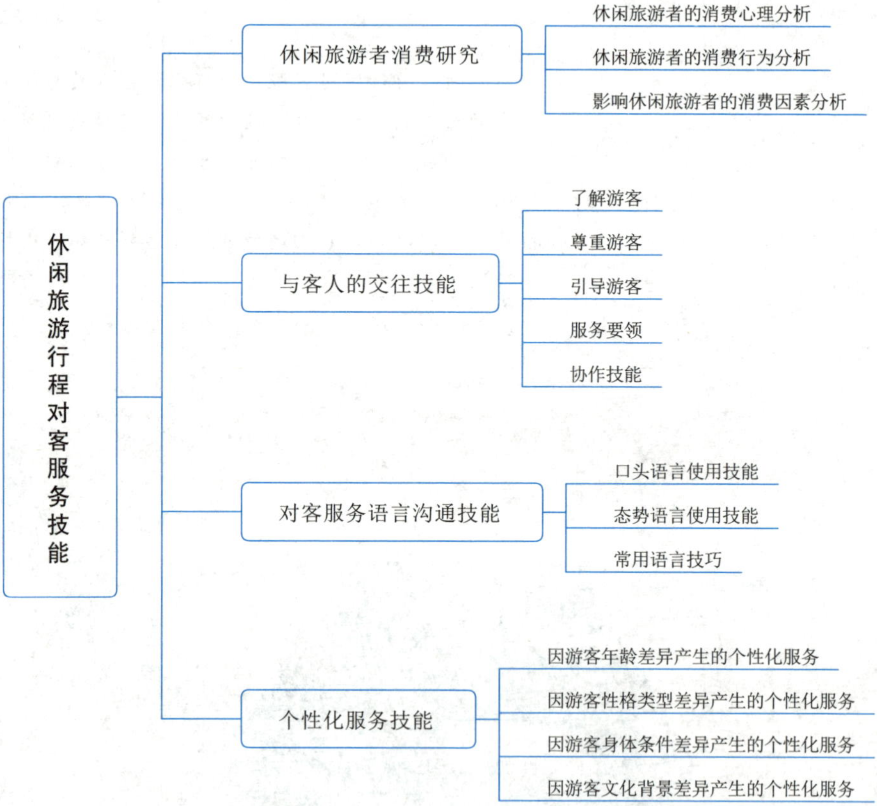

第一节　休闲旅游者消费研究

休闲旅游者在经过前期的筛选、咨询、购买旅游产品后，开始踏上休闲之旅，休闲旅游行程服务人员是他们整个旅途的陪同者、服务者。了解旅游者的消费心理，分析旅游者的消费行为是做好行程对客服务的前提条件。

一、休闲旅游者的消费心理分析

（一）注重消遣放松

现代人的工作节奏快，生活压力大，很容易造成身体上的疲劳和心理上的紧张。为了调整这种失衡状态，休闲旅游者会选择一种悠闲的度假状态，每次倾向于只在一两个旅游目的地逗留一段时间，旅游活动安排主要以消遣为主，通过休闲旅游使身心达到完全的放松。

（二）注重参与体验

美国休闲学家 J. B. 纳什将休闲行为模式分为负层级到第 4 层级。

表 6–1　休闲行为模式

休闲层级	休闲行为
负层级	表现为不良行为，如破坏公物等，这种行为往往具有反社会性质。
0 层级	表现为放纵行为，如酗酒等，这种行为往往表现为自我伤害。
第 1 层级	表现为消磨时间行为，如无所事事地呆坐，是被动性的消遣行为。
第 2 层级	表现为投入感情地参与行为，如歌迷、球迷，促进情感交流。
第 3 层级	表现为积极参与行为，如旅游、跑步、演唱等，个体直接参与活动。
第 4 层级	表现为创造性参与行为，如发明、艺术创造等，参与者陶醉其中。

从 J. B. 纳什休闲行为分析中可以看出，高等级的休闲行为都是参与行为，参与活动可以使参与者陶醉其中，身心舒缓。休闲旅游是在人们闲暇时间增多、旅游机会日益增多的前提下产生的一种旅游形式，休闲旅游者有别于传统旅游者，传统“走马观花”式的观光旅游已经不能满足休闲旅游者的需求。休闲旅游者不再满足于在旅游过程中做一个旁观者，一个被动的接受者，他们希望多感官地全身心地参与到旅游活动中去，通过参与，获得更多的愉悦

的情感体验。

图 6–1　浙江绍兴兰亭景区游客体验书法艺术　摄影：李运

（三）注重知识文化

休闲旅游是较高等级的旅游形式，休闲旅游者除了希望在旅游过程中能得到身心放松，还希望在旅游活动中能提升自我。著名休闲学家马惠娣女士指出：休闲旅游更注重旅游者的精神享受，更强调人在某一时段内所处的文化创造、文化欣赏、文化建构的存在状态，它通过人共有的行为、思想、感情，创造文化氛围，传递文化信息，构筑文化意境，从而达到个体身心和意志的全面和完整的发展。

（四）注重舒适享受

休闲旅游的目的就是放松精神，娱悦身心。休闲旅游者希望能从旅游的过程中获得更多的美好情感体验，他们对整个旅游过程的要求倾向于自然、本色、舒适、享受，希望旅游环境绿色高雅，旅游设施舒适方便，旅游服务主动热情。花钱买享受是休闲旅游者的典型特征。

拓展阅读 6–1

（五）注重个性特色

休闲旅游者一般为旅游经验丰富的旅游者，传统的“上车睡觉，下车拍照”的大众旅游不能满足休闲旅游者追求特别旅游体验的需求，他们希望旅游项目能符合自己的兴趣和审美。休闲旅游者倾向于按个人喜好和意愿去探索外部世界。

二、休闲旅游者的消费行为分析

消费行为是指人们为了满足需要和欲望而寻找、选择、购买、使用、评价及处置产品和服务时介入的过程和活动。事实上分析休闲旅游者的消费行为就是分析他们的购买决策过程。对于休闲旅游企业来说，分析研究休闲旅游者的购买决策，可以为企业确定产品、价格、渠道、促销等策略提供依据。

（一）旅游需求

一次休闲旅游活动的开端是从旅游动机产生开始的。21 世纪伴随着科技的飞速发展，人们可以享受充足的物质生活，但是也需要忍受技术发展带来的负面影响：嘈杂的环境，污浊的空气，工作的压力等，人们需要通过休闲来从工作生活的疲累中恢复，需要通过旅游暂时离开常住地来缓解压力，休闲旅游成为一种现代人迫切需要的生活方式。

休闲旅游者的旅游动机一般有以下几种：

1. 放松精神动机

这一部分的休闲旅游者大多在日常工作生活中承受着较大压力，希望通过休闲旅游活动逃离自己日常工作、学习、生活的所在地，在宁静、惬意的氛围中让身心得以放松。

2. 学习提升动机

这一部分的休闲旅游者具有较强的好奇心和学习驱动力，希望通过休闲旅游活动来探知旅游地的自然人文、风俗民情、生活方式等，从而开阔自己的眼界，提升自身的文化素质。

3. 享乐动机

这一部分休闲旅游者把吃美食、在度假地购物、参加娱乐休闲活动等作为主要动机来进行旅游活动，纵情享乐成为旅游活动主线。

4. 从众休闲动机

随着社会闲暇时间增多，人们需要用更多休闲活动来打发时间，当看到周围人都在旅游时，这一部分旅游者也会去参加旅游活动，即为从众休闲旅游动机。

5. 健康养生动机

快节奏的生活让现代人很容易出现身体和心理上的危机，因此以养生健康为动机的休闲旅游者与日俱增，这一类型的旅游者通过在海滩、森林、温泉、山地等地的康复疗养恢复身心健康。

（二）筛选信息

旅游者在确定自己的旅游需求之后，开始关注休闲旅游信息，并对旅游信息进行比较筛选，对旅游信息的知觉是旅游者筛选信息、做出旅游决定的前提。旅游者一般从以下渠道获得旅游信息。

1. 亲友介绍

休闲旅游者从亲友处获取旅游信息是较常见的方式，亲友在外出旅游时有好的体验通过口头或朋友圈等形式进行分享，会促使信息接收者对旅游地产生向往，从而关注旅游地并可能产生前往旅游地旅游的行为，因此，作为休闲旅游企业做好旅游设施建设和服务，让旅游者之间产生口碑效应是一种有效的促销。

2. 纸质媒体

休闲旅游者还会在纸质媒体上获得信息，例如报纸、杂志、旅游宣传册上获取旅游信息，精美的旅游图片、有趣的游记都能激发旅游者对旅游地的向往，因此，休闲旅游企业可以通过在纸质媒体上打广告来让企业获得知名度。

3. 电子媒体

电子媒体是休闲旅游者获得旅游信息的重要渠道，诸如手机、电视、广播等，在电视上播放的旅游宣传片能很好地展现旅游地的魅力。随着网络时代的来临，人们从网络上获得旅游信息最为便捷，人们从旅游网站、APP、公众号上不仅可以浏览各个旅游地的图片信息，还可以预订机票、酒店、门票等。休闲旅游者可以在电子媒体上搜寻到最全面的旅游地信息。

表 6–2　常见的旅游 APP

携程旅行	驴妈妈旅游
去哪儿旅行	飞猪旅行

续表

途牛旅游	艺龙旅行
同城旅游	穷游
马蜂窝自由行	到到网

（三）做出决定

休闲旅游者通过对搜寻到的旅游信息进行综合分析、对比、评价做出决定。在这一决策过程中，旅游者的性别、年龄、收入、受教育程度、婚姻状况对旅游者的决策产生较大影响。

（四）外出旅游

做出旅游决定后，休闲旅游者开始实施旅游行为，中间涉及旅游的六要素“食、住、行、游、购、娱”。休闲旅游者在旅游交通上倾向于较为舒适的交通方式，比如飞机、轮船、自驾等。而在餐饮住宿上喜欢选择主题餐厅、乡村风味餐厅、度假型酒店、森林木屋、帐篷露营等。游览不以多看景点为目的，多会选择一两个景点，注重在景点内放松身心，怡情悦性。休闲旅游者注重旅游中的娱乐环节，在行程安排中娱乐活动不可忽视。

（五）售后评价

休闲旅游者会在旅游活动结束后对所购买的旅游产品进行评价，给出反馈。在网络发达的今天，旅游者的评价会通过社交媒体迅速传播。休闲旅游者对整个旅游过程的感受评价不仅会影响旅游者自己下次的旅游决策，还会通过口头或其他媒介传播影响其他旅游者的选择。

三、影响休闲旅游者的消费因素分析

研究休闲旅游者的消费行为涉及许多方面，休闲旅游者在做出消费决策时，既受个体的知觉、动机、个性因素影响，也受职业、家庭、婚姻状况、受教育程度等社会因素的影响，民族、宗教、年龄等文化因素也影响着休闲旅游者的决策。

（一）个体因素

1. 知觉

知觉是人脑对直接作用于感觉器官的事物的整体属性反映。而旅游知觉是直接作用于旅游者感官的与旅游相关的客观事物的总体在旅游者头脑中的反映。根据知觉原理，要想能吸引休闲旅游者需要旅游资源具有特色，例如新颖独特的旅游项目。反复出现、对比鲜明的事物也会对旅游者的知觉产生影响。

2. 动机

休闲旅游者的旅游动机影响旅游决策，例如以自我提升为动机的休闲旅游者倾向选择有文化氛围的旅游地，而以购物为动机的旅游者倾向选择有大型商场、免税店的旅游地。

3. 个性

休闲旅游者的个性影响旅游决策，例如内向型的休闲旅游者喜欢选择森林、温泉这类安静的休闲旅游项目，外向型休闲旅游者喜欢选择像主题公园这一类的参与性的休闲旅游产品。胆汁质的休闲旅游者喜欢具有冒险性质的旅游产品，黏液质的旅游者喜欢节奏慢、安静舒缓的旅游产品。

（二）社会因素

1. 职业

休闲旅游者的职业直接影响旅游决策，职业不同拥有的闲暇时间不同，并且职业不同旅游偏好也不尽相同，从事枯燥乏味压力大的工作想通过休闲旅游舒缓压力，从事休闲、愉快工作的人群想通过旅游延伸快乐。职业不同影响了旅游需求也决定着休闲旅游者的旅游动机。

2. 家庭

家庭是旅游活动的基本单位，中华民族是家庭观念浓厚的民族，随着人民生活水平的提高和闲暇时间的增多，休闲旅游已经成为中国家庭重要的休闲方式。家庭处于不同生命周期时，旅游决策也会不同，未婚期的青年单身家庭，经济独立及身体状况好，这一时期旅游愿望强烈，会选择一些参与性强、有时尚特征的旅游项目。新婚无子女的家庭，经济负担小，闲暇时间多，这一时期会选择有浪漫特征的休闲旅游项目，比如海边度假等。已婚有子女家庭，这一时期家庭经济压力大，但是父母为了子女能增长见识也会安排文化休闲类的旅游项目。老年已婚有子女家庭，子女长大成人离开家庭，这一阶段家庭只剩下老人，旅游需求集中在康养休闲类旅游产品。

3. 受教育程度

受教育程度也影响旅游决策。一般受教育程度高者，拥有更多的知识和见识，视野开阔具有良好的文化包容性，也渴望更多地了解外部世界，这一部分人更愿意外出旅游，倾向文化类和长距离的休闲旅游项目。受教育程度低者，对外部世界更容易畏惧和难适应，他们会选择近距离的文化差异小的旅游项目。

（三）文化因素

1. 民族

每个人生活在一个特定的文化环境之中，不同民族、种族之间在文化传统和价值观念上千差万别，表现在旅游审美、旅游偏好和消费行为上就差异很大。例如中国传统文化中主张“父母在，不远游”“不登高，不临危”，视休闲、旅游、玩乐为不务正业，而西方很早就有“条条大路通罗马”的谚语，西方文化对旅游抱有的是积极崇尚的态度。中国传统价值中推崇“平和”“中庸”，喜欢温和的旅游方式，而西方文化中看重冒险和刺激，喜欢参与性的旅游项目。

2. 宗教

宗教也是影响休闲旅游者旅游消费决策的一大因素，信仰基督教新教、佛教、伊斯兰教的旅游者在选择休闲旅游项目上会出现明显不同的倾向。基督新教教义强调个人的忠诚，这一传统鼓励人们接受科学知识，也因此基督新教教徒在旅游活动中更具有探索精神。佛教徒注重心灵的感受，希望在自然山水中感受内心的宁静。伊斯兰教教徒非常重视紧密的家庭结构，家庭是伊斯兰教教徒旅游决策中重点考虑的因素。

3. 年龄

年龄对旅游决策产生着重要影响。青少年旅游者有相对较多的时间，也有探知未知世界的强烈愿望，但是限于经济能力多采取背包客的旅游形式。中年旅游者有着可观的收入和带薪假期，他们倾向于选择能够放松身心的休闲度假旅游产品。老年旅游者有充裕的时间，他们倾向于健康养生类的休闲旅游产品。

第二节　与客人的交往技能

休闲旅游行程服务人员在工作中会接触到来自不同国家和地区的游客，他们的成长、生活背景不同，年龄、职业、个性特点也千差万别，要为游客做好服务，行程服务人员需要全方位了解游客，处处做到以客为尊，能引导游客进行文明观赏、安全游览，平等友善地对待游客，能协调好与各方关系，既保证游客的休闲旅游行程质量，也能维护好国家利益、企业利益和自身的合法权益。

一、了解游客

（一）个人背景

1. 国家（地区）

由于文化差异，来自不同国家（地区）的休闲旅游者的思维方式和表达方式会有所不同，旅游需求和旅游习惯也会有所差别。

东方人一般含蓄、委婉，大多数情况下不直接表达意见，思维方式一般是从抽象到具体，注重感性认识。

西方人一般开放、直接，有意见会直抒胸臆，思维方式由具体到抽象，注重理性认识。

美国人一般开朗、大方，爱冒险，说话直接，个性要求高，喜欢结交朋友。

日本人一般认真、重礼，注重细节，非常爱干净，喜欢集体活动。

韩国人一般重礼、自尊，具有很好的耐力，能够坚持不懈地参加旅游活动。

英国人一般沉默、冷静，时间观念强，计划性强，不喜欢旅游行程变动。

德国人一般踏实、勤奋，守纪律，有较高的文化素养。

2. 职业

不同职业的休闲旅游者在旅游活动中也表现出不同的特点。学生精力充沛、好奇心强，对参与性的旅游项目积极性高，求新求异。企业员工有较强的群体心理，喜欢集体参与性的旅游项目。教师礼貌、委婉、谨慎，喜欢文化类的旅游项目，喜欢深度体验。公务员沉稳、谨慎、不轻易发表评论，但自尊心强，支配欲强，注重等级。

3. 性别

女性休闲旅游者一般在旅游活动表现得较为谨慎，纪律性强，情感丰富，热衷购物，喜欢轻松惬意的旅程。

男性休闲旅游者比较随便，不拘小节，喜欢参与性强的旅游项目，喜欢自我表现，对购物兴趣不大。

4. 年龄

青年休闲旅游者精力旺盛，体力好，爱表现，爱交际，喜欢快节奏、时尚新奇的旅游项目。

中年休闲旅游者理智，有计划，对价格较敏感，追求性价比，对旅游收获的期望值高，喜欢节奏舒缓、能放松身心的旅游项目。

老年休闲旅游者具有强烈的怀旧特征，求实惠，看重旅游服务，希望旅游活动能有益于健康养生。

（二）旅游动机

1. 放松动机

出于这一动机的休闲旅游者想从紧张工作、喧嚣环境、繁重家务中逃脱，通过欣赏优美的风景，在平静安适的氛围里调节身心，缓解压力。

2. 自我实现动机

出于这一动机的休闲旅游者一般对生活抱有较高的期待，希望通过增加自己的旅游经历和提升自己的旅游消费能力而获得成就感，希望在陌生的环境里尽情展现自我而获得情感归宿。

3. 探索学习动机

出于这一动机的休闲旅游者通过在自然、人文旅游目的地的旅游能更好地了解自然、地理知识，增长见识，加深文化体验，对没有去过的有文化特征的旅游目的地有兴趣。

4. 实践动机

这一动机的休闲旅游者，多为参加商务活动、出差考察、参加培训、参加体育赛事或观看体育赛事，在旅游活动中结交新朋友，获得新的体验，获得情感归宿。

5. 从众休闲动机

这一动机的休闲旅游者并无特别的旅游目的，只是在假期无聊需要找个事情打发时间，看到周围的人都外出旅游所以自己也去。这一动机的旅游者喜欢随大流，喜欢流行的旅游项目。

6. 享乐动机旅游者

这一动机的休闲旅游者可能是受旅游媒体宣传激发出旅游动机而外出旅游，他们注重旅游过程中食、住、行、游、购、娱各个环节的舒适享受，不太在意价格，享受美食，享受购物乐趣。

7. 健康休闲动机

这一动机的休闲旅游者通过登山、漂流、滑雪、冲浪等体育活动强身健体或者通过温泉、沙滩、沐浴阳光的旅游活动康养身体。

二、尊重游客

未来学家约翰·奈斯比特在他所著的《大趋势》一书中指出，在一个普遍采用高技术的社会里，到处需要有补偿性深厚感情。奈斯比特所指的补偿性深厚感情即指在人际交往中一种舒适愉悦的幸福感。休闲旅游作为一种较高层次的旅游，其旅游者更需要在旅游过程中得到尊重和获得个性化服务。

（一）大方得体的形象

1. 仪表得体

休闲旅游行程服务人员需要具有优美的仪表，首先要求服务人员五官端正，面容姣好，体形合适，身姿挺拔。另外行程服务人员须穿制服，制服要能体现企业特色、岗位特点，制服要合身得体、整齐清洁、挺括配套。

2. 仪容得体

女性行程服务人员须淡妆上岗，妆容要符合岗位要求，头发应梳理整齐，长度适当。男性行程服务人员须剃干净胡须，头发要做到前发不覆额，侧发不盖耳，后发不触领。个人卫生做到“四个一”：一无异物，即保持面容和身体的清洁；二无异响，即身体不要发出哈欠、饱嗝、排气的声音；三无异味，即勤换内衣，身体不要发出汗味和其他气味，上岗前不喝酒，不食用辛辣刺激的食物；四无创破，即保持面容、手部等裸露在外的身体部位完好整洁。

3. 仪态得体

行程服务人员还需要具备优美的仪态，站姿优美，头正身直，挺胸收腹，腰直肩平，双臂自然下垂，精神饱满。坐姿优美，入座轻缓，入座后平稳端庄自然，男士两腿间一拳宽，女士双腿并拢，离座后，带走自身物品，将椅子拉回原位。走姿优美，行走时上身正直不动，两肩相平不摇，两臂自然摆动，步伐均匀，自然大方。低处取物或捡拾掉落的物品需下蹲时，蹲姿也需优美，侧身下蹲，臀部向下，不可弓腰翘臀。当需要为客人做引导介绍时，则需要运用正确的手姿，五指并拢，动作规范自然。

（二）温柔优美的语言

1. 使用柔性语言

柔性语言指亲切柔和的语言，语调轻柔，用词委婉。一段文字相同的语言，如果用不同的语气语调来表达，可能会出现完全相反的结果。行程服务人员在与游客接触时，首先要心里有游客，能与客人共情，用心去体会游客的喜怒哀乐，再用富有感染力的语言进行表达。在表达过程中要轻声细语，语速适中，娓娓道来，在使用语言过程中要体现“敬、诚、雅、暖、谦”。

2. 注重语言艺术

行程服务人员在对客服务中需注重语言艺术，用语准确规范，在对客服务过程中需做到有“六声”：欢迎声、问候声、招呼声、感谢声、致歉声、告别声，禁用“六语”：命令语、烦躁语、蔑视语、否定语、斗气语、污言秽语。多用恭敬谦让语，赞扬祝福语，与客交谈时多迎合客人，选择客人感兴趣的话题，当客人遇到困难时要使用理解安慰语。

3. 擅用语言效应

行程服务人员要擅长运用语言效应，一为“姓氏效应”，即用客人的姓氏去称呼客人，这是个性化服务的技巧之一，会立刻让客人感受到被重视，拉近和客人的距离，在知道客人的职位时，用对方的职位或职称来称呼客人会让客人产生好感。这需要行程服务人员敏锐观察，仔细了解客人档案。二为“是的效应”，即对客服务时多用肯定语气，肯定语气更容易让人接受，如果不能满足客人的要求，需要说明原因，并给出替代方案。

4. 用好身体语言

行程服务人员不仅要掌握优美的口头语言，还要会使用恰当的身体语言。首先要会用目光礼仪，对客服务时眼神需尊重、友善、亲切，视线与客人平视，与客人沟通时眼睛需看着对方，不能东张西望。其次要微笑服务，微笑是最美的脸部表情，发自内心的微笑会让客人如沐春风。

（三）热情细心的服务

1. 亲情化服务

当休闲旅游者离开常住地到陌生的旅游地进行旅游，在心理上就会产生一种不安全感，因此非常希望能得到富有人情味的亲情化服务。行程服务人员要能用语言、表情和动作来表现和蔼可亲的人情味，这种人情味不是一种做作出来的假情意，而是真正把客人当朋友、当亲人，发自内心地乐于为客人效劳的真情意。

2. 个性化服务

休闲旅游企业要想客人能得到满意加惊喜的旅游体验，就需要在标准化服务之上为客人提供具有针对性的个性化服务，让客人感觉到我是特别的。当某一项标准化服务并没有很强的针对性时，可以选择显得有针对性的语言来表达，例如“这是专门为您准备的……”。想客人之所想，提供个性化服务，让客人满意；想客人之专想，提供个性化服务，让客人惊喜；想客人之未想，提供超常化服务，让客人感动。

3. 细微化服务

在服务行业有“100−1=0”和“100+1=满意加惊喜”定律，这1指的就是细节，细节决定成败，于细节中见品质，服务类产品具有生产与消费同步的特点，产品质量无法提前监测，服务的成败由每个与客人接触的瞬间决定。如果把握住了对客服务的每个关键点，就会汇集成企业的闪光点。

4. 超值化服务

休闲旅游企业为客人提供的功能性服务都是需要收费的，如何让客人感觉超值，只有在心理服务上下功夫，做客人之未说，想客人之未想，眼观六路，耳听八方，在客人有服务需求而未说之前就能为客人提供针对性服务。

案例 6-1

李女士一家的生日惊喜

2021年3月12日，李女士一家来到距离成都市50公里的休闲度假酒店三岔湖长岛天堂洲际酒店，为女儿庆祝9岁生日。在前台办理入住时，李女士和家人聊天提到女儿过9岁生日的事，被前台服务人员听到。办完入住后李女士一家就到酒店的水上乐园戏水，当玩得尽兴的李女士一家回到房间时被眼前的景象惊呆，酒店客房部为她们在房间布置了生日装饰，餐饮部专门做了生日蛋糕，李女士一家又惊又喜，李女士的女儿说下次生日还要来这家酒店。

【案例分析】

三岔湖长岛天堂洲际酒店的服务人员，做到了服务人员“六勤”中的“耳勤”，通过捕捉到一个不经意的信息为客人提供了一次超值化服务，为酒店获得了良好口碑。

三、引导游客

（一）调整情绪

休闲旅游活动是一种高消费活动，旅游者对旅游活动一般抱有较高的期望值，都是乘兴而来，在旅游过程中有好的体验，游客会表现出兴奋、满意，但当在旅游活动中遇到要求没有被满足、感觉服务态度差、旅游计划被打断等时，旅游者就会出现消极情绪，这时就需要我们行程服务人员去调整游客情绪。

1. 补偿法

遇到游客要求不能满足时，行程服务人员需先诚挚地道歉，取得客人谅解，如果客人怨气很大，可以让客人先把情绪发泄出来，再向客人解释。精神补偿之后，在符合规定的情况下再给予客人一定的物质补偿。

2. 转移注意力法

当游客出现不快情绪时，行程服务人员可以设法转移其注意力，例如用幽默风趣的笑话、引人入胜的故事参与性强的活动，让游客投入到新的旅游活动中去，忘记不快。

3. 感动法

当游客出现情绪激动时，行程服务人员要能不计个人得失，去倾听游客的抱怨，努力解决问题，用真诚打动游客。

（二）激发游兴

休闲旅游也是一项审美活动，游客希望通过旅游活动能发现美、欣赏美、享受美，我们行程服务人员要在服务过程中引导激发游客的游兴，使其能获得更好的审美体验。

1. 了解游客审美需求

不同背景游客在审美需求和审美意识上千差万别，这就要求行程服务人员在安排旅游活动时考虑游客审美的差异性，例如农民游客在游西湖时，审美关注点在水面阔大，湖里是否有鱼，而知识分子游客审美关注点可能在“欲把西湖比西子，浓妆淡抹总相宜”的诗词上。行程服务人员要根据游客的审美需求进行讲解，抓住游客的兴趣点，用游客能理解的语言进行讲解。

2. 掌握游客观赏原理

在引导游客观赏游览时，掌握观赏原理、把握观赏节奏有助于游客能更好地感受、理解、领悟旅游地的奥妙。首先要把握好观赏的时机，大自然中一些奇妙现象都是转瞬即逝，像峨眉山的佛光、蓬莱的海市蜃楼都是可遇不可求的胜景，需要掌握好时机。其次，要能找到合适的观赏距离和角度，例如黄山奇石最佳的观赏角度是远观。最后是把握游览的节奏，休闲旅游的旅游目的多是舒缓压力，放松身心，因此游览活动安排宜松不宜紧。

案例 6-2

换个角度，转悲为喜

2017 年 8 月 8 日，四川省九寨沟景区发生 7.0 级地震，地震引起的山体滑坡使景区内不少景观损毁严重，经过两年的修复，九寨沟再度迎来游客。

2019 年 10 月休闲旅游行程服务人员小李，带着旅游团来到九寨沟，游客们心情激动，看到经过修复的九寨沟依然景色迷人，大家都非常高兴。但当旅游车来到火花海时，曾经美丽非凡的火花海因为山体滑坡几乎消失殆尽。游客们为了地震损毁景观而难过，更为了自己没能见到绝世美景而遗憾，团队的气氛开始沉重。这时小李马上让司机把旅游车开到双龙海，引导游客观赏双龙海瀑布。小李告诉游客，山体滑坡使火花海景观受损，但是火花海水流下泄，其下游的双龙海区域水体面积扩大，形成了气势磅礴的双龙海瀑布新景观。小李继续引导游客，九寨沟的景色本来就是因地震而形成，如今大自然又把它换了一种面貌呈现，大自然真像是位神奇的魔法师。游客们听了小李的讲解，觉得有道理，都纷纷释然，又开心地投入到后面的行程中。

【案例分析】

地震损毁景观本是一件让人十分遗憾的事，但是行程服务人员小李善于观察和把握游客心理，并能随机应变地引导游客，化遗憾为惊喜，重新激发了游客的游兴。

四、服务要领

（一）与客人建立良性关系

休闲旅游活动是以游客为中心开展的活动，游客不仅是行程服务人员的服务对象，也是我们的合作伙伴，因此需要和游客建立良性的关系才能更有助于旅游活动的开展。

1. 创造沟通机会

沟通可以有效地融合行程服务人员与游客之间的感情，因此在开展旅游活动中需要有意识地创造沟通机会。行程服务人员在引导游客游览过程中既要引起游客注意，激发游客兴趣，也要通过做游戏、讲笑话、带领大家唱歌等和游客互动，活跃游览气氛。行程服务人员要善于和客人聊天，在和游客交流过程中多选择彼此感兴趣的话题，通过沟通增加了解。

2. 缩短心理距离

我们面对的游客基本都是素未谋面过的陌生人，与游客开始接触很容易产生心理距离，因此行程服务人员就需要掌握一些技巧去缩短心理距离，例如用真诚、周到、热情的接待，提供符合对方需求的服务，以此来消除游客的戒备心理，缩短心理距离。

（二）平等待客，一视同仁

1. 来者都是客

每一位来到旅游地的游客都是花费了财力、时间、精力的，他们都希望能被款待、被善待，不希望被忽视和轻视，因此需要我们行程服务人员能热情对待每一位游客，不厚此薄彼。做到平等待客要做到四个一样：对消费水平高和消费水平低的客人一样；对长得美和长得丑的客人一样；对陌生客人和熟悉客人一样；对社会地位高的客人和普通客人一样。

2. 提供标准化服务

标准化服务是平等待客的基础，有利于克服重复交叉服务，建立最佳服务秩序，让服务质量稳定可控。标准化服务制定的依据：一切围绕客人，增加服务瞬间，增强感情交流，服务简单便利，减少员工疲劳，发挥能动作用，降低服务成本。标准化服务需对整个服务流程中每个环节规定具体的工作内容和操作要求，并以文字、数据、图形、表格等形式呈现。

五、协作技能

团队协作技能是休闲旅游行程服务人员必备的职业技能，只有做好了各方的组织协调才能保证休闲旅游活动的顺利开展。

（一）内部协作

一个旅游团队内部的服务人员一般为行程服务人员和司机，如果是海外团队还会有领队，行程服务人员首先需要掌握与领队和司机的协作技能。

1. 与领队的协作

因为在接待游客的过程中，地方休闲旅游行程服务人员始终处于中心位置，食宿安排、讲解服务等工作基本都是行程服务人员完成，领队在团队中容易被冷落，这时就需要行程服务人员对领队体现出尊敬，遇到问题多找领队商量。甚至必要的时候可以适当吹捧，一些重要事项请领队宣布，以提升领队在团队中的权威。这样整个旅程才可能是愉快的。

在旅程中也可能因为一些观念和利益的原因，行程服务人员和领队意见发生分歧，这时行程服务人员尽量谦让，尽力做好自己分内的工作，争取得到更多游客的支持。但是如果发生了不可调和的矛盾时，例如海外领队发表不利于国家和民族的言论时，行程服务人员就应该和其对抗，毫不含糊地表明立场。

2. 与司机的协作

在旅游要素中，行是重要一环。随着旅游行程的范围变大，旅游交通显得尤为重要，做好与旅游车司机的协作是休闲旅游行程能正常开展的前提。

在行程开始之前，行程服务人员就应该和旅游车司机主动联系，确定司机的联系方式，车辆安全检查情况，和司机确定车上相关物品的情况，例如讲解使用的麦克风、客用垃圾袋、接待单位标识等，有需要特殊注意的事项也需要提前和司机沟通。

旅游行程开始后，行程服务人员也需对司机充分尊重，在旅游团欢迎介绍中就需介绍司机，在送团时也需对司机的辛苦工作表示感谢。如果有游客对司机行车途中有意见，应及时反馈给司机，要注意说话的态度，用平等协商的语气。当行程发生变化时也应第一时间和司机商量，征求司机的意见。当司机在途中遇到困难，如需换轮胎，装卸防滑链时，行程服务人员也需主动去帮忙。

有时候，在行程中会因为种种原因，司机会出现不合作的情况，这时行程服务人员应主动沟通，如果沟通无果，可以向所在单位反映情况。行程服务人员和司机的协作中应时时把握主动。

（二）外部协作

旅游活动涉及食、住、行、游、购、娱六大环节，在旅游行程中和团队以外的其他单位也应做好协作。

1. 预先沟通

要使游客能在旅游行程中有良好的体验，行程服务人员必须有很强的预先沟通的意识，例如在餐厅用餐，除了提前预订外，还需在到达餐厅前 15 分钟和餐厅再次确认，确保游客到达餐厅时能及时用餐。如果客人在住宿上有特殊要求，除了在预订时和酒店说明，入住前也应再次确定。安排景区游览，因为天气或其他原因活动需要变化时，也应提前了解，做好安排。

2. 友好协作

行程服务人员还应在工作过程中积累和定点合作单位的友好关系，用高效细致的工作风格给合作单位带来便利。例如在入住酒店时提前将游客的性别、家庭、入住要求整理成表格交给前台，方便前台安排。到景区游览时，熟悉景区的相关规定，有序安排团队，不给景区添堵。

第三节　对客服务语言沟通技能

俗话说，“祖国山河美不美，全凭导游一张嘴”，这里的“嘴”指的是导游的语言讲解技能。语言讲解技能是导游带团过程中最重要的技能之一。同样地，休闲旅游行程服务效果的好坏，极大程度上也取决于行程服务人员掌握和运用语言的能力。在休闲旅游行程服务中准确地使用好语言技能，可以让服务人员在为旅游者提供接待咨询服务、与旅游者进行交流沟通时更加顺畅自然，更好地开展对客服务。所以，休闲旅游行程服务人员必须练好对客服务语言这一基本功，努力提高自己的语言沟通技能。

从狭义的角度来说，对客服务语言是服务人员与旅游者交流思想感情、进行讲解、传播文化时使用的一种生动形象的口头语言。从广义的角度来说，对客服务语言是服务人员在休闲旅游行程服务中必须熟练掌握和运用，含有一定意义并能引起互动的一种符号。

对客服务语言包括口头语言，还包括态势语言、书面语言和副语言等。其中副语言是一种有声而无固定语义的语言，如笑声、叹息、掌声等。“含有一定意义”，是指能传递某种信息或表达某种思想感情。如介绍休闲旅游资源及文化时，服务人员引导游客去发现休闲旅游之中的美、了解美和欣赏美。“引起互动”，就是指旅游者通过感受服务人员的语言而产生的反应。例如，服务人员微笑着引导旅游者上车、下车，其态势语言（微笑和动作）就会引起旅游者的互动：旅游者会表示感谢，同时引来周围游客赞许的目光。

一、口头语言使用技能

在休闲旅游行程服务过程中，口头语言是使用频率最高的一种语言形式，是服务人员做好休闲旅游行程服务工作最重要的手段和工具。为了给旅游者提供高质量的休闲旅游行程服务，服务人员必须提前对服务内容做足功课，对旅游者进行充分的了解，从而在讲解时，选择适宜的表达方式，掌握口头语言的表达要领，学会克服不良的语言表达习惯，充分发挥语言艺术的魅力，以求达到传情、传神的目的。

（一）口头语言的表达形式

1. 独白式

独白式是一种服务人员讲解、旅游者倾听的单向语言传递方式，在休闲旅游服务过程中使用最为普遍。它的特点是目的性强，对象明确，表达充分。如致欢迎辞、欢送辞或独白式的语言讲解等。

2. 对话式

对话式是服务人员和旅游者之间的双向语言传递方式，是服务人员与一位或数位旅游者之间的交谈，可以是问答，也可以是商讨。它的特点是依赖性强，反馈及时。

（二）口头语言表达的要领

对客服务语言是一种口头语言，从讲解服务的性质看，应该是一种语言艺术，讲究音量的高低强弱，语气的起承转合、自然流畅以及节奏的抑扬顿挫，即讲究语言的音乐性。为了充分发挥语言艺术的作用，休闲旅游服务人员应将语言的音、调和节奏运用得恰到好处，根据讲解对象的具体情况和当时的时空、空间条件灵活运用，以求达到传情、传神的目的。

1. 音量大小适度

音量是指一个人讲话时声音的强弱程度。服务人员在进行服务讲解时要注意控制自己的音量，力求做到音量大小适度。讲话时音量的大小有两点要求，一要恰当和适度。声音当大则大，当小则小，当平则平。大，不可大到声嘶力竭；小，不可小到别人没法听清的程度。二要自然、顺畅。音量不可以忽大忽小，生硬地变换音量，不仅听起来不自然、不舒服，可能还会引起不必要的误会。音量的高低变化是由说话人的情感决定的，合适恰当的音量同时会有助于服务人员情感的表达。

在对客服务时，服务人员的音量大小应以每位旅游者都能听清楚为宜。但在游览过程中，音量大小往往受到旅游者人数、讲解内容和所处空间环境的影响，服务人员应根据具体情况进行适当的调节。当旅游者人数较多时，应适当调高音量，反之则应把音量调低；在室外嘈杂的环境中讲解，服务人员的音量应适当放大，必要时可借助扩音器；而在室内安静的环境中则应适当地放小一点；对于讲解过程中的一些重要内容、关键性词语或要特别强调的信息，讲解人员要加大音量以提醒旅游者注意，以加深印象。

2. 语调高低有序

语调是指一个人讲话的腔调，即讲话时语音的高低起伏和升降变化。一般分为升调、降调和直调三种，高低不同的语调往往伴随着人们不同的感情状态。升调多用于表达兴奋、激动、惊叹、疑问等感情状态；降调多用于表达肯定、赞许、期待、同情等感情状态；直调多用于表达庄严、稳重、平静等感情状态。

讲解语言作为一种艺术语言，要求服务人员在讲解时语调优美、自然、正确、富于变化、悦耳动听，令听者感到亲切自然，从而产生感染力，打动旅游者的心弦，激发大家的游兴。服务人员如使用外语讲解时语言要标准，语调要符合外国人讲话的习惯。

语调在表达情感方面有着十分重要的作用，被称为“情感的晴雨表”。服务人员如果能根据讲解的具体内容对语调进行创造性的处理，使语调随着讲解内容的变化而呈现高潮、低潮的起伏变化，就会使讲解内容声情并茂。但是，在实地导览讲解中，也要注意避免因一味地追求“抑扬顿挫”而造成的“诗歌朗诵式讲解”的倾向。

3. 语速快慢相宜

语速是指一个人讲话速度的快慢程度。服务人员在进行讲解服务时，要力求做到快慢相宜、疾徐有致。如果语速过快，会使旅游者听起来很费劲，甚至跟不上讲解的速度，对讲解内容没有印象甚至遗忘；如果语速过慢，会使旅游者感到厌烦，注意力容易分散。另外，讲解人员如果一直用同一种语速往下讲，像背书一样，不仅缺乏感情色彩，而且使人乏味，令人昏昏欲睡。

在对客讲解服务中，较为理想的语速应控制在每分钟 200 字左右。当然，语速也应当视具体情况进行调整。例如对中青年旅游者，讲解的速度可快些，面对老年旅游者则要适当放慢；对讲解中包含的重要或需要强调的内容，语速可放慢一些，以加深旅游者的印象，而对那些不太重要的或众所周知的事情，则要适当加快讲解速度，以免浪费时间，令游客不快。

4. 停顿长短合理

停顿是一个人讲话时语音的间歇或语流的暂时中断。这里所说的停顿不是讲话时的自然换气，而是语句之间、层次之间、段落之间的有意间歇。其目的是集中旅游者的注意力，增强导览讲解语言的节奏感。

二、态势语言使用技能

态势语言亦称体态语言、人体语言或动作语言，它是通过人的动作、姿态等来表达语义和传递信息的一种无声语言。同口头语言一样，它也是休闲旅游行程服务中重要的语言艺术形式之一，对服务人员讲解时的口头语言起着重要的辅助作用，有时甚至还能达到口头语言难以企及的效果。态势语言通常包括首语、表情语、目光语、姿态语、手势语等。如果把站姿、眼神、手势、表情等处理得恰到好处，就会大大增加讲解的效果和魅力。

（一）首语

首语是通过人的头部活动来表达语义和传递信息的一种态势语言，它包括点头和摇头。一般来说，世界上大多数国家和地区都以点头表示肯定、以摇头表示否定。而实际上，首语有更多的具体含义，如点头可以表示肯定、同意、承认、认可、满意、理解、顺从、感谢、应允、赞同、致意等。另外，因民族习惯的差异，首语在有些国家和地区还有不同的含义，如印度、泰国等地某些少数民族奉行的是“点头不算摇头算”的原则，即同意对方意见用摇头来表示，不同意则用点头表示。

（二）表情语

表情语是指通过人的眉、眼、耳、鼻、口及面部肌肉运动来表达情感和传递信息的一种态势语言。服务人员的面部表情要给游客一种平静、放松、自然的感觉，要尽量使自己的目光显得自然、诚挚，额头平滑不起皱纹，面部两侧笑肌略有收缩，下唇方肌和口轮肌处于自然放松的状态，嘴唇微闭。这样，才能使游客产生亲切的感觉。

对休闲旅游服务人员来说，控制自己的面部表情要注意以下四点：

1. 灵敏

服务人员面部表情的变化要随着讲解内容的需要迅速表现出来。这对一般人而言，不会有太大的问题，但对服务人员来说，就有必要强调一下了。因为服务人员讲解的内容可能已经重复过无数遍了，在进行讲解时，很可能会面无表情，甚至表情麻木，这样就会引起旅游者的不满。

2. 鲜明

表情的鲜明是与敏感联系在一起的，先有了敏感的表情，进一步才是鲜明的表情。讲解的内容是明快的，就眉目舒展；是沉重的，就严肃凝重；是欢乐的，就笑逐颜开；是阴郁的，就眉头紧锁……

3. 真诚

服务人员讲解时的面部表情一定要表现出真情实感，要让旅游者感到服务人员的表情是真诚的，否则任何虚情假意或者做作的姿态都会引起旅游者的反感。

4. 有分寸

服务人员在讲解过程中的各种表情还要有分寸，要自然、合理、和谐，千万不能夸张矫饰。

总之，休闲旅游服务人员的面部表情应随着具体讲解内容的需要或随着旅游者的反应而变化，与自己的讲解内容同步，要有真情实感。

（三）目光语

休闲旅游行程服务时的讲解是服务人员与游客之间的一种面对面的互动。这种面对面的互动，双方可以进行“视觉交往”。游客往往可以通过调动视觉器官——眼睛，从服务人员的一个微笑、一种眼神、一个手势中加强对讲解内容的理解。讲解时，运用目光的方法很多，下面介绍几种：

1. 目光的联结

这是加强服务人员与游客关系的重要因素。凡是一直低头或望着毫不相干处，以及翻着眼睛只顾口若悬河的人，是无法与游客产生沟通的。同时，在用目光与客人进行交流时不能老是看着一个人，更不能一直看着对方的眼睛，尤其是异性，否则会引起游客的反感或不自在。

2. 目光的移动

服务人员在讲解某一景物时，首先要用目光把游客的目光引过去，然后再及时收回目光，继续投向游客。

3. 目光的分配

目光要注意统摄全部听讲解的游客，既可把视线落点放在最后边的游客的头部，也可不时环顾周围的游客。但切忌只用目光注视面前的一些游客，不然就会冷落后边的游客，使他们产生遗弃感。

4. 眼球的移动

当你的视线朝向哪方，你的面孔就应正对着哪方，那种眼球滴溜溜转动，而头不随着眼球转动的人是令人生厌的。

5. 讲解与视线的统一

当讲解内容中出现甲、乙两人对话场面时，在说甲的话时，要把视线略微移向一方，在说乙的话时，要把视线略微移向另一方，如此可使听众产生一种身临其境感。

（四）姿态语

姿态语是指身体在一定场合中以体姿所传递的信息。“站如松、坐如钟”就是指人们在公共场合应有的体姿。休闲旅游行程服务人员的坐姿和立姿与服务工作密切相关，要站有站相、坐有坐相。

1. 坐姿语

坐姿语是通过坐姿传递信息的语言。服务人员要根据不同的场合、语言环境选择适当的坐姿。坐姿也是服务人员气质、教养和个性的表现。坐姿优美得体，可以塑造良好的形象。男服务人员应有阳刚之美，女服务人员应温文尔雅。服务人员工作时，坐在那里东倒西歪、晃来晃去，跷着二郎腿并不断抖动，把脚放在前面的椅背上或把一只脚放在椅子上等，都会传递“粗俗、无礼”的不良信息，引起游客反感。

2. 立姿语

立姿语是通过站立的姿态传递信息的语言。不同的立姿能表现出服务人员不同的心理状态和精神面貌，如自信、谦恭、傲慢、消沉等。服务人员工作时应保持良好的站立姿态。一般说来，服务人员讲解时，身体要挺胸立腰，端正庄重。若在中型或大型旅游车内讲解，必须站立，面对游客，保持上身正直。服务人员在进行景点实地讲解时，一般不要边走边讲，讲解时应停止行走，面对游客，把身体重心放在脚上，上身要稳，要摆出轻松、安定的姿势。应避免双手叉于腰间的立姿，那会使游客感到傲慢无礼；也不要双臂抱于胸前或身体重心放在一只脚上，会给游客漫不经心的印象。更要注意的是，不可摇摇摆摆、焦躁不安、摇头晃脑，更不要有怪异的动作，如抽肩、缩胸、不停地摆手、舔嘴唇、掐胡子、拧领带等。

（五）手势语

服务人员讲解时的手势，不仅能强调或解释讲解的内容，而且能生动地表达讲解语言所无法表达的内容，使讲解生动形象，游客看得见悟得到。手势在讲解中的作用主要有以下三种：

1. 情意手势

手势可以用来表达服务人员讲解的情感，使之形象化、具体化，即“情意手势”。在说激励言语及情绪兴奋时，可用握拳的手有力地挥动一下，即可渲染气氛，也有助于情感的表达。

2. 指示手势

手势还可以用来指示具体的对象，即“指示手势”。如“各位朋友，现在我们来到了峨眉山最大的一座寺庙——报国寺，请大家顺着我手指的方向往上看，大门正中‘报国寺’三个大字，是由康熙皇帝亲笔书写”。

3. 象形手势

手势还可以用来模拟物状，即“象形手势”。如，当讲到“有这么大的鱼”时，可用两手食指比一比。当讲到“五千克重的西瓜”时，可用手比成一个球的形状。在哪种情况下用哪种手势，都应视讲解的内容而定。在手势的运用上必须注意一要简洁易懂，二要协调合拍，三要富有变化，四要节制使用，五不要使用对方忌讳的手势。

三、常用语言技巧

休闲旅游服务人员与游客一见面，只需数分钟，游客就会在心里对服务人员树立下不易改变的“第一印象”。而在接触过程中，语言是最基本、最重要的工具，语言表达方式、方法和技巧对沟通效果都会产生较大的影响。休闲旅游服务人员使用的语言沟通技巧很多，常用的有以下几种：

（一）称谓的语言技巧

一般情况下，服务人员对游客的称谓经常使用三种方式。

1. 交际关系型称谓

交际关系型称谓主要是强调服务人员与游客在交际中的角色关系。如“各位游客”“各位团友”“各位嘉宾”等，这类称呼角色定位准确，宾主关系明确，既公事公办，又大方平和，特别是其中的“游客”称谓是休闲旅游行程服务语言中使用频率最高的一种。

2. 套用尊称型称谓

套用尊称型称谓在各种场合都比较适用，是各个阶层、各种身份都比较合适的社交通称。如“女士们、先生们”“各位女士、各位先生”等，这类称谓尊称意味浓厚，适用范围广泛。

3. 亲密关系型称谓

亲密关系型称谓多用于比较密切的人际关系之间的称谓，如“各位朋友”“各位乡亲”等。这类称谓热情友好，亲和力强，注重强化平等亲密的交际关系，易于消除游客的陌生感，建议在和游客熟悉之后再用此称谓。

（二）交谈的语言技巧

在休闲旅游行程服务过程中，虽然讲解占据了主要的地位，但往往还有大量的时间是属于同游客自由交谈的时候，这种情况下的交谈对服务人员与游客的沟通、对游客情况的了解非常关键。因此，在与游客自由交谈时要注意讲究聊天的技巧。服务人员与游客聊天的意图是协调双方关系，缩短双方心理距离，建立良好交际基础。因此，服务人员与游客聊天时主要是从对方感兴趣、对方关心的话题切入，如对旅游目的地的提前了解，女性游客对时装、美容、小孩的关注，老年游客对身体健康、怀旧的兴趣等。

聊天是双方自觉自愿、平等交流、随和开放的行为，服务人员应注意创造聊天的条件，营造聊天的氛围，根据游客心理特征、语言习惯、文化水平、脾气禀性等各种因素，随机应变地引导聊天的过程，使交流气氛融洽、愉快，达到与游客互相理解、有效沟通的目的。

（三）道歉的语言技巧

在休闲旅游行程服务过程中，由于服务人员说话不慎、工作中某些过失或者相关接待单位服务的缺失，都会引起游客的不快或不满，造成游客同服务人员之间关系紧张。不管是哪个方面，服务人员都应妥善处置，需要采用恰当的语言表达方式向游客致歉或认错，以消除游客的误会和不满情绪，求得游客的谅解，缓和紧张关系。

1. 微笑式道歉

微笑是一种润滑剂，微笑不仅可以对服务人员和游客之间产生的紧张气氛起到缓和作用，而且也是向游客传递歉意信息的载体。

2. 迂回式道歉

迂回式道歉是指服务人员在不便于直接、公开地向游客致歉时，采用其他的方式求得游客谅解的方式。如某服务人员在导游服务过程中过多地接触和关照部分游客，引起另一部分游客的不悦。服务人员觉察后，便主动地多接触这部分游客，并给予关照和帮助，逐渐与这部分游客冰释前嫌。

3. 自责式道歉

由于旅游供给方的过错，使游客的利益受到较大损害而引起强烈不满时，即使代人受过，服务人员也要勇于自责，以缓和游客的不满情绪。如服务人员带团入住饭店，发现某位游客的行李箱不见了，大家找了很长时间也没有着落。她非常着急，也不去休息。在这种情况下，陪同的服务人员一面动员游客早点休息，一面自责地对该游客说："十分对不起，对事件的发生我心里感到很不安，不过还是请各位早点休息，我们的工作人员还在继续寻找，我们一定会尽力的。"不管这位游客的行李最终是否能找到，但服务人员这种勇于自责的道歉，一方面体现了服务人员帮助游客解决问题的诚意，另一方面也是对游客的一种慰藉。

（四）提醒的语言技巧

提醒的语言方式很多，除了直截了当的命令式之外，还有其他的委婉方式。休闲旅游服务人员对游客首先应予以尊重，其次要有服务意识，更应该对游客的安全负责。对游客的某些行为需要进行提醒时，服务人员应尽量使用委婉方式。服务人员提醒的语言要富有情感，要体现对游客的关心，使提醒能在愉悦的气氛中被游客所接受。

1. 敬语式提醒

敬语式提醒是服务人员使用恭敬口吻的词语，对游客直接进行的提醒方式。服务人员在对游客的某些不妥当行为进行提醒时，应多用敬语，这样会使游客易于接受。如"请大家安静一下""对不起，您又迟到了"。

2. 幽默式提醒

幽默式提醒是服务人员用有趣而意味深长的词语对游客进行的提醒方式。服务人员运用幽默的语言进行提醒，既可使游客获得精神上的快感，又可使游客在欢愉的气氛中受到启示或警觉。如有些年轻游客爬到一尊雕塑上拍照，服务人员见了连忙上前提醒他们:“希望大家不要欺负这位不能说话的老实人了!”

3. 协商式提醒

协商式提醒是服务人员以商量的口气简洁地对游客进行提醒的方式。协商将服务人员与游客置于平等的位置上，服务人员主动同游客进行协商，是对游客尊重的表现。一般说来，在协商的情况下，游客是会主动配合的。如某游客经常离团自由活动，服务人员就可以关切地询问:“先生，我不知您在游览中对哪些方面比较感兴趣，您能否告诉我，以便我能在以后的导游讲解中有所侧重。”

(五)回绝的语言技巧

回绝即对别人的意见、要求以拒绝。在休闲旅游行程服务中，服务人员常常会碰到游客提出的各种各样的问题和要求，除了一些常识性的问题和一些合理的经过努力可以办到的要求可以予以解释或满足外，也有一些问题和要求是不合理的或不可能办到的，这时服务人员必须运用回绝的语言表达方式和技巧。

1. 柔和式回绝

柔和式回绝是服务人员采用温和的语言进行推脱的回绝方式。采取这种方式回绝游客的要求，不会使游客感到太失望，避免了服务人员与游客之间的对立状态。如，一位游客邀请某服务人员到其公司工作，这位服务人员笑着回答说:“谢谢您的一片好意，我还没有这种思想准备，因为我太热爱我目前的工作了!”这位服务人员虽未明确表示同意与否，然而却委婉地拒绝了游客的建议。

2. 迂回式回绝

迂回式回绝是指服务人员对游客的发问或要求不正面表示意见，而是绕过问题从侧面以回应或回绝。

第四节　个性化服务技能

在接到休闲旅游行程服务的任务后，还要结合旅游团和游客的特点，妥善安排个性化行程内容，提供优质服务。个性化服务主要包括因游客年龄差异产生的个性化服务、因游客性格类型差异产生的个性化服务、因游客身体条件差异产生的个性化服务、因游客文化背景差异产生的个性化服务等。

一、因游客年龄差异产生的个性化服务

（一）对少年儿童的服务

1. 对青少年团队的接待

青少年夏令营在暑期团队中占据着很大的比例、团员一般为7~17岁。这个年龄段的孩子活泼好动，求知欲望强烈，喜欢逆向思维，提出的问题特别多而且刁钻古怪，加上青少年自我约束能力和组织纪律性较差，稍有疏忽就有可能造成旅游安全事故。因此，接待青少年团要具备渊博的知识，见多识广，同时要具有高度负责的精神，工作细心。

（1）根据特点安排行程。青少年旅游团的行程安排要符合他们的年龄特点，多安排些他们喜闻乐见的活动；游览重要景点时要留足够的时间，让他们细细观赏；每天的行程不宜安排得过于紧张，否则不仅容易造成走失事故的发生，而且也会使他们身体不适，甚至感冒发烧。

（2）建立感情，利用“家长自我”意识进行有效的管理和引导。面对青少年旅游团，服务人员首先要让他们接受并喜欢你；然后以“家长自我”的方式对他们进行有效引导和管理，因为在他们的心目中已经有了教师和家长的意识，他们习惯听从于教师和家长的话语。

（3）注意安全问题。青少年自控力、自我保护意识较差，他们对旅游中的各种事物充满浓厚的好奇心，因此服务人员要清醒地认识这一点，主动和老师以及其他工作者做好安全防范工作，避免他们走失、溺水或受到意外伤害。一定要注意教育他们有组织、有纪律、听指挥。尤其在山区、水域等危险区域旅游时，要禁止他们嬉笑打闹，原则上不安排自由活动。

（4）照顾好青少年的旅游活动。由于青少年正处于生长发育期，每日食量较大，因此要注意让餐厅提供充足的饭菜，上菜速度也应比普通团队快，让他们尽量吃饱吃好。尽可能做到饮食有规律，建议他们多吃清淡食品和蔬菜水果。根据天气变化情况随时提醒注意增减衣物或带好雨具，预防感冒。掌握好回饭店的时间，以保证他们有充足的睡眠时间以便及时恢复体力。旅途中尽量安排他们在一些宽阔的地方活动以舒展筋骨。若发现他们活动少了，饭少吃或不吃，表现出烦躁或想睡觉时，注意观察他们是否生病，如身体不适，不要鼓励他们带病出游。必要时可配备随团医生并携带各种应急药物。

（5）讲解要生动形象。服务人员讲解时语言要生动形象，语调要亲切、富有激情而又通俗易懂，能让他们听得懂而又有趣。讲解时可多使用启发式、诱导式的方法，穿插一些与景点有关的传说故事，也可以多提些问题以加强与他们的交流或吸引他们开动脑筋使他们对景物产生浓厚的兴趣。由于青少

年想象力丰富、求知欲强，常常会提出各种各样奇怪的问题，因此要积极回答他们的问题，同时善于从问答中培养孩子的求知欲，鼓励他们积极进行创造性思维。

2. 对普通团队中儿童的接待

在游客中，经常有携带未成年子女旅游的情况，国内游客出游的目的大多是让孩子增长见识、开阔眼界。服务人员应注意从儿童的生理、心理特点出发，做好服务工作。

（1）重视儿童的安全问题。对儿童的安全要予以足够的重视，他们天生好动，因此要特别注意安全。服务人员可酌情讲些有趣的童话和小故事吸引他们，既活跃了气氛又吸引了孩子的注意力，使他们不到处乱跑。

（2）掌握“四不宜”的原则。

①不宜突出了儿童，冷落了其他游客。

②不宜给儿童买食物，买玩具。

③即使家长同意也不宜单独把游客的孩子带出活动。

④儿童生病，应及时建议家长请医生诊治，而不宜建议其给孩子服什么药，绝不能将自己随身携带的药品给儿童服用。

（3）给予儿童格外的关心。

①由于儿童的个子小，服务人员要根据具体情况，事先给餐厅打电话，要求准备儿童用的餐具、桌椅等一些儿童必备用具，以减少用餐时的不便。

②服务人员在儿童的饮食起居方面要特别关心，如天气变化时，要及时提醒家长给孩子增减衣服，北方天气干燥，提醒家长多给孩子喝水等。

图 6–2　随着研学旅行兴起团队儿童接待量急增　摄影：马友惠

（二）对老龄游客的服务

近年来，我国老龄化进程加快，老年人已成为潜力巨大的旅游客源开发市场。尤其是休闲旅游中，老年游客占比重很大。老年游客属于游客中的特殊群体，面对老年旅游团，服务人员要针对他们身体和心理特点，妥善安排行程内容，并时刻注意他们的身体状况。同时发扬中华民族尊敬老人的优良传统和美德，保持谦恭的态度，给他们体贴入微的关怀，提供优质的服务。

1. 合理安排行程

首先，安排休闲旅游行程时要具有较强的弹性，每天游览的景点和活动的内容不要太多，注意节奏放慢，可根据老年人身体情况选择游览景点最精彩的部分，不必面面俱到。其次，要充分考虑安全因素，避免安排体力消耗大、冒险刺激的活动，以静态观赏为主，动态观赏为辅。

2. 提供耐心细致的服务

（1）生活上关心。事先与相关的接待单位或人员联系，与他们协调好接待中的具体事项。在休闲旅游过程中要随时关心老人的身体状况，每天向他们报告天气信息，备好常用药品。要主动与他们沟通，使他们心情舒畅。安排餐食时要注意照顾他们的饮食习惯和生理特点，以清淡软烂为主，咸淡适中，同时注意营养结构，建议餐厅合理搭配，保证一日三餐营养均衡。安排住宿时，要确保环境优雅，房间干净、安全。安排旅游车时尽量做到宽松、舒适；乘坐火车时尽量安排中下铺位；乘坐飞机时，协助他们办理行李托运手续。晚间活动时，还要提醒司机将旅游车停在有灯光、平坦、没台阶的地点，以防止他们上、下车时摔伤。

（2）旅游中留心。针对老年人行动迟缓，手脚不灵活，记忆力、反应力缓慢的特点，在游览过程中要处处留心，多做提醒工作。到达景点下车前，要重复强调集合时间、地点、旅游车的特征、车号等，提醒他们携带好有关的优惠证件、贵重物品及旅游用品。

在游览时，要提醒他们“一看二慢三通过”，在登山、爬坡、上台阶时尤其要多注意，必要时对个别老年人给予搀扶帮助。游览中要时刻留意他们的行动方向，以防掉队走失，并根据他们的生理特点，增加安排上洗手间的次数。

在景点讲解时，语速要适当放慢一些，声音要大一些，多讲一些文化含量高的内容；在离开景点时，要仔细清点人数。

（3）服务上耐心。一是对老人提出的各种问题，即使是一些显得幼稚的问题都要给予耐心的解答。二是对他们提出的各种要求要耐心，合理而可能的要求尽量给予满足，对确有困难、不易办到的也要耐心解释，说明情况。

三是交代某些事情的时候要耐心，需要不厌其烦地反复提醒、反复说明。

（4）安全上挂心。要树立“安全第一”的意识，把安全服务贯穿于整个旅游活动过程中。如果老年旅游团没有配备随行医护人员，服务人员就必须在食、住、行、游、购、娱方面更加周密、细致地服务，善于察言观色，及早发现可能出现的病情，同时具备老年保健知识和初步的医护知识。

3. 时时处处体现尊重

在称呼上应视老年游客为自己的长辈，若接待国内老年团，可称呼他们为叔叔、阿姨或爷爷、奶奶，这样容易拉近和他们的距离。若是外国老年游客，则要注意地区间的差别和不同国家的习俗，中国老人习惯接受自己的高龄，西方国家的老人则不然，因此，具体称谓上要因人而异。

老年游客经验丰富，要虚心听取游客的意见，及时采纳合理化建议；在给予他关照的同时，还要注意东西方文化的差异。西方老人比较自信自强，不愿意使自己成为旅游团的负担，不愿意受到别人的特殊关照，因此要根据实际情况，以特殊和适当的方式给予关照。

二、因游客性格类型差异产生的个性化服务

游客按性格类型可分为活泼型、急躁型、稳重型和忧郁型四类。不同性格类型的游客在旅游活动中会有不同的心理和行为表现，服务人员应根据他们的性格特征针对性地提供服务。

（一）活泼型游客

活泼型相当于多血质。这类游客爱交际，好讲话，乐于助人，喜欢参与变化大、刺激性强、花样多的项目。接待活泼型游客时，服务人员应扬其长、避其短，要主动与之交朋友，但也应避免与之过多交往，以免引起其他游客的不满；要多征求他们的意见和建议，但又不能被他们所左右，打乱正常的活动日程；可适当让他们活跃气氛，请其协助照顾年老体弱者。

（二）急躁型游客

急躁型相当于胆汁质。这种类型的游客性急、好动、易冲动、好遗忘、情绪不稳定，比较喜欢单独行动。在休闲旅游服务工作中，服务人员应当根据急躁型游客的特点，避其锋芒，不激怒他们，不与其争论；不与他们过多地计较，待他们冷静后再与其好好商量；对他们要多微笑，服务要热情周到，要多提醒他们注意人身和财物安全。

（三）稳重型游客

稳重型相当于黏液质。稳重型游客一般不轻易发表见解，一旦发表，便

希望得到尊重；他们不主动与人交往，不愿麻烦别人，但他们往往性格平和，与他们交往比较容易；游览时他们喜欢细细欣赏，购物时也比较喜欢挑拣。遇到这种类型的游客，服务人员要尊重他们，不要怠慢，更不能冷落他们，尽量满足他们合理而可能的要求；与他们交谈时要客气、诚恳，速度要慢，声调要低；讨论问题时要平心静气，认真对待他们的意见和建议。

（四）忧郁型游客

忧郁型相当于抑郁质。忧郁型游客身体弱、易失眠，抑郁孤独，少言语，重感情，对人对事较为敏感。服务人员与之相处要格外小心，尊重他们的隐私；要多接近他们，但不能过分地表示亲热；要与他们谈一些愉快的话题，但不要与之高声说笑，更不要与他开玩笑。

上述四种典型性格的游客，以活泼型和稳重型居多。在实际生活中，大多数游客往往是以一种性格为主，兼有其他类型性格的复合型性格特征，且往往在特定的环境中会发生变化。因此，服务人员向游客提供服务时要因人而异，要时时观察游客的情绪变化，及时调整，力争使休闲旅游行程服务更具针对性，让游客满意。

三、因游客身体条件差异产生的个性化服务

在休闲旅游游客团队中，有时会有聋哑、截瘫、视力障碍（盲人）等残障游客，他们克服了许多常人难以想象的困难来旅游。残障游客的自尊心和独立性特别强，虽然他们需要关照，但又不愿给别人增添麻烦。因此，在接待残障游客时，服务人员要特别注意方式方法，既要热情周到，尽可能地为他们提供方便，又要不给他们带来压力或伤害他们的自尊心，真正做到让其乘兴而来、满意而归。

（一）安排适宜的旅游线路

旅游线路的安排要考虑残疾人的身体状况，行程不能过于劳累，原则上只安排游览道路平坦、通达性较好的核心景区，并事先设计好适合残疾人的游览路线，及时选择中途休息地点。注意选择的线路不能有任何安全隐患。在安排活动时，要多考虑残障游客的生理条件和特殊需要，如选择线路时尽量不走或少走台阶、提前告诉他们洗手间的位置、通知餐厅安排在一层餐厅就餐等。

图 6–3　黄金周期间江西上饶三清山下山缆车排队成长龙　摄影：马友惠

（二）注意尊重，适当关心

首先，要端正服务态度，任何时候和场合都不得歧视他们，并对他们表示充分的友好和尊重；其次，要注意保护他们的自尊心，他们虽身有残疾，但自尊心很强，内心十分敏感，许多时候不愿依靠别人帮助，因此服务时要特别注意方式方法。既要满腔热情、细心周到，尽可能为他们提供方便，又要不给他们带来压力或伤害到他们的自尊心。

接到残障游客后，服务人员首先应适时地询问他们需要什么帮助，但不宜问候过多，如果当众过度关心照顾，反而会引起他们反感。如果残障游客不主动介绍，导游不要打听其残障的原因，以免引起不快。

服务人员在导览工作中要时刻关注残障游客，注意他们的行踪，给予恰当的照顾。还要善于察言观色，发现游客微小的心理变化，鼓励他们大胆地讲出自己的要求，以便提供相应的服务；对于他们性格、脾气上的不合理表现，要大度予以容忍，千万不可斤斤计较。

（三）具体、周到的服务

对不同类型的残障游客，休闲旅游服务应具有针对性服务。

聋哑游客要安排他们在车上前排就座，因为他们需要通过导游讲解时的口形来了解讲解的内容。服务人员还应尽量放慢自己的讲解语速以便他们获得更多的信息。

对截瘫游客，服务人员应根据接待计划分析游客是否需要轮椅，如需要应提前做好准备。接团时，要与计调或有关部门联系，最好派有行李箱的车，以便放轮椅或其他物品。

对有视力障碍的游客，服务人员应安排他们在前排就座，能用手触到的物品可以尽量让他们触摸。在讲解时可主动站在他们身边，讲解内容要力求细致生动，口语表达更加准确、清晰，讲解速度也应适当放慢。还要向他们介绍当地有盲道和特殊设施的地方。

（四）树立安全第一的观念

及时提醒游客量力而行，引导他们追求旅游过程的质量而不追求游览景点的数量，在游客身体状况允许的情况下，引导游客较好地接近自然、融入社会。

图 6-4　浙江宁波雪窦山上随处可见的安全警示　摄影：马友惠

四、因游客文化背景差异产生的个性化服务

在休闲旅游行程服务中，游客的文化背景也存在着各种各样的差异，如每个国家、每个民族都有自己的传统文化和民风民俗；不同社会阶层的游客，在心理特征、行为方式和旅游需求上也明显不同。服务人员在进行休闲旅游服务时，应从各个方面去了解游客，并有针对性地向他们提供个性化服务，做好相应的接待准备工作。

（一）所属社会阶层不同游客的差异服务

地位较高的游客受身份的限制，大多严谨持重，不轻易发表自己的看法和意见，但是一旦发表自身看法就希望得到服务人员的重视；他们期待听到的是高品位的服务讲解，获得高雅的精神享受。服务人员在带领这类游客时，要对他们的身份表示足够的尊重，及时回复他们的意见和看法；服务讲解的内容要格调高雅，多些真实的、历史的、知识性的内容，少些虚构的神话传说。

一般游客则喜欢不拘形式的交谈，话题广泛，比较关心社会焦点问题和当前热点话题；参观游览时希望听到传奇性的故事传说，轻轻松松地旅游度假。对于这类游客，服务人员要做到亲切随和，要主动与他们交谈，采取丰富多彩的服务形式活跃气氛。

（二）来自不同地域游客的差异服务

1. 区域差异

从区域的角度看，东方人和西方人在性格和思维上有较明显的差异。西方人一般比较开放、爱自由、易激动，感情比较外露，喜欢直截了当地表明意愿；东方人较含蓄、内向，善于控制感情，往往委婉地表达自身意愿。了解了这些差异，服务人员在接待东西方游客时，就应特别注重差异化服务。例如，西方游客认为，只有各种具体的细节做得好，由各种细节组成的整体才会好，服务人员在接待西方游客时就应注重细节，每一步的细节服务都应该做到位；另外，针对西方人的思维特征，服务人员在给他们讲解时不要自己先下结论，而是让他们亲眼看、亲耳听，让他们通过自己的思考得出结论。服务人员在接待东方游客时，要注意礼貌礼节，讲话委婉，注意与游客建立良好的人际关系。

2. 国籍差异

从国籍的角度看，不同国家的人在思维方式上也存在着较大的差别。例如，英国人矜持，讲究绅士风度；美国人开朗，随意，注重实利；法国人浪漫，追求华丽，爱享受生活；德国人踏实，勤奋，守纪律；意大利人热情，热爱生活；日本人办事严谨，注重礼貌礼节，感情不外露，重视人际关系，韩国人勤劳，团结，守秩序等。

3. 地理环境差异

游客由于所处的地理环境不同，对于同一类旅游产品会有不同的需要与偏好，他们对那些与自己所处地理环境迥然不同的旅游目的地往往情有独钟。如，我国北方游客喜爱南国风情，南方游客偏好北国风光；内陆地区游客喜欢去青岛、三亚等海滨城市，沿海地区游客向往九寨沟、西双版纳独特的风貌；游客在盛夏时节去大连、哈尔滨等北方名城，隆冬季节奔赴海南岛和东南亚，这种反方向、反季节出游已成为一种普遍的现象，服务人员可通过分析地理环境来了解游客的这些心理活动。

（三）不同民族宗教游客的差异服务

1. 对于少数民族游客的服务

我国幅员辽阔，民族众多，每个民族都有自己独特的风俗习惯。在休闲旅游服务过程中，服务人员在接待我国少数民族游客时，必须正确认识少数民族文化，了解和尊重不同民族的风俗习惯，维护民族团结。

饮食习俗方面，食物禁忌中最为人熟知的是对猪肉的禁忌，我国禁食猪肉的少数民族有回族、维吾尔族、哈萨克族、乌孜别克族、柯尔克孜族、塔塔尔族、塔吉克族、东乡族、保安族、撒拉族 10 个民族。除此之外，少数民族中常见的饮食禁忌还有，傣族小孩子不能吃鸡脚、鸡腰、鸡屁股；满族、瑶族、畲族等族忌食狗肉等。

服饰习俗方面，维吾尔族忌穿袒胸露背和过于短小的衣服，反感在室外穿背心和短裤；拉祜族忌穿纯红色的衣裤等。

做客习俗方面，在蒙古族，客人进蒙古包之前要整装，勿挽着袖子和把衣襟掖在腰带上；在蒙古包内忌坐在佛龛前；不可提马鞭进蒙古包，一般把马鞭立着放在蒙古包右侧。

休闲旅游服务人员在接待服务时，一定要提前了解将要接待的游客中是否有少数民族游客，接待前做好功课和准备工作，在服务中多多关注、多多留意，不确定怎么做的时候多问勤问，避免出现冒犯到少数民族禁忌的情况。

图 6-5　旅途中尊重少数民族的宗教习俗和民族习惯　摄影：马友惠

2. 对于宗教旅游团队的服务

宗教旅游团队是指由宗教信徒组成的以朝拜圣迹、敬香还愿、参加法事活动、捐赠布施及学术交流为主要目的的特殊旅游团体。对于这类旅游团的接待，服务人员既要尊重旅游团的宗教习惯，了解宗教禁忌，又要有较强的政策意识。

（1）尊重宗教习惯。尊重宗教旅游团的宗教习惯是服务人员责任心的体现，同时也决定了宗教旅游团全体成员的满意程度。尊重宗教旅游团的宗教习惯主要表现在交往方面、饮食方面和讲解方面。

交往方面，要注意在礼貌礼节、谈话聊天、动作神态上尊重其宗教习俗，避免出现令人不愉快的场面。比如，不要询问游客的信仰理由，不要模仿游客的某些动作，不要谈及游客反感的话题，当无意触及了游客的禁忌，应及时向游客赔礼道歉。

饮食方面，要特别重视宗教旅游团的饮食禁忌。在安排游客餐饮时，要反复提醒餐厅注意事项，无论从环境的安排还是饭菜的内容上，都要认真检查。比如，佛教旅游团的客人都反对杀生，他们不但要求吃在口中的食物全素，而且不愿看到餐厅水族柜中有待杀的活物。服务人员还要对餐厅服务员即将端上餐桌的菜肴进行认真的检查，避免因餐厅厨房的疏忽而造成的失误。如，接待伊斯兰教旅游团，就要安排到专门的清真餐馆中去用餐。

图 6-6　接待伊斯兰教旅游团到清真餐馆就餐　摄影：马友惠

讲解方面，要根据自己所接待旅游团的特点组织讲解内容，充分考虑游客的禁忌和接受程度，尽量避免讲那些不适合的话题。比如，佛教朝拜旅游团的客人就忌讳服务人员向他们道“辛苦”，说他们“辛苦”等于在怀疑其态度的真诚。

（2）提高政策意识。我们国家对宗教实行自治、自传、自养的政策，对国外的宗教旅游团体来华旅游是欢迎的，但不允许其在中国境内进行违反中国法律的宗教活动。在对宗教旅游团的接待中，服务人员要有较强的政策意识，对那些提出额外要求的宗教旅游团既要向其讲清我国的政策，必要时还要向上级有关管理部门进行请示汇报，保证旅游团顺利地完成行程。

本章小结

休闲旅游行程对客服务是与客人面对面的接触，要想旅游活动能顺利开展，行程服务人员首先要学会分析游客的消费心理和消费行为，其次是对客服务的各种技能，与客人交往时能了解游客，尊重游客，引导游客，能协调好和领队、司机以及其他接待单位的关系。再次，在休闲旅游行程服务中准确地使用好语言技能，可以让服务人员更好地开展对客服务。所以，休闲旅游行程服务人员必须练好对客服务语言这一基本功，努力提高自己的语言沟通技能。最后，在接到休闲旅游行程服务的任务后，还要结合旅游团队和游客的特点，妥善安排个性化行程内容，提供优质服务。

思考与练习

一、多项选择题

参考答案

1. 我们可以从哪些方面了解游客的个人背景？（　　）

A. 国家（地区）　　B. 职业
C. 性别　　D. 年龄

2. 行程服务人员可以使用哪些语言效应为游客提供高质量服务？（　　）

A. 姓氏效应　　B. 马太效应　　C. 是的效应　　D. 晕轮效应

3. 影响休闲旅游者消费的个体因素包含（　　）。

A. 知觉　　B. 动机　　C. 家庭　　D. 个性

4. 对待老年人游客，行程服务人员要（　　）。

A. 放慢速度　　B. 多做提醒工作　　C. 提高讲解质量　　D. 预防走失

5. 对客服务语言的口头语言表达的要领有（　　）。

A. 音量大小适度　　B. 语调高低有序
C. 语速快慢相宜　　D. 停顿长短合理

二、填空题

1. 分析休闲旅游者的消费行为就是分析他们的________。

2. 使用柔性语言要体现“敬、诚、________、________、________”。

3. 手势语可分为________、________、________。

4. 提醒的语言技巧有：________、________、________。

5. 游客按性格类型可分为________、________、________、________四类。

三、判断题

1. 休闲旅游者出于享受美食、购物的目的出游属于健康养生动机。（　　）

2. 抑郁质旅游者喜欢惊险刺激的旅游项目。（　　）

3. 行程服务人员在和游客交往过程中应使用柔性语言。（　　）

4. 在交际场合中，称谓很重要，通过它反映人与人之间的关系，显示一个人的修养，在某种程度上也反映了社会的风尚。（　　）

5. 从区域的角度看，东方人和西方人在性格和思维上有较明显的差异。东方人一般比较开放、爱自由、易激动，感情比较外露。（　　）

四、名词解释

1. 消费行为

2. 是的效应

3. 态势语言

4. 副语言

5. 对客服务语言

五、简答题

1. 影响休闲旅游者消费行为的社会因素有哪些？

2. 行程服务人员可以从哪些方面为游客提供热情细心的服务？

3. 休闲旅游服务讲解时目光语应如何运用？

4. 面对忧郁型游客，应如何应对？

5. 休闲旅游行程服务中，应如何对残障游客提供个性化服务？

六、案例分析题

2019 年的五一节，一个来自北京的老年旅游团到达洛阳，老人们此次旅游的目的就是欣赏大名鼎鼎的洛阳牡丹。当大家兴致勃勃地来到牡丹园，看到的却是已经快要凋谢的牡丹，原来由于这年气温回升较早，往年处于盛开期的牡丹此时已经开始凋零。老人们非常失望，这时行程服务人员小李只好将客人们带到牡丹温室内去欣赏一些精品牡丹，尽量弥补遗憾。当老人们情绪低落地走出牡丹温室时，却看到小李手里拿着牡丹花环，微笑着递给每一位游客。原来小李为了调整游客情绪，自掏腰包给每一位游客买了一个牡丹花环。游客们感受到小李真诚为大家服务的良苦用心，情绪都纷纷好转，在行程中更加配合。

请分析小李是采用了哪种方法调整客人情绪的？效果如何？

第七章

休闲旅游行程突发事件处理

本章重点

康养休闲旅游在旅游过程中，导游经常会遇到各种各样的突发事件和游客提出的各种不同的要求，无论事情的轻重大小，都会影响游客的游兴，万一导游没有处理恰当，还会直接影响休闲旅游服务质量。所以，作为休闲旅游服务人员，需要具备相应的应变能力。

学习要求

在学习过程中，学生应该加强实践操作的学习，注重应变技能的训练。通过本章的学习，学生能掌握休闲旅游行程中餐饮、住宿、交通、游乐、购物等方面游客个别要求的处理，还有行程变更、误机误车、物品遗失、游客走失等常见事故的预防和处理。

本章思维导图

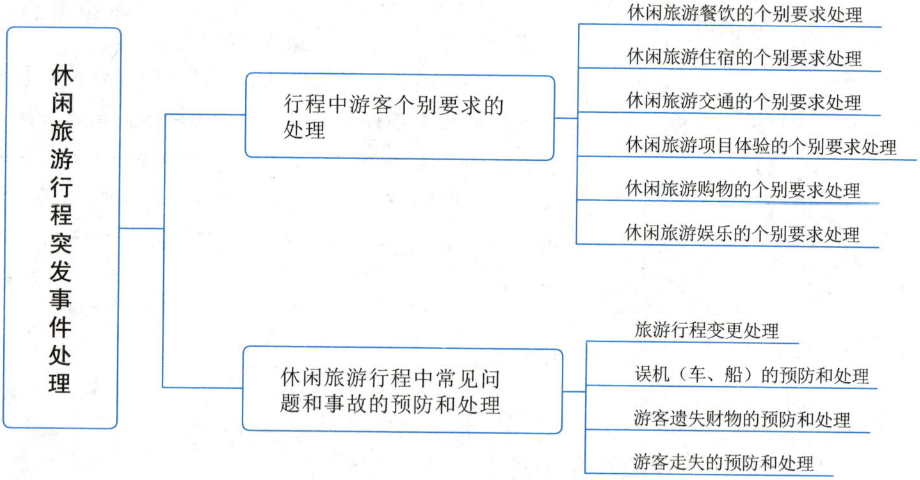

第一节　行程中游客个别要求的处理

一、休闲旅游餐饮的个别要求处理

旅游的六要素包含“食、住、行、游、购、娱”，“食”在第一位，可见在旅游行程中，“吃”有着举足轻重的地位。因餐饮问题引起的游客投诉也是非常常见的，接下来我们就来讲述如何处理此类问题。

（一）对特殊饮食要求的处理

由于生活区域、生活习惯、身体状况、宗教信仰等多方面原因，有些游客会提出餐饮方面的特殊要求，比如不吃荤食、不吃油腻、不吃辛辣等，甚至会提出少放作料。对于游客提出的要求，我们需要区别对待。

1. 协议书中有规定

如果游客提出的餐饮要求是在协议中有明文规定的，旅行社就要尽早安排落实，不折不扣地去兑现。

2. 临时提出

如果是游客临时提出餐饮要求，我们本着“服务至上”的原则，先与餐饮部门沟通，如果餐饮部门能够满足，那就按照游客临时的要求来改变；如果餐饮部门有困难，无法满足，我们就建议游客自行解决，比如去零点餐厅。

（二）要求换餐

1. 用餐前 3 小时

如果游客在用餐前 3 小时提出换餐，休闲导游服务人员应尽快与餐饮部门联系，落实换餐事宜，并告知游客如果能换妥，差价游客自付。

2. 接近用餐时间

如果在接近用餐时间提出换餐要求，应视情况而定：若该餐厅有该项服务，则协助游客解决；如果没有该项服务，做好解释工作。

（三）要求自费品尝风味餐

如果游客提出想自费品尝风味餐，休闲旅游服务人员应予以协助。

（四）要求推迟就餐时间

一般情况，游客提出要推迟用餐时间，休闲旅游服务人员要向游客解释餐厅固定的用餐时间，如果过时用餐需要另付服务费。若该餐厅不提供过时服务，最好在规定的时间内就餐。

二、休闲旅游住宿的个别要求处理

休闲旅游是一种高端旅游形式，游客为了有更好的体验感，可能会在住宿方面临时提出要求，休闲旅游的服务人员要尽力协助，满足游客的要求。

（一）要求调换饭店

游客来到旅游目的地，在旅游协议中有明确规定所入住饭店的级别。如果接待社未按协议安排饭店或者饭店卫生、安全存在问题，那么休闲旅游服务人员要及时与接待社联系，调换饭店，情节严重的，还要给予一定的补偿。

<<< 案例 7-1 >>>

某年秋季的一天，重庆的导游员胡先生接待了一个团的香港客人。用过午餐回到车上，游客不让开车，以“罢游”来抗议入住小天鹅大酒店，气氛很紧张。原计划安排那些游客住扬子江假日酒店，由于他们在扬子江酒店的预订没有确认，当时预订已满，旅行社不得不将客人安排在小天鹅大酒店。领队告诉客人小天鹅酒店的星级低于扬子江假日酒店，因而客人不满。

胡先生打电话到旅行社了解清楚后，硬着头皮上车向游客们解释：他很欢迎大家到重庆来，也十分希望客人住得舒适满意，小天鹅大酒店的星级虽然比扬子江假日酒店的星级低，但是设备设施都很好，可否把日程稍做改动，先去饭店看看是否满意，觉得好就入住，如不满意保证当晚换房。由于胡先生言之有理，态度诚恳，车上的气氛终于缓和了，领队也没再说什么，大家随即去小天鹅大酒店。

到饭店后胡先生特意嘱咐酒店服务人员要热情周到。登记入住后见没有人显得不满，他就带大家出外游览了。晚上，旅行社有关领导出面为游客们安排了一顿重庆风味餐来缓和一下双方的关系。餐桌上气氛很祥和，也没人提出要换房了。

【案例分析】

住宿条件是否符合要求对旅游活动的影响很大，直接关系到游客对接待工作的满意程度。导游员在遇到领队、全陪和游客对住宿条件感到不满时，应及时了解原因，采取积极态度，做说服和调解的工作，不应认为这是旅行社安排的差错，采取事不关己、推诿敷衍的态度。

本例中的胡先生积极缓和因旅行社安排不当所引起的客人不满情绪，使游客接受了住房的调整，难能可贵。旅行社方面的调整则显得不尽如人意：

第一，应及时确认客人要预订的饭店，将确认结果及时通知对方旅行社；第二，在客人要入住的饭店因不能落实而需要调整时，理应按照相应的星级待遇进行调整以便让客人欣然接受，否则容易使客人产生购买了价高质次的旅游产品而受欺骗的感觉；第三，如果确实不能以同等的饭店住房满足游客，则要用其他形式给予补偿，如加餐、送礼品、增加游览项目等，以达到缓和气氛的目的。

导游员在遇到上述情况时，除了要向客人说明情况、缓和他们的情绪之外，还应积极协助旅行社和饭店尽快安排好他们的住宿，解除他们的后顾之忧，并在旅游活动中，以生动的讲解、丰富的内容和热情的服务来活跃气氛，使他们满意。

〔案例来源：程新造．导游接待案例选析［M］．北京：旅游教育出版社，2003.〕

（二）要求调换房间

（1）房间不干净，例如有老鼠、蟑螂等，这种情况，游客提出换房，应该立刻满足游客的要求。

（2）房间设施，尤其是卫生间卫生达不到清洁标准，应该立即打扫、消毒，如果游客坚持换房，应与饭店有关部门联系予以满足。

（3）房间朝向、层数不佳，可以先内部调整，如果无法满足，饭店也有同等级别的空房，可以予以满足；无法满足的，做好解释工作。

（4）如果游客要换高于合同等级的房间，可以先问饭店是否有空房，如果正好有空房，可以予以满足，差价自理。

（三）要求住单间

游客可能会因为生活习惯不同或者同室友闹矛盾，而要求住单间。休闲旅游服务人员首先进行内部调整，若调解不成，饭店也有空房，可满足其要求。但是必须事先说明，房费由提出者付。

1. 要求延长住店时间

游客可能因为生病或者访友而改变行程，需要延长住店时间，可以先与饭店联系，如果有空房，可以满足其要求，所需费用游客自理。如果饭店没有，可以协助预订其他饭店。

2. 要求购买房中物品

游客在住店过程中，看中了客房内的装饰品，要求购买，休闲旅游服务人员应该积极协助，与饭店有关部门联系，满足顾客的需求。

三、休闲旅游交通的个别要求处理

交通是整个旅游环节中必不可少的一个，它是衔接各个环节的纽带。一般情况下，交通工具都是提前安排好的，并且不方便随时更改，但在实际工作中，仍会遇到关于交通的个别要求。

（一）要求更换交通工具

比如火车更改为飞机等。这种要求一般不能答应更换，除非是自然灾害或者是战争危险，或者是发生误车（机、船）。旅途中的票务预订、退换非常烦琐，短时间内很难满足。

（二）要求提高交通工具等级

休闲游客一般追求品质享受，如果在旅途提出提高交通等级工具，我们可以先与接待社联系，若有符合其要求的舱位、座位，便可以满足其要求，但是差价及相关手续费自理。

四、休闲旅游项目体验的个别要求处理

休闲旅游主要是以放松心情、休养身心为主，在旅途过程中，随着行程和环境的变化，可能会提出一些个别要求，休闲旅游服务人员要针对不同的要求区别处理。

（一）更换或者取消游览项目

凡是旅游合同内的项目，都要不折不扣地完成。如果是全团游客提出，则需要跟接待社反馈，请其与组团社联系，如果组团社同意，则可以更换或者取消。如果是个人游客提出，需要耐心解释，不能随意更换。

（二）自费增加游览项目

在时间允许的情况下，休闲旅游服务人员请示接待社并积极协助。

案例 7-2

某年初秋的一天，武汉的导游员胡先生接待了一个团的北京客人。休闲行程的景点是武汉东湖、黄鹤楼、楚河汉街，在游完东湖后，游客们纷纷提出想坐东湖游船，然后体验一下东湖农家乐，退掉酒店的晚餐。导游胡先生立即与酒店联系，退掉了当天的晚餐，然后为游客购买了东湖游船的船票，并为他们预订了东湖岸边的一家有特色的农家宴。游客们为胡先生的安排感到非常满意。

【案例分析】

胡先生以游客为本，在合理而可行的范围内为游客安排新增游览项目，满足游客的需要，让游客们的休闲旅游不带遗憾。

五、休闲旅游购物的个别要求处理

据统计，购物消费占旅游消费总数的 50%。购物是旅游的重要组成部分，当休闲游客提出各种各样关于购物的要求时，我们不要怕麻烦，不图私利，设法予以满足。

（一）要求单独外出购物

休闲旅游者要求在自由活动时间单独外出购物，导游要给予力所能及的帮助。比如给游客提供一些有价值的信息：如建议去哪里购物、交通方式的选择等。

（二）要求退换商品

如果游客发现所购买的商品是残次品、计价有误，需要休闲旅游服务人员帮助其退换，则应积极协助，必要时陪伴游客一起前往。

（三）要求再次前往目的地

游客想购买一件商品，但是当时由于某种原因错过，没有买成，后来经过考虑还是决定购买，要求帮忙协助的，对于这种情况，应该热情帮助。

案例 7-3

某年 8 月的一天，桂林的导游员孔先生接待了一个 20 多人的加拿大旅游团。在接待过程中他了解到那些游客对中国的旅游纪念品很感兴趣，于是在去旅游景点和回饭店的途中安排了多次购物活动，光是在参观七星岩和芦笛岩的途中就安排了三次。刚开始，有些人还比较感兴趣，买了一些中国画、丝织品等，但到了后面几家商店时，不少游客就只看不买了。全陪也对他讲，该团在其他地方旅游时已经买了不少旅游纪念品，希望他减少购物次数，以免影响其他旅游活动。孔先生却说，他已经了解到那些游客很喜欢中国的旅游纪念品，多带他们转转可以买到称心如意的东西。当车子又停到一家商店门前时，所有游客都拒绝下车，说："我们是来旅游的，不是专程来买东西的，请马上开车。"孔先生一时感到非常尴尬，心想，我热情为你们服务，到处方便你们购物，难道错了吗？他百思不解地让司机开车离开了商店。

【案例分析】

旅游者到旅游地购物是整个旅游活动中不可缺少的内容。他们来到中国，除了游览名胜古迹、品尝美味佳肴外，还对中国的工艺美术品有着浓厚的兴趣，从珠宝玉翠、金银首饰、丝绸刺绣到木雕石刻、文房四宝、书法绘画、精陶美瓷，都吸引着他们。作为导游员，应该针对客人的要求和特点积极帮助他们购物。但购物的次数不要安排太多，更不要因购物而影响主要的旅游项目。有些导游员每天都要带客人去购物，并以旅行社硬性规定和旅游途中休息为由经常将游客拉入商店，造成了不好的影响。导游员应该明确：旅游者参加旅游活动的主要目的是观光、休闲和娱乐，而购买旅游纪念品是次要的，因此，帮助旅游者购物应根据其要求和特点，有目的和有节制地进行。

〔案例来源：程新造．导游接待案例选析［M］．北京：旅游教育出版社，2003.〕

（四）要求购买古玩或仿古艺术品

游客希望购买古玩或者仿古艺术品，应该带他们到古玩商店购买，买妥物品后提醒他们保存好发票，不要将物品上的火漆印去掉，方便海关检查；如果游客在地摊或者不正规商店购买，应该劝阻，并告知中国的海关规定。

图 7-1　北京潘家园是购买古玩的正规市场　摄影：马友惠

（五）要求购买中药材

有些境外的休闲游客想购买中药材，并携带出境的，我们要告知中国海关的有关规定。

拓展阅读 7–1

六、休闲旅游娱乐的个别要求处理

（一）客人临时预约

如果客人没有提前预约，临时想去康乐服务，休闲旅游服务人员要及时与饭店前台联系，询问是否可以预订，什么时候有空位，把问询结果反馈给客人，积极协助他预约。

（二）客人临时取消预约

如果客人临时有事，想取消预约，我们应及时与饭店前台联系，确认是否可以取消，是否产生消费，将询问结果反馈给客人，做好解释工作。

（三）客人要求前往不健康的娱乐场所

如果游客要去不健康的娱乐场所和过不正常的夜生活，休闲旅游服务人员应断然拒绝并介绍中国的传统观念和道德理念，严肃指出这些在中国是明令禁止的，是违法行为。

第二节　休闲旅游行程中常见问题和事故的预防和处理

一、旅游行程变更处理

客观原因导致日程变更

旅游过程中，由于客观原因或者不可预料的因素（比如天气、自然灾害、交通等）需要变更旅游日程，一般是休闲旅游服务人员跟接待社联系，在外联和计调的协助下，安排落实好交通、住宿、游览等事宜。

1. 旅游团（者）要求变更计划日程

在旅游过程中，由于种种原因，游客向休闲旅游服务人员提出变更项目，原则上是应按旅游合同执行；如果遇到比较特殊的情况，休闲旅游服务人员也不能擅自做主，需要将情况上报给接待社，必须经过有关部门的同意，并按照其指示和具体要求做好变更工作。

2. 旅行社的原因导致调整日程改变

在旅游计划安排过程中，可能出现因旅行社的工作疏忽（比如博物馆闭馆）造成旅游活动安排不周，需要临时进行调整。出现这种情况应首先对休闲行程计划进行合理安排，尽量不影响其他日程，然后将安排好的计划与游客沟通，获得他们的谅解，再按照新计划休闲旅游。

（二）主观原因导致日程变更

在旅游过程中，由于种种原因，游客向休闲旅游服务员提出变更项目，原则上是应按旅游合同执行；如果遇到比较特殊的情况，休闲旅游的服务员也不能擅自做主，需要将情况上报给接待社，必须经过有关部门的同意，并按照其指示和具体要求做好变更工作。

（三）第三方原因导致日程变更

第三方原因主要是旅行社的原因。在旅游计划安排过程中，可能出现因旅行社的工作疏忽（比如博物馆闭馆）造成旅游活动安排不周，需要临时进行调整。出现这种情况应首先对休闲行程计划进行合理安排，尽量不影响其他日程，然后将安排好的计划与游客沟通，获得他们的谅解，再按照新计划休闲旅游。

二、误机（车、船）的预防和处理

（一）误机（车、船）事故的原因

一般此类事故的发生有两种情况：一种情况是由于休闲旅游服务人员工作上的差错和不负责任造成的，如安排日程不当或过紧，没能按时抵达机场（车站、码头）；没有认真核实票据，将时间或地点搞错。另一种情况则是因为游客走失；或游客没有按安排时间准时集合及其他意外事件（如交通事故、天气变化、自然灾害等）所造成的。

（二）误机（车、船）事故的预防

误机（车、船）带来的后果严重，杜绝此类事故的发生关键在预防，休闲旅游服务人员应做到以下几点：

（1）认真核实机（车、船）票的班次（车次、船次）、日期、时间及在哪个机场（车站、码头）乘机（车、船）等。

（2）如果票据未落实，接团期间应随时与接待社有关人员保持联系。没有行李车的旅游团在拿到票据核实无误后，休闲旅游服务人员应立即将其交到全陪或游客手中。

（3）离开当天不要安排旅游团到地域复杂、偏远的景点参观游览，不要安排自由活动。

（4）留有充足的时间去机场、车站、码头，要考虑到交通堵塞或突发事件等因素。

（5）保证按规定的时间到达机场、车站或码头。乘国内航班：提前 2 小时到达机场；乘国际航班出境：提前 3 小时到达机场；乘火车或轮船：提前 1 小时到达火车站或码头。

案例 7-4

一天早上，北京的导游员钱先生要送一个 20 多人的加拿大旅游团离境，飞机航班是 8 时 30 分。当他 6 点钟赶到饭店时，一些游客还没有办理结账手续，于是他忙打电话催促，结果发现一名客人外出闲逛，还有客人因房间账务问题与前台纠缠不清。不一会儿，旅行社的行李车来到了饭店。钱先生忙请领队去寻找外出的客人，自己去帮客人清点行李，办理签字手续。一会儿领队赶回说，没有找到那位客人。在帮大家结过账后，钱先生又带他们赶到餐厅，匆匆用过早餐后马上上车。在饭店门口终于碰到了那位外出闲逛回来的客人，此时已经是 6 时 40 分了。帮那名客人结完账，旅游车 6 时 50 分才离开饭店赶赴机场。

在赴机场的途中，钱先生对领队讲："昨天临别时曾告诉过大家，因为办理国际航班的乘机手续要求'提前量'多一些，所以请游客在 6 点钟以前办理好离店手续，6 点钟吃过早餐就出发去机场，但仍有人没注意，造成现在的紧张局面。希望您今后掌握时间，配合导游员的工作。"说完，便又有声有色地为大家讲解起来。领队此时有些忐忑不安，深为自己的疏忽而后悔，并希望车子尽快开到机场，不要误机。

旅游车 7 时 50 分终于到了机场，离飞机起飞只有 40 分钟了。经过办理行李托运和登机手续后，那些客人终于"打着擦边球"登上了那个航班。

【案例分析】

本例向我们提示：提醒宾客注意在离开饭店前结账的重要性。当客人要离开饭店集合去机场前，因不能及时结账而耽误时间，确实很令人头疼，因为很可能由此而误机。为了避免发生这样的事情，导游员在游客离店的前一天晚上一定要提醒领队或游客们提前结账，告诉他们什么时间把行李放在房间门外。如果离店出发时间很早，则要在前一天晚上办理好结账手续。导游员还应事先安排好早餐和行李车取行李的时间，注意每个环节的合理衔接。

〔案例来源：程新造．导游接待案例选析［M］．北京：旅游教育出版社，2003.〕

（三）误机（车、船）事故的处理

1. 将成事故的应急措施

旅游团正在去往机场（车站、码头），将成误机（车、船）事故时，休闲旅游服务人员应采取如下应急措施：与机场取得联系，请求等候，讲明旅游团的名称、人数、现在何处、大约何时能够抵达机场。如取得同意，休闲旅游服务人员要立即组织游客尽快赶赴机场，同时向旅行社汇报情况，请求帮助协调。同时还需要向各个有关部门、有关人员（如海关、交通车队、行李员、旅游车司机等）讲清游客误机情况和补救办法，并说明请求协助的事项。

2. 已成事故的处理办法

（1）休闲旅游服务人员应立即向旅行社领导及有关部门报告并请求协助。

（2）休闲旅游服务人员和旅行社尽快与机场（车站、码头）联系，争取让游客乘最近班次的交通工具离开本站，或采取包机（车厢、船）或改乘其他交通工具前往下一站。

（3）稳定旅游团（者）的情绪，安排好在当地滞留期间的食宿、游览等事宜。

（4）及时通知下一站，对日程做相应的调整。

（5）向旅游团（者）赔礼道歉。

（6）写出事故报告，查清事故的原因和责任，责任者应承担经济损失并受相应的处分。

三、游客遗失财物的预防和处理

（一）游客遗失财物事故的原因

遗失事故有些是由于游客个人马虎大意造成的，也有些是由于相关部门的工作失误造成的。它们不仅给游客带来经济损失，影响游客的情绪，还会给游客的旅游活动带来诸多不便，严重时甚至耽误游客离境。

休闲旅游服务人员要注意做好在关键时刻的提醒工作，特别是游客每次下旅游车（飞机、火车、轮船）前、购物时、离店前。休闲旅游服务人员需要集中证件办理有关手续时，应通过领队向客人收取，用完后立即归还，不要代为保管。一旦发生游客财产安全事故，休闲旅游服务人员要做到态度积极、头脑冷静、行动迅速、设法补救。如果有线索，应迅速与有关部门联系查找，把损失降到最低限度；如果查找不到，应迅速向组团社或接待社报告，向有关部门报案，并协助游客根据有关规定办理必要的手续。

（二）游客遗失财物事故的预防

俗话说，防患于未然，我们要避免这类事情的发生，做好预防工作。

（1）多做提醒工作。参观游览时，休闲旅游服务人员要提醒游客带好随身物品和提包；在热闹、拥挤的场所和购物时，休闲旅游服务人员要提醒游客保管好自己的钱包、提包和贵重物品；离开饭店时，休闲旅游服务人员要提醒游客带好随身行李物品，检查是否带齐了旅行证件；下车时提醒游客不要将贵重物品留在车上。

（2）不代为保管游客财物。

（3）切实做好每次行李的清点、交接工作。

（4）每次游客下车后，休闲旅游服务人员都要提醒司机清车、关窗并锁好车门。

（三）游客遗失财物事故的处理

事故发生后，休闲旅游服务人员要提供更加周到热情的服务，尽力安慰失主，缓解其低落情绪，并按照如下流程处理：

（1）稳定失主情绪，详细了解物品丢失的过程，以及物品的外形特征、价值。协助失主分析丢失的原因、时间、地点，并判断丢失的性质，是不慎丢失还是被盗。

（2）向公安机关报案，买了保险的贵重物品，还需要向保险公司报案。

（3）及时向接待社领导反映情况，等待指示。

（4）若旅游团行程结束时仍然没有破案，可根据失主丢失钱物的时间、地点、责任方等具体情况做善后处理。

案例 7-6

某年 9 月的一天，北京的导游员张小姐带一个旅游团去天坛游览，她正在天坛的圜丘坛上给客人讲解时，忽然看见有四五个形迹可疑的人围住了一名客人，那客人正靠在白栏杆上，面对祈年殿的方向拍照，没有发觉这几个人。张小姐立刻感到这几个人可能有问题，于是以导游的口吻，用手指着那位拍照的客人的方向说："请大家往那边看，在那里，可以拍照天坛的全景。"全团客人的视线一下子都集中到那个客人的方向，那位客人以为她要讲解什么也转过了身来。这时客人背的旅游包已被那几个人拉开了拉链，客人自己也发现了。那几个人一看事情败露，迅速抽身逃离。由于旅游团中的游客年龄较大，腿脚不大方便，周围又没有年轻力壮的游人，所以张小姐并没有叫人抓贼，而是叮嘱客人注意自己的贵重物品和钱财，并请那位客人仔细检查一下自己的包，有没有丢失东西，然后找到公园的保卫人员，向他们反映了情况。张小姐运用自己的机智，防止了客人的物品被盗。

【案例分析】

作为导游员，防止客人财物被盗，提醒客人注意安全是非常必要的。但告诫的方法要讲究一些艺术性，既要引起游客的警惕，又不失我们国家的形象。因此，应该告诉他们在中国旅游一般来说是安全的，但社会上也有坏人、小偷，希望客人保管好自己的钱包、护照、相机等贵重财物。不要直接说这里的小偷很多，以免引起不必要的恐慌。另外，在接待过程中要随时观察周围的环境，一旦发现可疑的现象，要及时提醒客人，条件允许时要当场抓住小偷。如果客人财物被盗，应安慰客人，使其镇定下来，并积极联系有关部门报案查找，将查找的结果及时通报客人。在查找的过程中要处理好个体和整体的关系。不要因此耽误整个旅游团的游览，以免引起其他客人的不满。

〔案例来源：程新造．导游接待案例选析［M］．北京：旅游教育出版社，2003.〕

四、游客走失的预防和处理

（一）游客走失事故的原因

在参观游览或自由活动时，时常有游客走失的情况。一般来说，造成游客走失的原因有三种：一是休闲旅游服务人员没有向游客讲清车号、停车位置或景点的游览线路；二是游客对某种现象和事物产生兴趣，或在某处摄影滞留时间较长而脱离团队自己走失；三是在自由活动、外出购物时游客没有记清饭店地址和线路而走失。

无论哪种原因，都会影响游客情绪、有损带团质量。休闲旅游服务人员只要有责任心，肯下功夫，就会降低这种事故的发生率。一旦发生这种事故，休闲旅游服务人员要立即采取有效措施以挽回不良影响。

（二）游客走失事故的预防

（1）做好提醒工作。提醒游客记住接待社的名称，旅游车的车号和标志，下榻饭店的名称、电话号码，带上饭店的店徽等。休闲旅游服务人员尽可能与游客互留手机号码。团体游览时，休闲旅游服务人员要提醒游客不要走散；自由活动时，提醒游客不要走得太远；不要回饭店太晚；不要去热闹、拥挤、秩序混乱的地方。

（2）做好各项活动的安排和预报。在出发前或旅游车离开饭店后，休闲旅游服务人员要向游客预告一天的行程，上、下午游览点和吃中、晚餐餐厅的名称和地址。到游览点后，在景点示意图前，休闲旅游服务人员要向游客介绍游览线路，告知旅游车的停车地点，强调集合时间和地点，再次提醒游客记住旅游车的特征和车号。

（3）时刻和游客在一起，经常清点人数。

（4）休闲旅游服务人员等相关工作人员应密切配合。

（5）休闲旅游服务人员要以高超的服务技巧吸引游客。

（三）游客走失事故的处理

1. 游客在旅游景点走失

（1）了解情况，迅速寻找。休闲旅游服务人员应立即向其他游客、景点工作人员了解情况并迅速寻找。地陪、全陪和领队要密切配合，一般情况下是全陪、领队分头去找，地陪带领其他游客继续游览。

（2）寻求帮助。在经过认真寻找仍然找不到走失者后，应立即向游览地的派出所和管理部门求助，特别是面积大、范围广、地段复杂、进出口多的游览点，因寻找工作难度较大，争取当地有关部门的帮助尤其必要。

（3）与饭店联系。在寻找过程中，休闲旅游服务人员可与饭店前台、楼层服务台联系，请他们注意该游客是否已经回到饭店。

（4）向旅行社报告。如采取了以上措施仍找不到走失的游客，地陪应向旅行社及时报告并请求帮助，必要时请示领导，向公安部门报案。

（5）做好善后工作。找到走失的游客后，休闲旅游服务人员要做好善后工作，分析走失的原因。如属休闲旅游服务人员的责任，休闲旅游服务人员应向游客赔礼道歉；如果责任在走失者，休闲旅游服务人员也不应指责或训斥对方，而应对其进行安慰，讲清利害关系，提醒以后注意。

（6）写出事故报告。若发生严重的走失事故，休闲旅游服务人员要写出书面报告，详细记述游客走失经过、寻找经过、走失原因、善后处理情况及游客的反映等。

2. 游客在自由活动时走失

（1）立即报告接待社和公安部门。休闲旅游服务人员在得知游客自己在外出时走失，应立即报告旅行社领导，请求指示和帮助；通过有关部门向公安局辖区派出所报案，并向公安部门提供走失者可辨认的特征，请求帮助寻找。

（2）做好善后工作。找到走失者，导游应表示高兴；问清情况，安抚因走失而受惊吓的游客，必要时提出善意的批评，提醒其引以为戒，避免走失事故再次发生。

（3）若游客走失后出现其他情况，应视具体情况作为治安事故或其他事故处理。

案例 7-6

一天，北京的导游员朱小姐接待了一个十多人的日本团。她将客人带到慕田峪长城后，向大家再一次宣布了集合地点和时间。接近集合时间时，客人们陆续来到缆车处。朱小姐清点人数，发现少了一位，等了十几分钟仍不见客人的踪影。她便返回长城去寻找，但却徒劳而返。日本随员见状，也返身去找，但仍未找到。朱小姐此时心里非常着急，但却努力克制住自己，没将着急的神情表露出来，唯恐影响大家的情绪。她先将客人带回停车场上了车，然后再一次爬上长城，四处寻找，仍不见那客人的踪影，只好去慕田峪长城管理处，找到负责人，说明情况，请他们利用广播呼叫。她又给慕田峪派出所打电话，请求帮助。一会，来了几位干警，分头上长城去找寻。正当大家忙得不可开交时，只见那位客人跌跌撞撞地赶了回来。顿时，所有的客人都欢呼起来，朱小姐紧揪着的心也放了下来，急忙问他发生了什么事情。他带着哭腔说，因为走错了路，一直找不到缆车入口处，也没找到石阶路，就从山上连滚带滑地赶了下来。朱小姐安慰了他一番，就赶紧带大家乘车去预订好的餐厅用餐，吃完饭已经是下午 3 时 40 分了，朱小姐仍然带领大家完成了当天的日程活动，并强调大家遵守上车的集合时间。客人们笑着回答，不用她叮嘱，下次一定不会有人再延误时间了。

【案例分析】

导游员在接待人数较多的旅游团时，最头疼的事就是客人掉队走失。因此，要在游览前做好防范工作。

（1）在前往景点途中，要请客人查看已经发给他们的地图，向他们讲明当天的活动路线每个景点游览的时间，让大家对所参观的景点有个初步的了解。

（2）进入景点后，在景点的全景地图前，除了讲解景点的内容，还要强调行进路线和重点标志性景观，提醒客人一旦走失要立即到终点等候，并告诉客人到终点的大致时间。

（3）多次向客人强调集合的时间和地点，并请他们记住下一个活动地点和自己所住的饭店（一般饭店都给外宾发放地点名片）。如超过集合时间过多，又无法与导游员取得联系，可坐出租车赶到下一个活动地点或饭店等候。

（4）游览过程中，导游员要注意控制自己的行进速度，随时清点客人人数，并注意观察客人举动，给爱好摄影的客人留出照相的时间。有些导游员只顾举着旗子埋头行进，队伍拉得很长，致使有人掉队。

（5）如在交通不便的景点丢失了客人，一定要联系当地有关单位协助找寻，尽量在找到客人后再进行其他活动。

在导游接待中，不丢失客人是确保工作质量的标准之一。导游员不能有丝毫的懈怠和麻痹的思想。一旦丢失了客人，要保持镇定，以最快最佳的方式找到客人，以稳定大家的情绪。

〔案例来源：程新造．导游接待案例选析［M］．北京：旅游教育出版社，2003.〕

本章小结

突发事件的应对、处理是休闲旅游导游能力的体现。通过本章的学习，同学们可以了解在休闲旅游行程中，游客常见的个别要求有餐饮、住宿、交通、游览项目、购物以及娱乐等方面，掌握针对不同的情况下应急的处理。休闲旅游行程中常见的事故有行程的变更、误车（机、船）、财产遗失以及游客走失，合理恰当地预防和处理行程突发事故，给旅游休闲客人最好的旅行体验。

思考与练习

一、选择题

参考答案

1. 如果是游客临时提出餐饮要求，我们本着“服务至上”的原则，先与（　　）沟通。

A. 餐饮部　　B. 计调部

C. 前厅部　　D. 领队

2. 如果游客在用餐前（　　）小时提出换餐，休闲导游服务人员应尽快与餐饮部门联系，落实换餐事宜，并告知游客如果能换妥，差价游客自付。

A. 1　　B. 2　　C. 3　　D. 4

3. 应该立刻满足游客要求，调换房间的是（　　）。

A. 房间内有老鼠　　B. 对楼层不满意

C. 对朝向不满意　　D. 要求住单间

4. 购物消费占旅游消费总数的（　　）。

A. 30%　　B. 50%　　C. 70%　　D. 90%

5. 游客在住店过程中，看中了客房内的装饰品，要求购买，休闲旅游服务人员应该（　　）。

A. 断然拒绝　　B. 让其自行协商　　C. 婉言拒绝　　D. 积极协助

二、填空题

1. 乘国内航班：提前________小时到达机场；乘国际航班出境：提前________小时到达机场；乘火车或轮船：提前________小时到达火车站或码头。

2. 由于________、________、________、________等多方面原因，有些游客会提出餐饮方面的特殊要求。

3. 在游览过程中，如果有游客走失，一般情况是________、________分头去找，________带领其他游客继续游览。

三、简答题

1. 造成游客走失的原因有哪些？

2. 游客遗失财物后，如何处理？

3. 如何预防误机（车、船）事故的发生？

参考文献

［1］闫红霞．休闲旅游：文化·审美·体验［M］．北京：中央编译出版社，2016.

［2］全国导游人员资格考试教材编写组．导游业务［M］．北京：旅游教育出版社，2020.

［3］现代汉语大词典编委会．现代汉语大词典［M］．上海：上海辞书出版社，2010.

［4］叶伯平．旅游心理学［M］．北京：清华大学出版社，2009.

［5］蒋炳辉．导游带团艺术［M］．北京：中国旅游出版社，2001.

［6］楼家军．休闲学概论［M］．上海：华东师范大学出版社，2016.

［7］吴丰林．中国休闲发展年度报告（2020）发布与研讨［J］．CTA 学术沙龙，2020（16）.

［8］田健．国内乡村休闲旅游发展研究［J］．市场周刊，2020（7）.

［9］程新造．导游接待案例选析［M］．北京：旅游教育出版社，2003.

［10］保继刚，楚义芳．旅游地理学［M］．修订版．北京：高等教育出版社，2001.

［11］李小建．经济地理学［M］．北京：高等教育出版社，1999.

［12］龚军姣．旅游线路设计研究［D］．长沙：湖南师范大学硕士论文，2005.

［13］陈顺明．旅游线路竞争力研究［D］．成都：四川大学硕士论文，2007.

［14］管宁生．关于游线设计若干问题的研究［J］．旅游学刊，1999（3）.

［15］周莉．旅游线路的设计与开发问题研究［J］．东南大学学报：哲学社会科学版，2005，7（增刊）.

［16］刘欣．区域旅游线路优化与旅游经济发展［J］．商场现代化，2007.

［17］周存宇，钟振全．我国旅游线路设计研究概述［J］．科技信息，2008.

[18] 马晓龙 . 基于游客行为的旅游线路组织研究 [J]. 地理与地理信息科学，2005，21（2）.

[19] 谭彩荷 . 旅游线路设计的问题及实证研究 [J]. 重庆工学院学报，2004，18（4）.

[20] 黄婧，何彤慧 . 宁夏旅游线路开发中存在的问题及对策 [J]. 宁夏大学学报：自然科学版，2001，22（3）.

[21] 国家旅游局人事劳动教育司 . 旅行社经营管理 [M]. 3 版 . 北京：旅游教育出版社，2014.

[22] 李伟清 . 旅游经济学 [M]. 上海：上海交通大学出版社，2002.

[23] 孙娈 . 旅行社计调业务 [M]. 上海：上海交通大学出版社，2014.

[24] 陈启跃 . 旅游线路设计 [M]. 上海：上海交通大学出版社，2014.

[25] 车文博 . 心理咨询大百科全书 [M]. 杭州：浙江科学技术出版社，2001.

[26] 钟立群 . 现代推销技术 [M]. 北京：电子工业出版社，2005.

[27] 张凌浩 . 当代视野中产品语言叙述性的构建 [J]. 艺术百家，2008（3）：120-122.

[28] 陈仁鸿 . 试论五力模型下的旅行社旅游服务采购策略问题 [J]. 商场现代化，2007（06）.

[29] 余化良 . 战略联盟中的竞争与合作 [J]. 经济管理，2004（1）.

[30] 张雯月 . 战略联盟中的竞争与合作 [J]. 中外企业家，2005（11）.

[31] 边喜英 . 旅游行程规划 [M]. 北京：中国人民大学出版社，2018.

[32] 牟红，杨华 . 休闲概论 [M]. 北京：中国财富出版社，2016.

[33] 叶娅丽 . 旅行社运营与管理 [M]. 桂林：广西师范大学出版社，2015.

[34] 刘纯 . 旅游心理学 [M]. 北京：高等教育出版社，2017.

[35] 生延超，范保宁 . 导游理论与实务 [M]. 北京：中国旅游出版社，2007.

[36] 孙喜林，杨金桥 . 旅游心理学 [M]. 大连：东北财经大学出版社，2019.

[37] 胡华 . 导游实务 [M]. 北京：旅游教育出版社，2015.

[38] 罗群 . 休闲度假旅游者旅游动机与消费行为研究 [D]. 杭州：杭州电子科技大学，2010.

[39] 马惠娣 . 未来十年中国休闲旅游业发展前景展望 [J]. 齐鲁学刊，2002（2）.

[40] 魏小安. 休闲，让城市更美好 [J]. 杭州：生活品质版，2011 (12).
[41] 唐由庆. 导游业务 [M]. 2 版. 北京：高等教育出版社，2009.
[42] 马树生，许萍. 模拟导游 [M]. 北京：旅游教育出版社，2004.
[43] 叶华胜. 导游业务 [M]. 北京：人民邮电出版社，2010.
[44] 王雁. 导游实务 [M]. 北京：高等教育出版社，2015.
[45] 易新伟，刘娟. 导游实务 [M]. 北京：清华大学出版社，2009.